# OEUVRES COMPLÈTES

DU TROUVÈRE

# ADAM DE LA HALLE.

Lille. — Typographie de Lefebvre-Ducrocq, rue Esquermoise, 57.

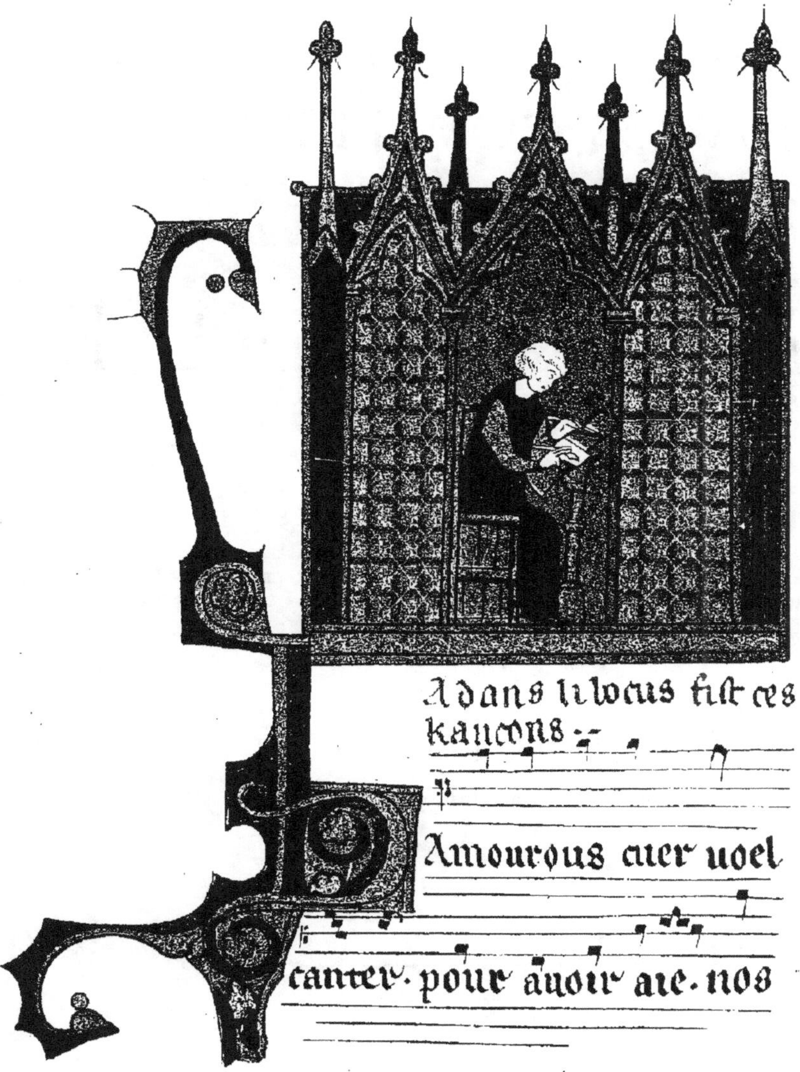
Adans li bocus fist ces kancons
Amourous cuer uoel
canter· pour auoir aie· nos

**MANUSCRIT 657.**

Bibliothèque d'Arras

# OEUVRES COMPLÈTES

DU TROUVÈRE

# ADAM DE LA HALLE

(POÉSIES ET MUSIQUE)

PUBLIÉES

SOUS LES AUSPICES DE LA SOCIÉTÉ DES SCIENCES, DES LETTRES
ET DES ARTS DE LILLE

PAR

E. DE COUSSEMAKER

Correspondant de l'Institut.

---

PARIS

A. DURAND & PÉDONE-LAURIEL, LIBRAIRES

RUE CUJAS, 7.

M DCCC LXXII

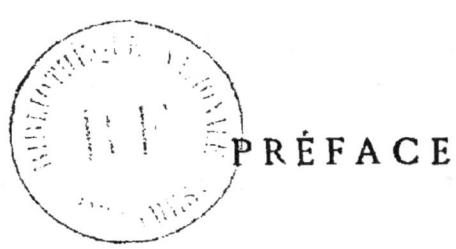 PRÉFACE

Pendant les quarante années qui viennent de s'écouler, des travaux considérables ont été faits, tant en France qu'à l'étranger, sur notre littérature nationale. Les principales bibliothèques de l'Europe ont été explorées en vue de nos grandes épopées et aussi de nos poésies lyriques. De nombreuses découvertes sont venues accroître des richesses déjà importantes.

Les trouvères du nord de la France y occupent une large place. Des publications spéciales ne tarderont pas à nous révéler l'ensemble de ces monuments littéraires. Une bibliographie de nos poèmes épiques est préparée par M. Guessard, de l'Institut, le savant éditeur des « Anciens poètes de la France ». De son côté, M. Paul Meyer, dont le nom figure parmi les plus érudits « Romanistes », va publier une bibliographie complète des chansonniers du xiiie siècle [1], où brilleront, par leur nombre et leurs productions, les poètes du nord de la France.

Au milieu de cette pléiade de trouvères qui ont illustré la Flandre et l'Artois, Adam de la Halle a tenu un des premiers rangs. Sa renommée, dans les temps modernes, a eu pour fondement surtout sa charmante pièce dramatique « le Jeu de Robin et de Marion ». Ce n'est là pourtant qu'un des produits de son génie; les autres, moins connus, ne peuvent que corroborer et augmenter sa célébrité.

Adam de la Halle était un trouvère complet; c'était le trouvère-type, si l'on peut s'exprimer ainsi. Il était poète sous toutes les formes ; on a de lui un fragment de poème épique ; des chansons ; des rondeaux ; des motets ; des jeux-partis ; un congé. Il est auteur de pièces théâtrales dont les sujets, pour la première fois depuis l'antiquité, sont pris ailleurs que dans l'histoire religieuse [2]. Il était musicien ; musicien mélodiste et harmoniste.

---

[1] Sa notice sur le manuscrit de Douce, de la bibliothèque Bodléienne d'Oxford, et celle de M. Passy, sur un manuscrit de la bibliothèque de Sienne, ont signalé de précieuses découvertes.

[2] On ne saurait considérer comme appartenant au genre religieux proprement dit, les pièces de Hroswitha, publiées par Charles Magnin en 1843 ; ce sont des comédies composées à l'imitation de Térence. Elles appartiennent en quelque sorte à l'antiquité classique dont elles sont un dernier rayon.

Nos études spéciales sur la musique au moyen âge et sur les origines de l'harmonie nous ont naturellement porté vers les œuvres musicales d'Adam de la Halle; et comme celles-ci se lient d'une manière pour ainsi dire intime à la plupart de ses poésies lyriques et dramatiques, nous avons rassemblé tous ses ouvrages en un seul corps, afin de fournir à ceux qui voudront en faire une étude approfondie la facilité d'apprécier, sous ses diverses formes, ce génie multiple, élégant et fécond, qui a exercé sur la littérature et sur l'art musical de son temps une influence considérable.

On a publié ses pièces dramatiques, on a édité quelques-unes de ses poésies, même des fragments de musique, mais tout cela a été donné par-ci, par-là, d'une manière scindée.

Au point de vue littéraire, on a d'excellentes appréciations de MM. Paulin Paris, Arthur Dinaux, Fr. Michel et Montmerqué; mais ces savants écrivains ont laissé de côté la partie musicale, et pourtant si essentielle, des œuvres d'Adam de la Halle. Elle a été à peine effleurée par Fétis et Bottée de Toulmon.

Les trouvères, nous l'avons déjà dit, et on ne saurait trop le répéter, étaient des artistes complexes; ils étaient non-seulement poètes, mais aussi musiciens. Plusieurs d'entre eux n'étaient pas seulement mélodistes, mais aussi harmonistes, c'est-à-dire compositeurs proprement dits.

En examinant donc les poésies chantées des trouvères, il est indispensable de tenir compte de l'élément musical qui, à toute évidence, y exerçait une influence déterminée. Les œuvres d'Adam de la Halle surtout doivent être étudiées à ce point de vue, car le trouvère artésien était, comme nous venons de le dire, à la fois poète et musicien ; musicien mélodiste et harmoniste. Il est même à remarquer qu'il a donné à l'harmonie une certaine impulsion ; ce qui semble témoigner qu'il a dû faire, soit au monastère de Vaucelles, soit à l'Université de Paris, des études musicales complètes et sérieuses.

Dans notre livre ayant pour titre : « L'art harmonique aux XIIe et XIIIe siècles », nous avons fait voir que les trouvères ont pris une part assez marquée aux premiers développements de l'harmonie. Les œuvres d'Adam de la Halle y tiennent une place importante. Ses « Rondeaux » et ses « Motets » présentent un véritable intérêt historique pour l'art. Le trouvère d'Arras l'emporte souvent sur ses contemporains par la manière facile et chantante dont les parties sont agencées entre elles. Mais en quoi il est supérieur, c'est dans les compositions mélodiques ; quelques-unes offrent une originalité, une grâce, une naïveté et une fraîcheur telles, qu'elles sont devenues populaires et se chantent encore aujourd'hui, sans qu'on se doute de leur origine.

Toutes ces considérations nous ont décidé à reproduire ses ouvrages en leur entier, et sans en rien retrancher.

Les œuvres complètes d'Adam comprennent trente-quatre Chansons ; seize Jeux-partis ; dix-sept Rondeaux ; sept Motets ; un Congé ; le poème du « Roi de Sicile » ; le « Jeu Adam ou de la Feuillie » ; le « Jeu de Robin et de Marion », et le « Jeu du Pélerin ».

Les chansons, les jeux-partis, les rondeaux, les motets et le Jeu de Robin et de Marion sont accompagnés de musique ; nous en reproduisons la notation originale, accompagnée d'une traduction en notation moderne.

Dans l'introduction qui suit, nous donnons une esquisse biographique sur Adam de la Halle, et une notice bibliographique de ses œuvres. Nous cherchons ensuite à déterminer le véritable caractère de ses diverses poésies ; enfin nous envisageons Adam comme musicien.

Dans l'impossibilité où nous nous sommes trouvé d'assigner une place chronologique aux poésies d'Adam de la Halle, nous les avons publiées dans l'ordre où elles sont rangées dans le manuscrit de la Vallière 2736, dont il sera parlé plus loin.

Nous donnons au bas des pages les variantes recueillies dans les divers manuscrits que nous avons pu consulter.

Nous n'avons pas publié la traduction du texte pour deux raisons : la première, parce que notre volume, déjà considérable, aurait été presque doublé ; la seconde, parce que certaines pièces, notamment les chansons et les jeux-partis, ne sont pas toujours susceptibles d'une interprétation certaine et à l'abri de doute ou de controverse. Nous croyons même pouvoir ajouter que certains passages semblent assez obscurs pour, sinon défier, du moins mettre à la torture les plus rudes et les plus audacieux traducteurs.

Quant à la musique, nous n'avons pas hésité à en donner la traduction, parce qu'elle repose sur des bases certaines, et pour éviter aux personnes qui ne sont pas familiarisées avec les anciennes notations de devoir recourir aux ouvrages techniques.

Nous espérons qu'une édition des œuvres du célèbre trouvère artésien ne sera pas sans profit pour ceux qui s'occupent de notre littérature nationale et de l'art musical au moyen âge. Nous avons cherché à y mettre tous nos soins ; nous serons heureux, si nous sommes parvenu à atteindre le but proposé. Nous nous garderons toutefois de croire que notre œuvre soit à l'abri de critique; elle a besoin sans doute d'indulgence;

mais on voudra bien tenir compte de nos efforts et de nos bonnes intentions.

Nous avons à remercier tous ceux qui ont bien voulu s'intéresser à notre publication.

La Société des sciences, des lettres et des arts de Lille, toujours empressée de donner son concours aux œuvres utiles, a pris notre livre sous ses auspices.

M. Emile Mabille a eu l'obligeance de collationner les textes sur les manuscrits de la Bibliothèque nationale dont il est aujourd'hui un des savants attachés.

M. Guesnon, professeur au Lycée de Lille, a bien voulu revoir les épreuves, et se charger de l'errata.

Enfin nous devons une reconnaissance particulière à M. Vidal, sous-conservateur de la Bibliothèque Méjanès, à Aix en Provence, d'avoir bien voulu relever minutieusement toutes les variantes de texte et de musique du « Jeu de Robin et de Marion » dont un manuscrit précieux existe dans ce dépôt.

# INTRODUCTION

## I

## ESQUISSE BIOGRAPHIQUE

On ne possède sur la vie d'Adam de la Halle aucun document précis. On ne connaît ni la date de sa naissance, ni celle de sa mort. Il faut chercher, et deviner en quelque sorte, les principales circonstances de sa biographie dans ses ouvrages. On se trouve donc souvent livré aux conjectures.

Plusieurs faits se dégagent d'une manière assez nette, tant de quelques passages des œuvres même d'Adam que du rapprochement de certains détails fournis par ses contemporains ; d'autres, au contraire, restent environnés d'obscurités qui les laissent à l'état d'incertitude. MM. Paulin Paris, Montmerqué et Arthur Dinaux, dans les savantes notices qu'ils ont consacrées à notre célèbre trouvère, ont, par leurs recherches, élucidé plus d'un point obscur, et mis en relief certains autres peu apparents. Nous n'hésiterons pas à leur faire quelques emprunts, en les accompagnant de nos propres réflexions, et en y ajoutant le contingent de nos observations.

La partie la plus obscure, et conséquémment la plus difficile, est l'établissement chronologique des faits concernant la vie d'Adam de la Halle. Elle ne pourrait être traitée d'une manière satisfaisante que si l'on découvrait de nouveaux documents. Jusque-là, on sera à chaque instant arrêté par des doutes sérieux. Cette réserve posée, nous allons grouper les principaux faits, en ayant soin de n'admettre comme certains que ceux pour lesquels on peut produire des preuves à l'appui.

Dans deux manuscrits seulement, celui de la Vallière, n° 2736, et celui du Vatican, n° 1490, Adam est appelé « Adam de le Hale »; dans les autres, il est désigné sous le nom de « Adam le Bossu », ou « le Bossu d'Arras ».

Il a toujours protesté contre ce sobriquet. Dans son poème « le Roi de Sicile », il dit :

> On m'apèle *Bochu*, mais je ne le sui mie.
> p. 285, l. 2.

Et dans « le Jeu du Pélerin » on lit :

> . . . . . . . . . . . Nés fu de ceste ville;
> Maistres Adans le Bochus estoit chi apelés,
> Et là Adans d'Arras. p. 465, l. 7.

En admettant qu'il n'eût pas cette difformité, on peut supposer avec vraisemblance, comme le fait M. Paulin Paris [1], que sa taille n'avait pas toute la

---

[1] HISTOIRE LITTÉRAIRE DE LA FRANCE, t. xx, p. 638.

souplesse possible, toute l'élégance désirable. Ce qui semble venir à l'appui de cette opinion, c'est que Jean Bretel lui ayant reproché de raisonner *bochuement*, Adam se plaint d'être insulté sans provocation :

> Sire, devers vous m'umeli et souploi,
> Et vous me rampronés vilainnement.
>
> p. 177.

Il est probable que Bretel ne l'aurait pas interpellé de cette manière, si l'extérieur d'Adam n'y avait pas donné prise.

Selon le dire des biographes d'Adam, son père, M<sup>e</sup> Henry, aurait occupé un rang distingué dans la bourgeoisie d'Arras ; mais rien, à notre connaissance, n'établit ce fait. La qualification de maître qu'Adam donne à son père, dans son « Jeu de la Feuillie », témoigne que celui-ci n'était pas étranger à l'étude des lettres et des arts.

Montmerqué fait naître Adam vers 1240 ; Paulin Paris et Arthur Dinaux fixent sa naissance au commencement du xiii<sup>e</sup> siècle. Nous croyons cette dernière époque plus vraisemblable. Il était l'émule et le compagnon, au Puy d'Arras, de Jehan Bretel, peut-être de Jehan Bodel. Or, ces deux célèbres trouvères florissaient dans la première moitié du xiii<sup>e</sup> siècle. Cette opinion est partagée par un excellent juge en cette matière ; M. Louis Passy pense qu'il faut distinguer deux générations de poètes artésiens : l'une, contemporaine du Roi de Navarre, embrasse la première moitié du xiii<sup>e</sup> siècle ; l'autre, contemporaine du comte d'Anjou, occupe le milieu et la fin. M. Louis Passy place Adam de la Halle dans la première [1]. Selon nous, il faut modifier quelque peu cette opinion, en ce qui concerne Adam. Il nous semble que l'on doit considérer Adam comme ayant commencé à fleurir quand Bodel et Bretel étaient déjà depuis longtemps en possession de la faveur publique. Nous tirons cette induction de ce qu'Adam était encore au service du comte d'Anjou plusieurs années après la mort des deux célèbres trouvères. Jean Bodel est mort vers 1260, et Jean Bretel ne vécut guère au-delà. Adam, au contraire, on le verra plus loin, ne finit sa carrière que vers 1285 à 1288. On peut donc raisonnablement fixer l'époque de sa naissance vers 1220.

Adam eut de bonne heure le goût des plaisirs. Il raconte que, dès son enfance, il fut reçu dans la société des riches seigneurs et bourgeois d'Arras ; qu'ils lui ouvrirent leur maison et leur bourse ; qu'ils l'admirent à leur table.

> 8. Bien doi avoir en remembranche
> Deus frères en cui j'ai fianche,
> Signeur Baude, et signeur Robert
> Le Normant, car ils m'ont d'enfanche
> Nourri et fait mainte honnestanche ;
> Et si li cors ne le dessert,
> Li cuers a tel cose s'aert,
> Que, se Dieu plaist, meri leur iert,
> Se Diex adrèche m'espéranche,
> Leur huis m'ont été bien ouvert.

---

[1] Fragments d'histoire littéraire à propos d'un nouveau manuscrit de chansons françaises. — « Bibliothèque de l'Ecole des chartes », IVe série, t. v, p. 501.

INTRODUCTION.  XVII

    Cuers que tel compaigne pert,
    Doit bien plourer la dessevranche.

9.  Bien est drois, puisque je m'en vois,
    Que congié prengne as Pouchinois,
    Noméement à l'aisné frère,
    C'est signeur Jakemon Ançois
    Que ne sanle mie bourgois
    A se taule, mais emperère.
    Je l'ai trouvé au besoing père,
    Car il mut parole et matière,
    C'on m'aidast au partir d'Artois.
    Or pren cuer en le gent avère,
    J'ai esté vers au primes père,
    Dou fruit n'aront fors li courtois.
                        p. 277 et 278.

Dans d'autres strophes, il fait ses adieux à Symon Esturion, à Robert le Normant, à Pierre Pouchin, à Colart Nasart et à son frère Robert, à Gilles et à Jehan Joie, ses compagnons de joyeuse vie [1].

Il est à présumer qu'il devait ce généreux accueil à son esprit vif et railleur dont il ne tarda pas à donner des preuves dans ses ouvrages. Cette vie de dissipation, à laquelle il se livra avec toute la fougue de la jeunesse, lui fit abandonner l'étude. Il en fait l'aveu dans son « Congié »; sa conscience lui reproche d'avoir perdu son temps :

1.  Comment que mon tans aie usé,
    M'a me conscienche accusé,
    Et toudis loé le meillour,

---

[1] Les archives communales d'Arras conservent des actes avec les sceaux de quelques-uns de ces personnages.

> Et tant le m'a dit et rusé
> Que j'ai tout soulas refusé
> Pour tendre à venir à honnour ;
> Mais le tans que j'ai perdu plour,
> Las ! dont j'ai despendu le fleur
> Au siècle qui m'a amusé.
> Mais cha fait forche de Signeur
> Dont chascuns amans de l'erreur
> Me doit tenir pour escusé.
>
> p. 275.

Plus loin, dans la même pièce, il revient encore sur son passé, pour annoncer son intention de se remettre à l'étude :

> 5. Adieu, amours, très douche vie,
> Le plus joieuse et le plus lie
> Qui puisse estre fors paradis :
> Vous m'avez bien fait en partie,
> Se vous m'ostates de clergie,
> Je l'ai par vous ore repris,
> Car j'ai en vous le voloir pris
> Que je racate los et pris,
> Que par vous perdu je n'ai mie
> Ains ai en vos serviche apris,
> Car j'estoie nus et despris
> Avant de toute courtoisie.
>
> p. 276.

On vient de voir qu'Adam reçut chez les grands seigneurs, chez les riches bourgeois, une hospitalité somptueuse. Faut-il en conclure, comme il lui en fait le reproche dans son « Jeu de la Feuillie », que M<sup>e</sup> Henry, son père, était avare et ne lui faisait pas de largesses proportionnées à sa fortune ? Cela paraît au moins douteux. Il est plus probable que la bourse de M<sup>e</sup> Henry n'était pas aussi bien garnie que celle des joyeux compagnons d'Adam ; peut-être aussi le père essaya-t-il de retenir son fils, en lui fermant les cordons de son escarcelle.

Quoi qu'il en soit, M<sup>e</sup> Henry voulut arracher son fils à cette existence désordonnée ; il l'emmena à l'abbaye de Vaucelles, où il prit l'habit de clerc. Ce qui a fait supposer que son père avait voulu lui faire embrasser l'état ecclésiastique. Mais rien ne motive cette opinion ; et cela paraît d'autant plus douteux que M<sup>e</sup> Henry n'a pu se faire illusion sur la vocation de son fils. Il est plus vraisemblable qu'en le mettant à Vaucelles, il n'a eu d'autre vue que de le soustraire à ses penchants de dissipation et de prodigalité, et de lui faire compléter ses études.

Il n'y réussit qu'imparfaitement, car peu de temps après Adam retourna à Arras, rappelé par le souvenir d'une jeune fille, du nom de Marie, dont il ne pouvait oublier les charmes et les attraits. Voici comme il s'exprime dans « le Jeu Adam » :

> Bonnes gens, ensi fui jou pris
> Par amours, qui si m'ait souspris ;
> Car faitures n'ot pas si bèles
> Come amors le me fist sanler,
> Et désirs me le fist gouter
> A le grand saveur de Vauchèles.
> 
> p. 302, l. 28.

Mais à son retour il trouva Arras en pleine discorde. Sa famille semble y avoir pris une part active, puisqu'elle fut forcée de quitter la ville. Peut-être quelques vers satiriques d'Adam auront-ils contribué à cette situation qui d'ailleurs fut le partage de beaucoup d'autres habitants obligés de s'expatrier.

Adam de la Halle et sa famille se refugièrent à Douai ; c'est Baude Fastoul qui nous l'apprend :

> Cuers en cui grans anuis s'aaire,
> Droit à Douai te convient traire,
> A ceux ki d'Arras sont eskiu ;
> Seignur Henri di mon afaire
> Et Adan son fil. . . . . . .[1].

C'est à l'occasion de ce départ, suivant nous, qu'Adam composa son « Congié » où il fait ses adieux à ses amis en termes affectueux que nous avons rapportés plus haut, et où il ne ménage ni sa colère, ni son mépris, contre ceux qui avaient occasionné les dissensions dont il était une des victimes.

Voici comment il y apostrophe sa ville natale :

> 2. Arras, Arras, vile de plait,
> Et de haine et de détrait,
> Qui soliés estre si nobile,
> On va disant qu'on vous refait :
> Mais se Diex le bien n'i retrait,
> Je ne voi qui vous reconcile,
> On i aime trop crois et pile,
> Chascuns fuberte en ceste ville,
> Au point qu'on estoit à le mait.
> Adieu de fois plus de cent mile,
> Ailleurs vois oïr l'Evangile,
> Car chi fors mentir on ne fait.
>
> p. 275.

Ailleurs encore il exprime son amertume en termes non moins vifs :

---

1 Ms. de la Vallière, n° 2736, f° 248.

A Dieu comant amourètes ;
  Car je m'en vois
Dolans par les douchètes,
Fors dou douc païs d'Artois,
Chi est si mus et destrois ;
Pour che que li bourgois
Ont esté si fourmenés
Qu'il ne queurt drois ne lois.
    Gros tournois
    Ont anulés
    Contes et rois,
Justiches et prélas, tant de fois,
  Que mainte bèle compaingne
    Dont Arras mehaingne,
Laissent amis, et maisons et harnois,
Et fuient, chà deus, chà trois,
Souspirant en terre estrange.
                              p. 245.

On pense généralement que ce fut à son retour de Vaucelles qu'il épousa Marie. Mais cela n'est pas probable, car il ne fait aucune allusion à son mariage dans son « Congié ». Il y adresse au contraire des paroles pleines de tendresse à une amie qu'il ne nomme pas, et qui est évidemment celle dont il désire obtenir la main :

6. Bèle très douche amie chière,
Je ne puis faire bèle chière,
Car plus dolant de vous me part
Que de rien que je laisse arrière.
De mon cuer serés trésorière,
Et li cors ira d'autre part
Aprendre et querre engien et art,
De miex valoir si arés part
Que miex vaurrai, mieudres vous ière,
Pour miex fructefier plus tart,

> De si au tierc an, ou au quart,
> Laist on bien se tère à gaskière.
>
> p. 277.

Adam, on l'a vu, dit bien, dans son « Jeu de la Feuillie », qu'il était fortement épris d'amour pendant son séjour à Vaucelles ; mais il n'en résulte pas qu'il se maria dès sa sortie du monastère.

Il éprouva d'ailleurs des obstacles contre lesquels il eut à lutter :

> D'amourous cuer voel canter,
>    Pour avoir aïe.
> N'os autrement réclamer
>    Celi qui m'oublie ;
> Dont ne me porroie oster.
> Comment c'on m'ait assailli,
> Moi voelle ou non à ami
> Tant l'ai en druerie,
> Et tant mi sunt abéli
>    Li penser.
>
> p. 4.

L'exil à Douai ne paraît pas avoir été de longue durée. Après l'apaisement des troubles, la famille de la Halle revint à Arras. Adam s'empresse de chanter sa joie de revoir son pays, ses amis et surtout la dame de ses pensées :

> De tant com plus aproime mon païs,
> Me renovèle amours plus et esprent,
> Et plus me sanle en aprochant jolis,
> Et plus li airs et plus truis douche gent.
>    Che me tient si longuement,
>       Et chou aussi,
> Qu'en souvenir i choisi

> Dame de tel honneranche
> C'un poi de le contenanche
> De me Dame en l'une vi,
> Si qu'à le saveur de li
> Me délita se semblanche.
>
> p. 126.

C'est alors seulement que M<sup>e</sup> Henry finit par consentir au mariage de son fils.

Mais à peine sa passion fut-elle satisfaite que son humeur inconstante et vagabonde reprit le dessus ; il abandonna sa femme pour aller à Paris, dit-il, compléter ses études :

> Sachiés je n'aie mie si chier
> Le séjour d'Arras, ne le joie,
> Que l'aprendre laissier en doie ;
> Puisque Diex m'a donné engien,
> Tans est que je l'atour à bien ;
> J'ai chi assés me bourse escouse.
>
> p. 298.

Il raconte ensuite comment il fut séduit par les attraits de Marie et comment il en fut rassasié. Cette peinture est pleine de poésie ; mais ce qui la dépare, c'est qu'elle est poussée jusqu'à l'énumération de certains détails d'une naïveté grossière que les mœurs, peu délicates de cette époque, peuvent seules excuser.

A-t-il été à Paris ? On en doute, parce que son père semble lui avoir refusé de contribuer aux frais de ce voyage. Mais ce n'était pas là un obstacle pour Adam qui comptait parmi les grands d'Arras de trop nombreux et riches amis dont la bourse lui était ouverte, pour croire qu'il eût dû renoncer à ses projets à cause d'un embarras de cette nature.

Selon nous, il se rendit à Paris où il suivit les cours de l'Université. Combien de temps y resta-t-il ? C'est ce qu'il serait difficile de déterminer. En tout cas, son séjour n'y fut pas long, car rien, dans ses œuvres, n'en indique de traces. Il revint à Arras et semble être retourné à Vaucelles avec l'espoir d'y trouver le calme. Il avait conservé bon souvenir des moines de cette abbaye. Dans une de ses poésies religieuses, il fait l'éloge de leur piété. Il est loin de montrer la même estime envers les autres ordres :

> D'orgueil a jà traitié clergie
> Et Jacobins de bons morsiaus,
> Car en aus règne gloutrenie;
> Mais ceus espargne de Chitiaus
> Moines, abbés atrait d'envie
> Et chevaliers de reuberie ;
> Prendre nous cuide par monchiaus
> Encore ce fait pi li mauvais oisiaus,
> Car de luxure a toute gent plaïe.
>
> p. 109.

C'est probablement aussi pendant son dernier séjour à Vaucelles, et lorsque la vieillesse commençait à lui faire faire un retour sur son passé, qu'il a composé ses deux chansons en l'honneur de la Vierge Marie, la vingt-huitième et la trente-quatrième. L'avant-dernière strophe de celle-ci ne saurait laisser de doute sur son repentir :

> Gentiex Roine couronnée,
> Qui vostre amour donnés briement,
> Merchi de mon fol errement !
> Et se tart vous est réclamée,
> Par vanité que j'ai antée
> Et par mauvais enortement,

> Ne consentés, Dame doutée,
> Que che soit à mon grèvement.
>
> p. 130.

S'il retourna à Vaucelles, ce ne fut de nouveau qu'un éclair dans son existence tourmentée. Son imagination ardente et mobile ne tarda pas à lui suggérer le désir des voyages. Il s'attacha à la maison de Robert II, comte d'Artois, neveu de saint Louis.

> . . . . Chis clers don je vous conte
> Ert amés et prisiés et honnerés dou conte
> D'Artois ; . . . . .
>
> p. 416.

Il visita, à sa suite et à celle de Robert de Béthune, comte de Flandre, et de Charles d'Anjou, frère de saint Louis, l'Egypte, la Syrie, la Palestine et l'Italie.

> S'ai esté au Sec-Arbre et dusc'à Duresté ;
> Dieu grasci qui m'en a sens et pooir presté.
> Si fui en Famenie, en Surie et en Tir ;
> . . . . .
>
> p. 415.

> . . . . . . . . . Esté ai à Luserne,
> En Terre de Labour, en Toskane, en Sezile ;
> Par Puille m'en reving où on tint maint concille.
>
> p. 416.

Il suivit probablement les diverses fortunes de Charles d'Anjou qui fut investi du royaume de Naples, en 1265. Il se dévoua complétement à ce prince, en l'honneur de qui il écrivit le poème dont il sera parlé plus loin. Ce fut aussi à sa cour, paraît-il, qu'il composa sa célèbre pastorale le « Jeu de Robin et de Marion ».

D'après le même récit, Adam aurait été absent d'Arras depuis trente-cinq ans,

> Bien a trente et chienc ans que je n'ai aresté,
> S'ai puis en maint bon lieu et à maint saint esté.
>
> p. 415.

Ce qui fixerait son départ d'Arras vers 1250 à 1253, puisqu'il mourut vers 1285 à 1288.

Il vivait encore lorsque son premier protecteur, Robert d'Artois, que Philippe-le-Hardi envoya au secours de son oncle, fut déclaré régent du royaume de Naples, après la mort du duc d'Anjou.

On pense qu'Adam vint revoir l'Artois et retourna en Italie après avoir de nouveau séjourné quelque temps à Vaucelles ; mais cela est fort douteux.

Il est certain qu'Adam mourut à Naples. M. Paulin Paris rapporte un document d'où il résulte que la mort d'Adam a dû arriver entre 1285 et 1288. Ce sont des vers écrits, en 1288, à la fin d'un exemplaire manuscrit du « Roman de Troie » qui se trouve à la Bibliothèque nationale de Paris, par un trouvère ou jongleur nommé « Jehan Mados ». Il se dit neveu d'Adam de la Halle, et raconte ainsi la fin de son oncle :

> Devant, vous ai dit et retrait
> Qui premiers ot trové et fait
> Le dit rimé et la matère,
> Qui prisié doit estre en tère.
> Mais c'est qui c'escrist, bien saciés,
> N'estoit mie trop aaisiés.
> Car sans cotèle et sans seurcot
> Estoit, par un vilain escot
> Qu'il avoit perdu et paié

> Par le dé qui l'ot engignié.
> Ces JEHANNES MADOS ot non,
> Qu'on tenoit à bon compaignon.
> D'Arras estoit. Bien fu connus
> Ses oncles, Adans li boçus,
> Qui pour revol, par compaignie,
> Laissa Arras. Ce fu folie ;
> Car il ert crémus et amés.
> Quant il moru, ce fu pités,
> Car onques plus engignex hon
> Ne moru, pour voir le set on.
> Si, prions à Dieu bonement,
> Que s'arme mète à sauvement,
> Et gart Madot de vilonnie
> Que l'escriture a parfurnie,
> Ensi com vos oï l'avés.
> Ces livres fu fait et finés
> En l'an de l'incarnacion
> Que Jhésus soufri passion
> *Quatre-vint et mil et deux cens*
> *Et wit.* Biaus fu li tans et gens,
> Fors tant que ciex avoit trop froit
> Qui seurcot ne cote n'avoit.

Telles sont les principales circonstances de cette existence où se heurtent les uns contre les autres les faits et les sentiments les plus opposés : à côté de la reconnaissance, du dévouement, d'une certaine piété même, on voit une imagination ardente, un caractère d'une mobilité extrême, une fougue de jeunesse qui brave tout, qui méprise même les lois de la morale. C'est un mélange sur lequel il serait difficile de porter un jugement absolu.

# II

# NOTICE BIBLIOGRAPHIQUE

Cette notice comprendra : 1° une description sommaire des manuscrits renfermant les ouvrages d'Adam de la Halle ; 2° une indication des éditions qu'on en a faites.

## § I. — MANUSCRITS.

### BIBLIOTHÈQUE NATIONALE, A PARIS.

1. *Manuscrit de la Vallière,* 2736 [1]. — Ce manuscrit, appelé ainsi parce qu'il appartenait à la riche collection de ce célèbre bibliophile, a été acquis à sa vente, qui a eu lieu en 1783, par la Bibliothèque alors royale, aujourd'hui nationale, de la rue Richelieu, à Paris.

---

[1] Dans le catalogue de la Vallière, il porte le n° 2736. — Il a été inscrit ensuite à la Bibliothèque de la rue Richelieu, sous le n° 81. — Aujourd'hui il y est classé parmi les manuscrits français, sous le n° 25566.

Voici ce qu'en dit de Bure qui en a fait la description : « Manuscrit des plus précieux, sur vélin, écrit
« en différents temps et par différentes mains, après le
« milieu et vers la fin du xiii<sup>e</sup> siècle. L'écriture est celle
« qu'on appelle *lettres de forme*, et les pages en sont
« sur deux colonnes. Il est enrichi de beaucoup de
« miniatures ».

Ce superbe volume est le seul connu qui contienne toutes les œuvres d'Adam de la Halle. Il est considéré aussi comme le plus exact et le plus correct. C'est celui que nous avons pris pour type, en ajoutant les variantes des autres. Voici dans quel ordre les œuvres d'Adam y sont transcrites :

1. Chi commenchent les canchons maistre Adan de le Hale ; 2. Li parture Adan ; 3. Li rondel Adan ; 4. Li motet Adan ; 5. Li jus du Pélerin ; 6. Chi commenche li gieus de Robin et de Marion c'Adan fist ; 7. Jus Adan ; 8. C'est du roi de Sezile ; 10. C'est li Congié Adan.

Sous les n<sup>os</sup> 9 et 11 s'y trouvent deux autres pièces ; à la suite de la dernière, on lit : *Explicit d'Adan;* mais ces deux morceaux sont regardés par les meilleurs critiques comme n'étant pas de lui. Nous ne les avons pas insérés dans notre édition.

Ce manuscrit contient en outre trente-trois autres pièces de divers trouvères du même temps, parmi lesquelles on remarque le « Jeu de Saint-Nicolas » de Jehan Bodel ; le « Bestiaire » de Richard de Fournival ; le « Renard noviel » de Jacquemars Gillès, etc. Il est le seul qui reproduit la musique de toutes les pièces destinées à en recevoir.

2. *Autre manuscrit de la Vallière*, 24406 [1]. — Ce volume, qui provient de la même source, moins beau, moins important que le précédent, est néanmoins d'un très grand prix à cause du nombre considérable de poésies de trouvères qui y sont transcrites. On y trouve sept chansons d'Adam de la Halle, ce sont les n$^{os}$ 1, 2, 11, 13, 14, 26 et 27. Elles y sont accompagnées de la musique.

3. *Manuscrits de Cangé*, 846 *et* 847. — Les manuscrits connus sous ce nom, à la Bibliothèque nationale de Paris, y portaient autrefois les n$^{os}$ 65, 66 et 67 de ce fonds ; ils ont été ensuite cotés 7222$^2$, 7222$^3$ et 7222$^4$ de l'ancien fonds. Aujourd'hui ils sont inscrits parmi les manuscrits français sous les n$^{os}$ 845, 846 et 847.

Le volume 846 contient sept chansons, les n$^{os}$ 2, 3, 5, 11, 17, 27 et 30.

Le volume 847 en contient trente et une, toutes celles du manuscrit de la Vallière 2736, moins les n$^{os}$ 22 et 33. Elles y sont accompagnées de la musique.

4. *Manuscrit* 1109. — Ce manuscrit, in-folio, sur vélin, xiv$^e$ siècle, ancien 7363, contient vingt-trois chansons d'Adam de la Halle, toutes celles du manuscrit de la Vallière 2736, moins les n$^{os}$ 2, 6, 15, 21, 22, 23, 25, 26, 29 et 33. Elles sont accompagnées de la musique.

5. *Manuscrit* 12615. — Ce magnifique volume, in-folio, sur vélin, n° 184 de l'ancien supplément français, est un des plus précieux que l'on connaisse pour l'his-

---

[1] Dans le catalogue de la Vallière, il porte le n° 2719. — Il a été classé à la Bibliothèque de la rue Richelieu, sous le n° 59.— Aujourd'hui il est parmi les manuscrits français, sous le n° 24406.

toire littéraire au xiiie siècle. Il renferme trente-trois chansons d'Adam de la Halle, c'est-à-dire toutes celles du manuscrit de la Vallière, moins la sixième. Douze seulement sont accompagnées de la musique.

Ces cinq manuscrits ne sont pas des copies les uns des autres.

6. — *Manuscrit* 7218. Il contient les cent soixante-quatorze premiers vers du « Jeu Adam ». Le langage y est plus moderne que dans le manuscrit de la Vallière 2736.

BIBLIOTHÈQUE DE L'ARSENAL, A PARIS.

7. *Manuscrit* 120[A], B. L. Fr. — Recueil en quatre volumes intitulé : Poëtes français avant 1300. Une note placée en tête du premier volume explique comment et par qui ce recueil a été formé : « Ce recueil tiré de « différends manuscrits a esté fait par les soins du sieur « Coustelier, imprimeur libraire, qui avait dessein de « le faire imprimer, et m'a esté communiqué par « M. Lancelot ».

Les manuscrits dans lesquels Coustelier a puisé sont ceux du marquis Baudelot d'Herval, de Noailles et de Clerambault.

Les tomes I et IV contiennent des chansons d'Adam de la Halle. Elles n'y sont pas notées.

Le tome I contient les chansons n[os] 2, 3, 5, 17, 26, 27 et 30 du manuscrit de la Vallière 2736.

Le tome IV contient toutes les chansons de ce dernier manuscrit, moins les n[os] 15, 28 et 34.

Plusieurs chansons y sont transcrites deux fois : une fois d'après les manuscrits sus-désignés et une fois d'après le manuscrit du Vatican 1490. Celles-ci portent, dans le manuscrit de la Vallière 2736, les nos 3, 7, 21, 22, 23 et 24.

BIBLIOTHÈQUE D'ARRAS.

8. *Manuscrit* 657. — In-folio de 212 feuillets ; il porte la date de 1278. On lit à la fin : « Ces livre fu « escris en l'an que l'Incarnation coroit sous mil et ii$^c$ « et soissante dis et viii, as octaves de mi-aoust. Si « l'escrit Jehans DAMIENS LI PETIT ».

Ce volume est très précieux pour l'histoire littéraire au moyen âge; malheureusement il a été fort mutilé ; il offre des lacunes regrettables. Il était déjà en cet état en 1720 [1].

Il contient divers ouvrages importants. Au point de vue qui nous occupe, on y trouve soixante-quinze chansons et jeux-partis de Wil. Viniers, de Ricars de Fournival, du châtelain de Coucy, de Gautier de Dargies, de Hugues de Brégy, du vidame de Chartres, de Pierre de Molaines, du duc de Brabant et d'Adam de la Halle.

On y compte, d'Adam de la Halle, six chansons, les nos 1, 2, 3, 4, 5 et 32 ; et sept jeux-partis, les nos 1, 9, 10, 11, 12, 13 et 15. Nous en avons donné les variantes avec le manuscrit de la Vallière.

Le manuscrit contient en outre un certain nombre de miniatures représentant les trouvères dont il reproduit les poésies. Nous donnons en tête de notre volume la miniature représentant Adam de la Halle.

BIBLIOTHÈQUE DE L'ÉCOLE DE MÉDECINE, A MONTPELLIER.

9. *Manuscrit* H, 196. — Ce manuscrit, qui est sans

[1] Catalogue des manuscrits de la bibliothèque d'Arras, 1860.

contredit le plus important pour l'histoire de l'art harmonique aux xiie et xiiie siècles, ne l'est pas moins au point de vue de l'histoire littéraire à la même époque. Il contient plus de trois cents motets français à deux, trois et quatre parties.

Nous avons donné une description très détaillée de ce volume dans notre ouvrage intitulé : *l'Art harmonique aux* xiie *et* xiiie *siècles*. On y trouve, d'Adam, deux Motets qui ne sont pas dans le manuscrit de la Vallière. Nous les avons reproduits aux ANNEXES, sous les n[os] I et II.

### BIBLIOTHÈQUE D'AIX, EN PROVENCE.

10. *Manuscrit 572.* — Ce manuscrit, sur vélin, in-4°, du xve siècle, est intitulé : « Mariage de Robin et de Marote », avec notation musicale intercalée dans le texte. Il contient cent vingt-six miniatures, mesurant chacune environ vingt centimètres carrés. Elles ont beaucoup souffert; elles représentent des scènes de l'ouvrage.

Ce manuscrit offre de notables variantes avec le manuscrit de la Vallière 2736 ; mais les plus considérables concernent l'orthographe. Il est postérieur, d'au moins un siècle, à ce dernier. Il est en outre très fatigué.

Nous avons laissé les variantes d'orthographe, mais nous avons reproduit avec soin celles du texte et de la musique, d'après la collation qu'a bien voulu nous adresser M. Vidal, auteur d'une publication fort intéressante intitulée : « Lou Tambourin ».

### BIBLIOTHÈQUE DE CAMBRAI.

11. *Fragments de manuscrit.* — En 1839, nous

avons trouvé, collés à l'intérieur de la couverture d'un volume de la bibliothèque de Cambrai, deux feuillets provenant d'un manuscrit sur vélin, format in-quarto. L'écriture cursive et la notation sont du xiv$^e$ siècle. Ces feuillets contiennent : 1° la fin du dix-septième Jeu-parti; 2° les Rondeaux 1, 2, 3 et 4 d'Adam de la Halle. Le texte et la musique des n$^{os}$ 1, 3 et 4 sont plus purs et plus complet que dans le manuscrit de la Vallière 2736, où les mêmes pièces sont disposées dans le même ordre. La musique du n° 2 y est différente. Nous la donnons aux ANNEXES, sous le n° III.

Si le manuscrit auquel ont appartenu ces fragments provenait de l'abbaye de Vaucelles, ce qu'il ne nous a pas été donné de constater, ce serait une probabilité qu'Adam y aurait reçu un enseignement musical complet. Cette preuve nous échappant, reste toujours le fait qu'il a existé un bon recueil des œuvres d'Adam dans le nord de la France. La perte de ce manuscrit est fort regrettable.

BIBLIOTHÈQUE DU VATICAN.

12. *Manuscrit 1490, fonds de la Reine Christine.* — Ce manuscrit sur vélin, du xiv$^e$ siècle, contient un grand nombre de poésies de nos trouvères. On y trouve d'Adam : 1° quelques Chansons sans la musique; 2° le commencement du « Jeu Adam » tel qu'il est dans le manuscrit 7218 de la Bibliothèque nationale de Paris. Ce manuscrit a été décrit par M. Adelbert Keller, dans son « Romvart », 1844, p. 244 et suiv.

BIBLIOTHÈQUE D'OXFORD.

13. *Manuscrit Douce, 308.* — Volume in-folio de 297 feuillets, écrit par diverses mains vers le second

quart du xiv<sup>e</sup> siècle. M. Paul Meyer l'a examiné avec soin, et en a fait une description détaillée [1]. Ce recueil est un des plus importants connus ; il renferme un nombre considérable : 1º de « Grands chants » ; 2º d'Estampies ; 3º de Jeux-partis ; 4º de Pastorelles ; 5º de Ballades ; 6º de Sottes chansons.

Parmi les « Grands chants » se trouvent les Chansons d'Adam de la Halle portant, dans le manuscrit de la Vallière, les n<sup>os</sup> 2, 3, 6, 11, 13, 14, 26, 27 et 30.

### BIBLIOTHÈQUE DE SIENNE.

14. *Manuscrit* H. X., 36. — Ce recueil, dont l'importance était restée inconnue, a été exploré d'une manière complète, en 1858, par M. Louis Passy. Le savant linguiste en a donné une ample description, accompagnée d'une remarquable étude sur les trouvères dont les poésies y sont transcrites [2]. Cette vaste collection ne contient aucune pièce d'Adam de la Halle, mais on y compte quatre-vingts Jeux-partis de Jehan Bretel ; huit sont adressés à Adam de la Halle comme tenant ou interlocuteur. Peut-être s'y trouve-t-il quelques passages d'où il serait possible de tirer certaines inductions concernant la vie d'Adam. Cela n'est pourtant guère probable, parce qu'en ce cas ils auraient sans doute attiré l'attention de M. Passy.

---

[1] NOTICE SUR LE MANUSCRIT D'OXFORD; Archives des missions scientifiques et littéraires, 2<sup>e</sup> série, t. v.

[2] FRAGMENT D'HISTOIRE LITTÉRAIRE à propos d'un nouveau manuscrit de chansons françaises. — Bibliothèque de l'Ecole des chartes, 4<sup>e</sup> série, t. v, p. 501.

## § II. — OUVRAGES IMPRIMES.

Nous ne parlerons ici que des éditions de textes d'Adam de la Halle.

Montmerqué a donné, en 1822, pour la Société des bibliophiles, une édition du « Jeu Adam », du « Jeu de Robin et de Marion » et du « Jeu du Pélerin », avec un glossaire. Mais cette édition n'a été imprimée qu'à vingt-cinq exemplaires pour les membres de la Société ; elle n'a pas été mise dans le commerce.

Ces trois pièces ont été rééditées en 1839, dans le « Théâtre francais au moyen âge », par MM. Montmerqué et Francisque Michel. Celui-ci y a joint une traduction.

L'édition de 1822 est accompagnée de la musique. Malgré les soins donnés par l'imprimeur pour imiter la notation originale, il s'y est glissé un assez grand nombre d'inexactitudes.

Les éditeurs de 1839 ont reproduit quelques mélodies dont la traduction leur avait été fournie par Bottée de Toulmon.

Dans les deux notices sur Adam de la Halle, publiées l'une dans ses « Trouvères de la Flandre », l'autre dans ses « Trouvères artésiens », Arthur Dinaux a édité le « Congié » et quelques fragments de chansons.

Méon a reproduit le « Congié » dans le tome I de ses « Fabliaux », édition de 1808.

Le poème « le Roi de Sicile » a été imprimé par Buchon, dans sa « Collection des chroniques nationales françaises », t. VIII; et M. Jubinal l'a transcrit dans les « Notes et éclaircissements dont il a accompagné son édition des œuvres de Rutebeuf ».

Dans une notice sur Adam de la Halle, musicien, Bottée de Toulmon [1] a traduit quelques mélodies du « Jeu de Robin et de Marion », un Rondeau et un Motet.

Fétis a essayé de reproduire un des Rondeaux d'Adam dans le tome I de sa « Revue musicale », publiée en 1828, mais la notation originale y est inexacte et sa traduction est fautive.

Enfin la « Revue de musique ancienne et moderne », publiée en 1856, contient un article sur le « Jeu de Robin et de Marion », avec quelques mélodies tirées du manuscrit de la Vallière.

Les autres poésies d'Adam de la Halle, c'est-à-dire ses Chansons, ses Jeux-partis, ses Rondeaux et ses Motets sont restés complètement inédits.

---

[1] « Théâtre français au moyen âge », p. 51.

## III

## POÉSIES

Dans l'examen succint qui va suivre, nous n'avons ni la prétention, ni l'intention de faire une appréciation complète des œuvres d'Adam de la Halle; un travail de cette nature serait une tâche fort lourde. Nous confessons volontiers qu'en présence des progrès accomplis par les études spéciales sur notre ancienne littérature, nous ne sommes pas suffisamment préparé pour oser entreprendre un examen approfondi des productions de notre célèbre trouvère. Nous nous bornerons à jeter un coup d'œil sur chacune de ses poésies dont nous chercherons à déterminer les caractères, en les accompagnant de quelques remarques et observations.

1. CHANSONS. — Ce serait une erreur de croire que le mot *chanson* avait aux XII$^e$ et XIII$^e$ siècles la signification qu'on lui donne aujourd'hui. Nous ne voulons pas parler des chansons de gestes. Pour celles-là, il ne sau-

rait y avoir de doute ; tout le monde sait qu'on appelait ainsi nos épopées nationales. Il n'en est pas de même des pièces composées d'un certain nombre de strophes, et qui ont généralement le nom de *cançons* ou *chansons* dans les manuscrits. On est accoutumé de ranger les chansons des trouvères parmi les poésies légères, sans doute parce que l'amour y joue le principal rôle, et aussi parce qu'elles sont accompagnées de mélodies. Mais ce n'est pas là leur véritable caractère. Les chansons faisaient partie de la poésie lyrique. C'est l'avis de M. Paul Mayer, excellent juge en cette matière ; il s'exprime ainsi, en étayant d'ailleurs son opinion sur une autorité que personne ne contredira, celle du Dante. Voici les paroles de M. Meyer [1] : « Le manuscrit Douce « est le seul qui ait adopté le classement par genres. Il « répartit en six sections les pièces qu'il contient : 1º les « *grands chants*, c'est-à-dire les chansons par excel- « lence, le genre que Dante plaçait au-dessus de tous « les autres [2] ; 2º les Estampies », etc. Puis un peu plus loin [3] il dit : « C'est une très juste observation de Dante « qu'entre les pièces lyriques, les chansons propre- « ment dites ont été conservées avec le plus grand « soin [4] ».

---

[1] Notice sur le manuscrit d'Oxford ; Archives des missions scientifiques et littéraires, 2e série, t. v, p. 157.

[2] Horum autem modorum cantionum modum excellentissimum esse pensamus. De vulg. eloq., II, iii.

[3] Ibid., p. 158.

[4] Enumérant les motifs qui font de la chanson le genre le plus noble, le Dante dit : « Preterea, quæ nobilissima sunt carissime conservantur; sed inter ea que cantata sunt cantiones carissime conservantur, ut constat visitantibus libros ». (De vulg. eloq., II, iii.)

Il ne saurait y avoir aucune équivoque, car dans la série des *grands chants* du « manuscrit Douce », composée de quatre-vingt-onze pièces, cinquante-deux se retrouvent ailleurs, et dans ces cinquante-deux on compte neuf Chansons d'Adam de la Halle.

Il faut donc abandonner cette dénomination de *poésies légères* donnée aux chansons des trouvères pour leur restituer leur véritable caractère de *poésies lyriques*.

Ne peut-on pas dire également que, si cette sorte de poésie était chantée, c'était de la part des trouvères non une innovation, mais au contraire, pour eux, une forme traditionnelle à laquelle ils se conformaient d'autant plus volontiers que la mélodie est essentiellement expressive. D'ailleurs, qu'on ne l'oublie pas, la poésie lyrique était chantée chez les Grecs ; elle a continué d'être chantée chez les Romains ; elle l'était au moyen âge. Soit donc que les trouvères aient voulu imiter les anciens, soit qu'ils n'aient eu qu'à suivre ce qui se pratiquait chez leurs ancêtres du Nord, ils n'ont fait que suivre la tradition [1].

Ce qui démontre encore que, pour les trouvères, les chansons avaient un caractère plus élevé que les pièces auxquelles on donne aujourd'hui le nom de chansons, ce sont les mélodies elles-mêmes dont elles sont accompagnées. Elles ont un cachet plus artistique que celui qui convient à des poésies légères.

L'examen de la facture poétique des chansons semble aussi inspirer la même réflexion. Les trouvères en général, et Adam de la Halle en particulier, ont évidem-

---

[1] Nous avons traité cette question, preuves en main, dans notre HISTOIRE DE L'HARMONIE AU MOYEN AGE, p. 63 et suiv.

ment mis plus d'art, apporté plus de soin ingénieux à cette sorte de poésie que ne le comporte l'idée que nous avons de la chanson. Il y aurait peut-être de l'exagération à dire que leurs chansons s'élevaient jusqu'à l'ode ; mais on peut affirmer du moins que plus d'une de ces « cançons » renferme de la véritable poésie lyrique. Il nous paraît difficile de refuser cette qualité à plusieurs des Chansons d'Adam de la Halle.

Les Chansons d'Adam de la Halle se trouvent toutes ou en partie dans les manuscrits 2736, 24406, 846, 847, 1109 et 12615 de la Bibliothèque nationale; dans le manuscrit 120 de la Bibliothèque de l'Arsenal à Paris; dans le n° 657 de la Bibliothèque d'Arras, et dans le n° 1490 du Vatican. Malgré ces nombreuses leçons, on n'en possède pas un texte pur. Elles ont été transcrites inexactement soit de mémoire, soit sur des copies non originales. Nous avons recueilli avec soin les variantes des divers manuscrits cités plus haut ; mais elles semblent jeter une bien faible lumière sur les passages mal rapportés.

Dans ses Chansons, comme dans presque tous ses ouvrages, Adam a mis sa personne en jeu. Les allusions qu'on y remarque ne sont pas toujours assez transparentes pour qu'on voie clairement à qui elles s'adressent, mais il est facile de s'apercevoir qu'elles lui sont personnelles. Il est évident que, dans plus d'une de ses chansons, il fait allusion à ses amours, et principalement à son amour pour Marie. La quatorzième semble avoir été écrite à son retour de Douai. Elle est aussi une nouvelle preuve qu'il n'était pas encore marié à son départ pour cette ville.

Il faisait aussi des chansons pour ses amis. Il en est trois, les n^os 18, 30 et 31, qui lui furent demandées par Robert Nasart, un des riches bourgeois d'Arras qui l'avait si généreusement accueilli et auquel il adresse ses adieux dans son « Congié ».

2. Jeux-partis. — Nous ne pouvons résister à reproduire la définition pittoresque que donne M. Louis Passy [1] de cette sorte de poésie tant en vogue aux xii^e et xiii^e siècles : « Le jeu-parti, dit-il, prend la forme d'un
« dialogue : tantôt c'est une conversation poétique qui
« s'éteint sans conclure ; tantôt c'est un véritable tour-
« nois littéraire à deux et même quelquefois à trois ou
« quatre tenants. L'un jette le gant, l'autre le relève. On
« s'échauffe, on lutte ; on se charge à coup de strophes ;
« on se perce avec des railleries ; on se frappe avec des
« injures. La bataille est acharnée, et il ne semble pas
« qu'on puisse en prévoir la fin. Tout à coup les deux
« adversaires s'arrêtent ; celui qui a porté le défi dépose
« les armes ; il nomme un juge du camp. Celui qui a
« relevé le défi accepte ce juge, ou en désigne un autre ;
« rarement on en cherche un troisième. »

On rencontre les principaux caractères de cette définition dans les Jeux-partis d'Adam de la Halle. Les personnages qu'Adam fait intervenir sont Jehan Bretel, Audefroi, Dragon, Greivillier, Ferri, Evrar, Rogier, Cuvelier, Jean de Marly et la dame de Danemoy.

Adam de la Halle est choisi par Jehan Bretel comme

---

[1] Fragment d'histoire littéraire, etc. — Bibliothèque de l'Ecole des chartes, 4^e série, t. v.

son interlocuteur dans sept jeux-partis contenus dans le manuscrit de Sienne [1].

Les Jeux-partis d'Adam de la Halle, au nombre de seize, se trouvent : 1° dans le manuscrit de la Vallière 2736, avec la musique ; 2° dans le manuscrit 1109 de la Bibliothèque nationale de Paris, sans la musique.

Le manuscrit d'Arras en contient sept avec la musique ; ce sont les n<sup>os</sup> 1, 9, 10, 11, 12, 13 et 15.

Voici l'analyse des questions posées dans les Jeux-partis d'Adam de la Halle :

I. — ADAM à JEHAN (BRETEL[2]) : Un amant à qui on promettrait de jouir dix fois seulement dans sa vie des faveurs de sa dame, devrait-il se hâter ou attendre ?

Juges : Audefroy et Dragon.

II. — ADAM à sire JEHAN (BRETEL) : Consentiriez-vous à demeurer toujours à Arras seul avec votre amie, sans voir autre compagnie et sans jamais sortir de la ville ?

Juges : Greivelier et Cuvelier.

III. — ADAM à sire JEHAN (BRETEL) : Pour un loyal amant, est-ce le bien qui domine en amour ? est-ce le mal ?

Juges : Ferri et Greivelier.

IV. — Sire JEHAN (BRETEL) à ADAM : Quel est l'amant le plus content ? Est-ce l'amant satisfait ou l'amant platonique ?

Juge : Dragon et Audefroy.

V. — ADAM à sire JEHAN (BRETEL) : En loyal amant, que préféreriez-vous, être favorisé par l'amour contre votre dame, ou par votre dame contre l'amour ?

Juges : Greivelier et Ferri.

[1] M. Louis Passy, ibid., p. 477.
[2] Excepté les n<sup>os</sup> 13 et 15, tous les Jeux-partis ont pour interlocuteur Jehan Bretel qu'Adam désigne sous les noms de Jehan, sire Jehan ou simplement Sire.

VI. — ADAM à SIRE (JEHAN BRETEL) : Qu'est-ce qui est préférable : gagner la faveur de votre dame par trahison, ou la servir avec désintéressement toute votre vie, et qu'elle soit satisfaite ?
Juges : Ferri et Greivelier.

VII. — ADAM à SIRE (JEHAN BRETEL) : Un amant, après avoir fidèlement aimé sa dame pendant sept ans, sans en avoir reçu merci, peut-il l'abandonner et chercher consolation auprès d'une autre ?
Juges : Ferri et Dragon.

VIII. — ADAM à SIRE (JEHAN BRETEL) : Que doit craindre le plus un amant sage, ou de voir sa prière repoussée par la dame qu'il aime, ou de perdre son amour quand il l'a obtenu ?
Juge : Ferri.

IX. — ADAM à SIRE (JEHAN BRETEL) : Le savant Aristote fut chevauché en selle par une amie qui lui manqua de parole ; voudriez-vous être accoutré de même par votre dame, pourvu qu'elle tînt sa promesse ?
Juges : Evrar et Ferri.

X. — ADAM à SIRE (JEHAN BRETEL) et à JEHAN DE MARLI : Qui fait mieux, celui qui attend merci un, deux ou trois ans, ou celui qui le demande aussitôt ?
Juge : Dragon.

XI. — ADAM à sire JEHAN (BRETEL) : Veuillez me dire, vous qui savez si bien l'amour, en quoi, pourquoi et comment vous le servez ?
Juges : Dame de Danemoy, Ferri et Audefroy.

XII. — JEHAN BRETEL à ADAM : De laquelle vaut-il mieux être aimé, de celle qui n'a jamais aimé, ou de celle qui s'est détachée par raison ou par honneur ?
Pas de juge.

XIII. — ADAM à ROGIER : Je suppose que vous aimiez ma femme et moi la vôtre ; mais nous n'en sommes pas aimés. Voudriez-vous qu'en allant plus avant, je fusse accueilli par la vôtre et vous par la mienne ?
Juge : Ferri.

XIV. — Adam à Jehan Bretel : Lequel doit plaire le plus à sa dame, celui qui fait ostentation de son amour devant tout le monde, ou celui qui se laisserait plutôt mourir que de faire voir son affection ?

    Juges : Ferri et Dragon.

XV. — Adam à Greivelier : Celui qui veut prêcher l'amour, emploie-t-il mieux son temps en s'adressant à l'amant loyal ou à l'amant trompeur ?

XVI. — Adam à sire Jehan (Bretel) : J'étais parvenu à me faire aimer d'une dame qui bientôt en aima un autre. Ai-je perdu, ai-je gagné ?

    Juge : Ferri.

La dix-septième pièce, bien que placée parmi les Jeux-partis, est une pièce latine sur la résurrection de Notre-Seigneur. Elle ne se trouve que dans le manuscrit de la Vallière 2736. Elle y est aussi à la fin des Chansons d'Adam de la Halle.

3. Rondeaux. — Le Rondeau est une poésie toujours accompagnée de musique. Francon et les autres auteurs de traités de musique des XII$^e$ et XIII$^e$ siècles parlent des rondeaux comme d'une des compositions alors le plus en vogue. Adam de la Halle est le seul harmoniste de cette époque dont il en soit parvenu des spécimens.

Au point de vue de la versification, le rondeau paraît avoir été une pièce n'ayant généralement que deux ou trois strophes, commençant par un ou plusieurs vers qui servent de refrain aux diverses strophes. La plupart des Rondeaux d'Adam ont cette forme. Quelques-uns en diffèrent, mais très peu.

Le dernier des Rondeaux d'Adam est une sorte de noël. Il sort des formes observées dans les autres.

Le manuscrit de la Vallière est le seul qui contienne tous les Rondeaux d'Adam de la Halle. On en trouve quatre, les nos 1, 2, 3 et 4, transcrits sur les fragments de la Bibliothèque de Cambrai.

4. Motets. — Le motet était une composition harmonique dont il sera parlé plus loin. Considéré au point de vue poétique, le motet n'avait point de forme déterminée. C'était une pièce dont le rhythme et l'étendue étaient abandonnés à la volonté ou au caprice du poète. Les Motets d'Adam de la Halle sont tous à trois parties chantant des paroles différentes.

Nous avons rapporté plus haut la première partie du premier motet où Adam se plaint d'avoir dû quitter Arras par suite des mesures vexatoires exercées contre les bourgeois.

La seconde partie du deuxième Motet est charmante.

La première partie du troisième est fort singulière. S'il fallait la prendre à la lettre, il en résulterait qu'Adam et ses amis Haniket, Hancart et Gautelos, s'abandonnaient, lorsque le vin les avait mis en gaîté, jusqu'à faire les bateleurs (voir p. 265). Cela n'est-il qu'une fiction poétique, ou est-ce la réalité? Il serait difficile de le décider.

La seconde partie de ce même motet est une nouvelle peinture des charmes de Marie qui séduisirent Adam. On est étonné de voir un accouplement de strophes aussi disparates.

5. Le Congé. — Le Congé d'Adam de la Halle est une de ses pièces les plus remarquables. Elle est pleine de sentiment et de cœur.

On ne connaît que trois « Congés » : celui d'Adam, celui de Jehan Bodel et celui de Baude Fastoul. Ils sont tous trois écrits en douzains octo-syllabiques.

Jehan Bodel et Baude Fastoul, contraints d'achever leur existence dans un hospice de Saint-Lazare, ont écrit leur « Congé » au moment de quitter tout ce qu'ils avaient de plus cher au monde. Rien d'étonnant qu'ils soient empreints d'un sentiment de tristesse qui tient du désespoir.

Le Congé d'Adam a été composé dans des circonstances pénibles aussi, mais n'offrant rien de douloureux et de lugubre comme le malheur qui atteignit ses compagnons en gai savoir.

C'est dans le Congé d'Adam qu'on trouve le plus de renseignements sur la partie de son existence antérieure à son mariage. Nous avons cherché à faire ressortir, dans la notice biographique que nous avons tracée plus haut, les principaux faits du Congé qui se rattachent à notre trouvère.

M. Paulin Paris fait remarquer avec raison, suivant nous, que « la forme surannée de langage n'empêche « pas de reconnaître, dans cette pièce, une facilité de « versification, une netteté de pensée, une élégance « d'expression rares dans les compositions littéraires de « tous les temps [1] ».

Le Congé d'Adam ne se trouve que dans le manuscrit de la Vallière 2736.

6. LE ROI DE SICILE. — La pièce intitulée : « C'est du Roi de Sezile » est une chanson de geste ou plutôt

---

[1] HISTOIRE LITTÉRAIRE DE LA FRANCE, t. XX, p. 653.

un fragment de Chanson de geste en l'honneur de Charles d'Anjou, roi de Naples, en 1282. Adam de la Halle avait cru ne pouvoir donner de meilleure preuve de son dévouement et de son attachement au prince qui l'avait si bien accueilli, qu'en écrivant un poème où il célébrait ses exploits. Ce que nous en avons n'est que la première partie; elle s'arrête au moment du départ de Charles pour Naples. Est-ce là tout ce qu'Adam y avait composé? Cela est douteux; Gilles Muisis, dans un passage rapporté plus loin, semble en parler comme d'un ouvrage achevé.

Adam nous apprend qu'un autre ménestrel, dont il ne donne pas le nom, avait essayé de chanter les hauts faits du prince, mais qu'il n'avait fait qu'un ouvrage qui avait besoin d'être « redrécié ».

Le mérite d'un personnage aussi éminent demande à être célébré d'une manière digne de lui. Adam va entreprendre cette tâche, et se croit en mesure de la mener à bonne fin.

Après avoir énuméré les brillantes qualités de son héros, Adam raconte les circonstances de son mariage avec Béatrix d'Anjou; la révolte des Marseillais; sa conquête du royaume de Naples sur son adversaire dont les qualités royales ne sauraient être contestées.

Cette Chanson est composée en vers alexandrins; elle est divisée en strophes de vingt vers à rime alternative, masculine et féminine.

Le manuscrit de la Vallière 2736 est encore le seul qui nous l'ait transmise.

Elle a joui d'une certaine réputation, car Gilles li Muisis, évêque de Tournai, vers 1350, parlant de

diverses pièces qui avaient été composées en l'honneur du roi Charles, cite surtout celle d'Adam de la Halle :
« Facta principis Caroli nobilis habentur in metro et
« in prosa, et maxime Adam li Bochus de Atrebato
« fecit et composuit librum unum in quo plurimum
« ipsum commendavit ».

Ce passage confirme l'assertion d'Adam relativement à l'existence d'autres poèmes sur le même sujet.

7. Le Jeu Adam, ou de la Feuillie. — Nous voici arrivé aux pièces de théâtre d'Adam de la Halle. Ce sont, sans contredit, ses œuvres principales. « Le Jeu Adam » peut être regardé comme la plus ancienne comédie, de même que « le Jeu de Robin et de Marion », dont nous parlerons dans un instant, est le plus ancien opéra-comique.

Le « Jeu Adam » est une comédie de mœurs au premier chef ; le sujet de l'ouvrage est la propre histoire de l'auteur ; il y occupe le principal rôle. Les autres personnages sont : maître Henri de la Halle, Riquesse Auris, Guillot le Petit, Hane le Mercier, Riquier, Walès, Rainelet ; le médecin, le fou, l'hôte, le courrier des fées, une femme, et les trois fées Morgue, Magloire et Arsile.

La pièce débute par une scène où Adam, vêtu en clerc, annonce qu'il a quitté sa femme pour aller à Paris compléter ses études.

« Qu'y feras-tu, dit Riquesse Auris, jamais bon clerc
« ne quitta Arras ? — Et que deviendra Marie ? fait
« Gillos. — Elle restera avec mon père, répond Adam.
« — Elle vous suivra ; on ne peut séparer ceux que
« l'Eglise a unis. — Vous parlez à merveille ; mais
« comment n'aurais-je pas été séduit ? »

Puis il fait l'énumération des charmes de Marie, tels qu'ils lui apparurent avant son mariage.

Survient alors maître Henri ; on lui demande de l'argent pour son fils partant pour Paris.— Il ne peut en donner, il est vieux et malade. — « De la maladie qu'on nomme l'avarice, dit le médecin; il en est bien d'autres qui sont atteints de la même infirmité. » — Puis une consultation, peu décente, d'une dame lui fournit l'occasion de passer en revue les dames d'Arras dont la réputation est plus ou moins équivoque.

Une autre scène s'ouvre par l'arrivée d'un moine d'Haspres. Il demande des offrandes pour saint Acaire qui guérit de la folie ; on lui présente plusieurs personnes qui réclament l'intervention du saint. Enfin on amène un fou qui fait allusion à une décision du Pape. Alexandre IV avait privé des franchises ecclésiastiques tout clerc revêtu des ordres mineurs, coupable d'avoir contracté mariage avec une femme veuve, ou notée d'infamie. Ces unions constituaient alors le cas de bigamie, et dans la ville d'Arras un grand nombre de clercs se voyaient, par l'effet de cette décrétale, dépouillés de leurs fonctions de notaires et d'avocats près de l'officialité [1]. Henri de la Halle était dans ce cas de bigamie; Adam critique vivement cette sentence.

La première partie semble finir là. La seconde s'ouvre par la préparation de l'arrivée des fées. Leur approche est annoncée par l'apparition de la troupe Hellekin, chargée de garder la demeure des fées. Croquesos est le messager envoyé par Hellekin à la fée Morgue.

---

[1] Histoire littéraire de la France, t. XX, p. 645.

Elle arrive accompagnée de Magloire et Arsile. Elles s'installent; Morgue et Arsile distribuent les dons de leur puissance; elles souhaitent à Riquesse Auris, bourse bien garnie ; à Adam de la Halle , succès en amour, perfection en poésie. Magloire est pressée à son tour de leur vouer quelque chose : « Je veux , dit-elle , que Riquiers soit pelé et chauve ; qu'Adam n'aille pas à Paris, et reste dans les bras de sa femme. »

Ensuite Morgue feint d'aimer le trouvère Robert Sommeillant, et de le préférer à Hellekin. Arsile lui dit que c'est le plus vain et le moins redoutable des champions. Morgue rend ses bonnes grâces à Hellekin.

On voit approcher « la Fortune » agitant sa roue ; en haut sont les deux nouveaux favoris du comte d'Artois , Ermenfrois Crespin et Jacques Louchart ; en bas et foulé sous ses pieds, est Thomas de Bouriane.

Les fées Arsile et Morgue s'éloignent. Le moine, Hane le Mercier, Riquesse Auris, Adam et les autres boivent à la taverne. On veut faire payer l'écot par le moine qui s'était endormi. Quand il se réveille, il se fâche et refuse de payer ; il finit cependant par laisser ses reliques en gage.

D'après la courte analyse qu'on vient de lire , on peut voir combien le cadre de la pièce prêtait aux allusions et à la satire. Adam n'y fait pas faute. Tout Arras y passe ; les hommes, les femmes, les riches, les bourgeois y sont nommés en toutes lettres. Cette pièce n'est sans doute pas la seule de ce genre qui ait été composée à cette époque, mais c'est la seule qui nous soit parvenue. De tout temps la malignité publique s'est plu à la chronique scandaleuse, aux personnalités injurieuses.

8. Le Jeu de Robin et de Marion. — Cette pièce non moins originale que « le Jeu Adam » sort, comme celle-ci, tout-à-fait du genre théâtral en usage à cette époque. Elle est un nouveau témoignage de la souplesse du génie d'Adam de la Halle. Il semble être le premier qui ait tenté d'entremêler, dans une pièce théâtrale, la musique avec la poésie, par des couplets et des dialogues ayant pour but de concourir à l'action. On a dit avec raison que c'est le premier opéra-comique. Nous parlerons de la musique un peu plus loin. Ici nous donnerons une courte analyse de la pièce.

Elle commence par la délicieuse mélodie : « Robin m'aime, Robin m'a ». Survient un chevalier qui cherche à séduire Marion; mais il perd son temps : Marion aime Robin; elle n'en aimera jamais d'autre. Il insiste; elle lui chante un « Trairi deluriau » moqueur. Le chevalier part. Marion appelle Robin qui accourt. Doux propos, chants d'amour, repas champêtre entre les deux amants. Marion raconte à Robin sa petite aventure avec le chevalier. Elle désire danser la tresque. Robin s'éloigne et va chercher les compagnons et compagnes. Arrivent Baudon, Gautier, Huart, Péronelle. On s'arme de bâtons pour défendre Marion contre le chevalier, s'il revenait. Il apparaît et recommence ses tentatives, sans plus de succès que la première fois. Revient Robin à qui le chevalier cherche querelle. Il bat Robin et finit par emmener Marion; mais elle se défend si bien qu'il renonce à la retenir. Elle retourne auprès de Robin. Elle se laisse embrasser, tout en lui reprochant sa couardise. Après cette scène, la compagnie des bergers et bergères se livrent à des divertissements. On joue au jeu de Saint-Coisne, à celui de roi et reine. Puis, comme pendant au mariage de Robin et de Marion, on décide celui de Perrette avec Warnier.

La pièce se termine par une danse nommée « la tresque », fort à la mode et au goût du temps; il en est déjà question dans un autre endroit de la pièce. C'était une danse qui avait besoin d'être dirigée. Robin est chargé de ce soin ; il s'en acquitte à la satisfaction de tous. Marion surtout ne lui épargne pas ses éloges.

La tresque était une danse sans fin, comme la valse ou autres semblables.

Le proverbe suivant, qui a encore cours en Flandre et en Artois :

> Ch'est sans fin
> Com' l' danse Robin,

prouve que le souvenir de la tresque n'y est pas complètement effacé.

Le mérite littéraire de cette petite pièce est incontestable. La versification en est élégante et facile. L'expression traduit toujours fidèlement et nettement la pensée.

Il serait difficile de déterminer d'une manière précise l'époque fixe où cette pièce a été faite. Les uns croient qu'elle a été composée pour les fêtes de la cour de Naples; d'autres sont d'avis qu'elle a été écrite à Arras avant le départ d'Adam pour l'Italie. Nous sommes disposé à nous rallier à la première opinion par cette raison que les airs y sont notés d'après la manière qu'Adam ne paraît avoir adoptée qu'après son départ d'Arras.

Le « Jeu de Robin et de Marion » se trouve

dans deux manuscrits : celui de la Vallière 2736 et celui d'Aix. Dans le premier, il est complet ; le texte et la musique y semblent être dans leur pureté primitive. Il n'en est pas de même dans celui d'Aix. Le langage y est plus moderne ; il renferme des lacunes. La musique offre des variantes qui indiquent aussi une origine plus moderne.

Les tentatives qu'on avait faites jusqu'ici pour les donner n'ayant pas réussi, nous sommes heureux de pouvoir en faire profiter nos lecteurs, grâce à l'obligeance de M. Vidal, le sous-bibliothécaire de la bibliothèque Méjanès.

9. Le Jeu du Pélerin. — Cette pièce appartient-elle à Adam de la Halle ? On a émis à cet égard un doute qui se fonde spécialement sur ce que le principal personnage de la pièce « le Pélerin » y annonce les divers faits et gestes d'Adam depuis son départ pour l'Italie, ainsi que sa mort récente.

Nous ne partageons pas ce doute. Voici ce qui nous fait croire que la pièce est d'Adam :

D'abord c'est, comme les deux précédentes pièces, une petite comédie de mœurs où l'histoire d'Adam est le fond de l'action scénique. Nul autre auteur n'a fait de pièces semblables. Ensuite, on y trouve deux mélodies, ce qui ne se rencontre également que dans les ouvrages d'Adam. Le soin avec lequel il y est rappelé qu'Adam n'est appelé *Bochu* qu'à Arras, est encore une forte induction en faveur de notre opinion. Enfin, la présence de cette pièce dans le manuscrit de la Vallière 2736, qui contient les autres œuvres d'Adam, semble la corroborer.

Ces vers :

> . . . . . . . . Nés fu de ceste ville,
> Maistres Adans « li Bochus » estoit chi apelés
> Et là Adans d'Arras. . . . . . . . .
> 
> p. 416.

indiquent que la pièce a été représentée à Arras, ce qui confirmerait le sentiment de ceux qui croient qu'Adam est revenu en cette ville avant d'aller mourir à Naples.

C'est dans cette pièce qu'il est fait mention des voyages d'Adam en Italie et en Orient ; de l'accueil qu'il reçut du comte d'Artois et de Charles d'Anjou qui l'avaient en haute estime.

On s'est demandé si Adam de la Halle n'exécutait pas lui-même sa musique ; le passage suivant semble démontrer qu'il en était ainsi :

> Car mainte bèle grace avoit,
> Et seur tous biau diter savoit,
> Et s'estoit parfais en chanter.
> 
> p. 418.

Le « Jeu du Pélerin » ne se trouve que dans le précieux manuscrit de la Vallière 2736.

# IV.

# MUSIQUE

Les œuvres d'Adam de la Halle se composent de poésies sans musique et de poésies accompagnées de chant. Dans celles-ci la musique est non un accessoire oiseux ou superflu, mais une partie essentielle de leur constitution; texte et musique forment un ensemble difficilement séparable. Il en est surtout ainsi des Rondeaux et des Motets.

Adam de la Halle doit être considéré comme un des musiciens les plus distingués du XIIIe siècle. Son mérite est pour le moins égal à celui des meilleurs déchanteurs de cette époque ; il est incontestablement supérieur à celui des autres trouvères.

Les productions musicales d'Adam de la Halle peuvent se diviser en deux classes : les unes mélodiques, les autres harmoniques. A la première appartiennent ses Chansons, ses Jeux-partis et les airs dont il a orné le Jeu de Robin et de Marion ; dans la seconde se rangent ses Rondeaux et ses Motets.

## § I. — COMPOSITIONS MÉLODIQUES.

Quand on examine les diverses mélodies d'Adam, qu'on les analyse et les compare entre elles, on remarque une différence sensible entre celles des Chansons et des Jeux-partis et celles du Jeu de Robin et de Marion.

Celles-ci sont naturelles, faciles, chantantes; les autres, au contraire, sont souvent maniérées, d'une forme difficile à retenir. Cette différence provient de ce que les mélodies du Jeu de Robin et de Marion sont le résultat de l'inspiration spontanée, ce qui leur donne un caractère tout à fait populaire, tandis que les autres sont des compositions artistiques, c'est-à-dire soumises à des règles de convention.

Dans les premières, le musicien pouvait donner libre carrière à son imagination; l'inflexion tonale et le rhythme étaient abandonnés à sa spontanéité. Nulle contrainte, nulle obligation de se renfermer dans un cadre convenu; liberté pleine et entière dans le mouvement, dans les allures; de là le naturel, la facilité qu'on remarque dans la tournure mélodique de ces airs; de là aussi la popularité dont ils ont joui immédiatement et longtemps après.

Mais cette popularité tenait encore à une autre cause; elle tenait à leur tonalité. Pour bien comprendre ce fait particulier et essentiel, il est nécessaire de remarquer que la musique religieuse était, à cette époque, la seule dont les bases fussent réglées par une théorie, par des principes de tonalité; c'était la musique artistique. La tonalité diatonique fixée par saint Grégoire et adoptée par ses successeurs était la tonalité officielle, si l'on peut s'exprimer ainsi.

Mais à côté de cette tonalité calme, majestueuse, si convenable, si bien appropriée aux chants chrétiens, il en existait une autre dont les allures et les inflexions s'adaptaient mieux aux passions mondaines, à la fougue populaire. Cette dernière est fort ancienne et son origine semble être septentrionale. On ne possède pas, à la vérité, d'exemples de mélodies d'une date fort reculée, mais certains faits sont propres à nous éclairer sur cette question.

« C'est sous le pontificat de saint Grégoire, comme
« nous l'avons dit ailleurs [1], que le christianisme reçut
« son plus grand développement en Allemagne, dans le
« nord de la Gaule et en Angleterre. L'apôtre Boniface,
« dans la Germanie, le moine Augustin, dans les îles
« de la Grande-Bretagne, ne furent pas seulement char-
« gés d'y prêcher la foi, ils étaient accompagnés d'un
« personnel nombreux et instruit ayant pour mission
« d'y introduire tout ce qui était de nature à instituer
« et à consolider le dogme, par le culte et les cérémo-
« nies en usage à Rome. Or, une des branches du culte
« à laquelle le célèbre Pontife attacha le plus d'impor-
« tance, fut le chant. Aux missionnaires prêcheurs il ne
« manqua pas de joindre des ecclésiastiques instruits
« dans l'art qu'il venait de réformer et de régler. En
« passant par la Gaule où ils séjournèrent quelque
« temps, ils y enseignèrent le chant grégorien ou romain;

---

[1] L'Art harmonique aux XII<sup>e</sup> et XIII<sup>e</sup> siècles, p. 99.

« mais ce chant n'y resta pas longtemps intact. Bientôt
« Pépin fut obligé d'appeler de nouveaux maîtres ro-
« mains, et ses efforts n'eurent pas grand résultat.
« Lorsque Charlemagne monta sur le trône, il fallut en
« venir à une réforme complète pour opérer l'unité
« avec le Saint-Siége. On connaît la lutte que le grand
« monarque eut à soutenir avec les chantres français,
« qui prétendaient conserver leur manière de chanter.
« Les changements introduits par eux étaient tels que
« le chant usité dans les églises de France était devenu
« en quelque sorte un chant particulier auquel les
« auteurs ont donné le nom de « gallican ». Il y avait
« donc entre le chant romain et le chant français des
« différences considérables qui ne résidaient pas seule-
« ment dans l'exécution, mais qui avaient leur origine
« dans le caractère même de la mélodie. Ce caractère,
« c'est la tonalité particulière que les auteurs désignent
« avec fondement sous le nom de « goût national [1] ».

« Effectivement, des recherches faites dans ces der-
« niers temps ont fait reconnaître que la tonalité des
« peuples du Nord diffère essentiellement de la tonalité
« ecclésiastique. Elle se rencontre dans les chants po-
« pulaires dès qu'il s'en présente des vestiges notés; on
« en suit la tradition dans les airs populaires du
« moyen âge, à travers la musique artistique, et malgré
« la prédominance de celle-ci. On la trouve dans les
« mélodies des trouvères qui ont obtenu de la popula-
« rité. Signalons à cet égard les airs intercalés dans
« le roman « Li Renard noviel » du trouvère lillois

[1] GERBERT, De Cantu et musica sacra, t. I, p. 264 et suiv. — FORKEL, Allgemeine Geschichte der Musik, t. II, p. 205 et suiv.

« Jacquemars Giélée, ceux du « jeu » d'Adam de La
« Bassée, et un grand nombre qui servent de thèmes
« à des compositions harmoniques du manuscrit de
« Montpellier. »

C'est cette tonalité qu'il est facile de reconnaître dans
les mélodies du « Jeu de Robin et de Marion »; c'est
encore cette tonalité qu'on remarque dans plusieurs
airs adaptés aux Chansons et aux Jeux-partis d'Adam
de la Halle, mais avec une forme particulière dont
nous allons parler.

1. CHANSONS. — Ainsi que nous venons de le dire,
les mélodies des Chansons d'Adam de la Halle n'offrent aucun des caractères qu'on remarque dans les
airs populaires. Leur forme et leur tournure ont pour
nous quelque chose de maniéré qu'elles ont emprunté
à l'art conventionnel qui semble avoir présidé à leur
conception. Ce qui leur donne surtout ce cachet, c'est
l'étendue diapasonale de certaines phrases mélodiques,
qui dépasse souvent de beaucoup celle qu'on rencontre dans les airs populaires; c'est en outre une
certaine recherche visant à l'art, qui ôte à ces mélodies la simplicité qui caractérise les mélodies spontanées. Cette facture n'est pourtant pas exclusive
d'élégance et de grâce. Plusieurs méritent d'être signalées sous ce rapport.

En parlant de l'origine de la tonalité moderne, nous
avons fait voir [1] que cette tonalité existait longtemps
avant Monteverde, à qui on attribue cette sorte de

---

[1] HISTOIRE DE L'HARMONIE AU MOYEN AGE, p. 95 et suiv. — L'ART HARMONIQUE AUX XII$^e$ ET XIII$^e$ SIÈCLES, p. 96 et suiv.

révolution musicale. Elle existait notamment dans les mélodies des Chansons d'Adam de la Halle, même avec les signes distinctifs qui affirment ce caractère. Quelques exemples puisés dans ses Chansons en seront la meilleure démonstration.

Voici la première phrase mélodique de la huitième chanson et la première de la neuvième :

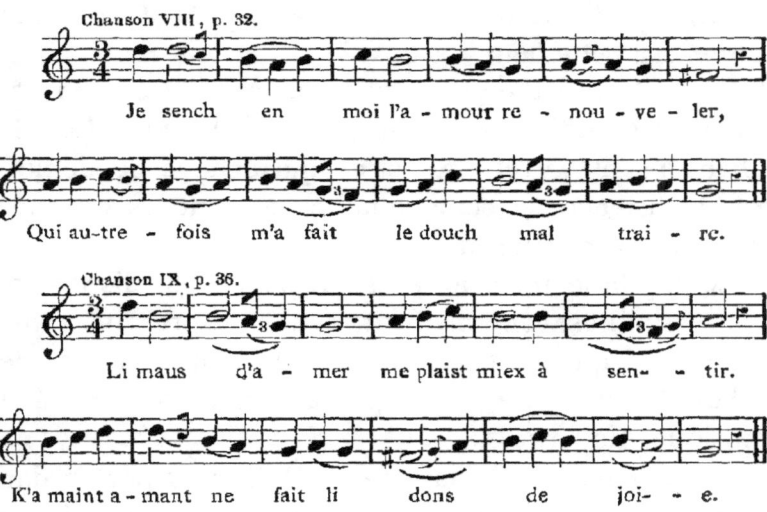

Il est bien évident que, dans ces deux mélodies, le *fa* dièze n'est pas placé pour éviter le triton entre *si* et *fa*, mais bien au contraire pour déterminer le ton de *sol* à chaque cadence où cette note accidentelle se rencontre.

Ces deux pièces sont d'ailleurs entièrement dans le ton de *sol*. Si nous les donnons comme exemple de la thèse que nous soutenons, c'est parce que la volonté d'Adam y est marquée de la manière la plus formelle. Nous y trouvons la preuve palpable de sa volonté de faire entendre la relation de quarte augmentée ou de quinte diminuée. Si Adam s'était borné à écrire ces mélodies un ton plus bas, c'est-à-dire dans le ton de *fa*, comme on en trouve de nombreux exemples dans ses Chansons [1] et dans ses Jeux-partis [2], on pourrait concevoir quelque doute, à cause de l'analogie qui existe entre le cinquième mode ecclésiastique et le ton de *fa* de la musique moderne ; mais ici il ne saurait y en avoir aucun. Par l'addition du dièze au *fa*, la tonalité moderne est nettement fixée.

Enfin le ton mineur, avec son caractère moderne, est encore suffisamment accusé dans les mélodies des Chansons nos XV et XIX ; et ce qui achève de démontrer l'existence de cette tonalité, ce sont les cadences et les demi-cadences.

Le rhythme musical y est réglé sur la disposition des vers ; il est généralement régulier et presque symétrique, ce qui contribue encore à donner à ces mélodies le caractère et la physionomie propres à la musique moderne.

Les Chansons d'Adam de la Halle sont notées dans plusieurs manuscrits. Nous avons pris pour point de départ celui de la Vallière 2736, parce qu'il nous a paru le mieux écrit et le plus exact. Cependant nous avons dû, en plus d'un endroit, nous guider sur d'autres recueils, bien que moins exacts sous divers rapports.

Nous devons placer ici une observation sur la notation adoptée par Adam de la Halle. La musique des Rondeaux, des Motets et des mélodies du « Jeu de

---

[1] Voir les nos XI, XIV, XVIII et XXI.
[2] Voir les nos I, VI, IX et XVI.

Robin et de Marion » est notée d'après la doctrine franconienne exposée dans les traités de cette époque [1]. Celle, au contraire, des Chansons et des Jeux-partis est écrite d'une manière moins fixe ; on n'y tient pas compte des principes franconiens. Il semble résulter de cette différence qu'Adam avait noté ses Chansons et ses Jeux-partis avant d'être initié dans l'art du déchant ; d'où l'on serait amené à conclure que les Chansons et les Jeux-partis sont antérieurs aux Rondeaux, aux Motets et au « Jeu de Robin et de Marion ».

Quant à la musique des Chansons d'Adam, trois choses contribuent à jeter de l'incertitude sur leur notation : 1° on y confond souvent les longues et les brèves ; 2° les ligatures de deux notes descendantes et ascendantes signifient tantôt une brève et une longue, tantôt deux brèves, et quelquefois deux semibrèves ; 3° dans les ligatures de trois notes, la valeur de la première et de la dernière n'est pas toujours déterminée d'une manière certaine.

Ce n'est que par des recherches et un examen comparatif que nous sommes parvenu à donner à ces mélodies leur véritable physionomie [2].

---

1 Ces traités sont publiés dans la collection intitulée : SCRIPTORUM DE MUSICA MEDII ÆVI NOVA SERIES, t. I. — La notation musicale de cette période est en outre expliquée dans l'HISTOIRE DE L'HARMONIE AU MOYEN AGE, et dans L'ART HARMONIQUE AUX XIIe ET XIIIe SIÈCLES.

2 Nous saisissons cette occasion pour faire remarquer que la différence que l'on trouvera entre la traduction des fragments reproduits dans L'ART HARMONIQUE, p. 98, et celle que nous donnons ici de ces mêmes fragments, est le résultat de l'examen comparatif des divers manuscrits. Cette différence d'ailleurs n'est pas essentielle.

Nous avons fait remarquer que le texte des chansons a été altéré par les copistes ; il est possible qu'il en ait été de même de la musique.

2. Jeux-partis. — La composition littéraire des Jeux-partis étant différente de celle des Chansons, nous avons dû examiner s'il existait dans leur musique une différence analogue.

L'examen des mélodies de ces deux sortes de poésies n'en laisse guère apercevoir soit dans la tonalité, soit dans le rhythme, soit dans la phraséologie musicale. On semble néanmoins remarquer plus de simplicité, dans les mélodies des Jeux-partis. Elles offrent plus de douceur, plus de naturel, surtout quand on les chante à la manière italienne, comme on disait à la fin du XIIIe siècle. Cette manière consistait à chanter le premier temps fort et le second faible; c'était l'inverse dans la manière française. Aussi celle-ci donne-t-elle à certaines mélodies quelque chose d'un peu saccadé qui était du reste dans le goût du temps, mais qui est déplaisant à nos oreilles modernes. Nous avons conservé, dans la traduction moderne, la valeur des notes d'après les règles franconiennes; néanmoins nous estimons que quelques-unes peuvent être chantées selon la manière italienne [1]; c'est-à-dire quand on rencontre une formule semblable à celle-ci :

---

[1] On peut, à cet égard, consulter le traité de Marchetto de Padoue que nous avons publié dans le tome III du Scriptorum, etc., p. 1.

on peut la chanter ainsi :

Ce que nous disons à cet égard de la musique des Jeux-partis s'applique à celle des Chansons. De même nos observations sur la notation des airs des Chansons s'appliquent à celle des airs des Jeux-partis.

Il ne faudrait pas toutefois généraliser ce que nous venons de dire relativement à la manière italienne, car on risquerait de détruire le caractère de certaines mélodies. Pour ne citer qu'un exemple, on dénaturerait évidemment le caractère de l'air : « Robin m'aime, Robin m'a », si l'on remplaçait les iambes des mesures 5, 6, 8 et 9 par des trochées. Il ne faut donc user de cette faculté qu'avec discrétion.

3. Mélodies du « Jeu de Robin et de Marion ». — C'est dans la musique de cette pièce que se révèlent l'originalité mélodique du trouvère artésien et sa supériorité sur ses devanciers et ses contemporains. Tous les airs sont gracieux, faciles et naturels. Ils offrent tous le cachet de spontanéité qui se remarque dans les airs populaires. Leur tonalité, leurs phrases rythmées et

cadencées dénotent une autre musique que celle des Chansons et des Jeux-partis. Cette différence démontre une fois de plus la souplesse d'invention dont était doué Adam de la Halle.

La musique du « Jeu de Robin et de Marion » se compose d'airs, de couplets et de dialogues. On n'y trouve aucun morceau d'ensemble. La simplicité de la composition dramatique de cette pastorale n'aurait pas comporté une musique compliquée et prétentieuse comme celle des Rondeaux et des Motets. Il suffit d'ailleurs du moindre examen de l'ensemble de ce petit drame pour avoir la conviction que le texte et la musique, tels qu'ils sont conservés dans le manuscrit de la Vallière 2736, sont en parfaite harmonie l'un avec l'autre.

Le contraire a pourtant été soutenu. On a prétendu que toute la musique du « Jeu de Robin et de Marion » avait été chantée à plusieurs parties, lors de la représentation de la pièce. On tire cette conclusion de ce que le manuscrit de Montpellier contient un motet à trois parties dont la mélodie : « Robin m'aime, Robin m'a » forme l'une d'elles. Est-ce là une preuve ? Parce qu'il aura plu à Adam de la Halle de mettre à trois parties une de ses mélodies, peut-on en inférer que tous les airs de la pièce ont été traités de même, et que, lors de la représentation, ils ont été exécutés à trois parties chantant des paroles différentes ? Cela nous paraît inadmissible.

Combien, à plus forte raison, un pareil système ne doit-il pas être repoussé quand il se trouve en opposition avec les faits ; quand il vient se heurter contre des incompatibilités.

Les mélodies du « Jeu de Robin et de Marion » sont notées dans deux manuscrits, celui de la Vallière 2736 et celui de la bibliothèque d'Aix. Ni dans l'un ni dans l'autre on n'aperçoit aucune trace d'harmonie.

Si réellement les mélodies de cette pièce avaient été destinées à être chantées à plusieurs parties, le copiste du manuscrit de la Vallière, qui a noté les Rondeaux et les Motets avec leurs parties harmoniques, n'aurait pas manqué de noter de même les airs du « Jeu de Robin et de Marion ».

D'un autre côté, l'incompatibilité scénique de la pièce avec des morceaux à plusieurs parties chantant des paroles différentes, est manifeste. En effet, plus on examine ce petit drame, plus on admire la simplicité respective du texte et de la musique, et plus, par conséquent, on trouve illogique et bizarre cette idée qui consiste à prétendre que ces mélodies naïves, gracieuses, légères, au lieu d'avoir été chantées dans leur simplicité et telles que nous les révèlent les manuscrits, n'auraient été que des parties séparées de morceaux à plusieurs voix, c'est-à-dire des compositions graves, lourdes, nullement en rapport soit avec le caractère général de la pièce, soit avec les scènes particulières auxquelles elles sont mêlées. Un pareil système n'est donc pas admissible un seul instant.

Il faut laisser aux mélodies du « Jeu de Robin et de Marion » leur véritable caractère. Ce sont la plupart des airs qui dénotent une origine spontanée, une tonalité qui est presque la tonalité moderne, un cachet de naïve et gracieuse fraîcheur qui a singulièrement contribué à la popularité dont ils ont joui et dont quelques-uns sont encore en possession aujourd'hui dans le nord de la France.

Le manuscrit de la Vallière 2736 est le plus ancien. Les mélodies du « Jeu de Robin et de Marion » y sont exactement notées ; elles paraissent reproduites dans leur forme primitive et originale. Le manuscrit d'Aix est moins ancien. La musique y offre des variantes avec celle du manuscrit de la Vallière. Nous les avons données au bas des pages ; il est facile de voir que les airs y ont un cachet moins original que dans le manuscrit de la Vallière.

Toutes ces mélodies portent le caractère rhythmique du temps; elles sont en mesure ternaire, la seule usitée à cette époque. Mais plusieurs pouvaient se chanter par dipodies; ce qui répond à la mesure moderne de six-huit. Cela se pratiquait spécialement dans les mouvements vifs.

Les airs du « Jeu de Robin et de Marion » étaient-ils accompagnés par des instruments de musique? Rien ne vient le démontrer; cependant tout porte à croire qu'il en était ainsi. On y danse au son des instruments; cela est  certain. Robin joue du flageolet d'argent ; Huars, de la musette ; Baudon et Gautier, du tambourin et de la cornemuse « au grand bourdon » ; deux autres, du cor. Il est très probable et presque certain que les airs étaient accompagnés ou du moins soutenus par des instruments. Sans cela il eût été presque impossible de rester dans le ton. Mais, nous le répétons, rien n'en donne la certitude.

## § II. — COMPOSITIONS HARMONIQUES.

Adam de la Halle a été, pendant longtemps, considéré comme le seul trouvère harmoniste. Nous avons fait voir que l'art d'écrire de la musique à plusieurs parties avait été cultivé par un certain nombre de trouvères, entre autres par Gillon Ferrant, Moniot d'Arras, Moniot de Paris, le prince de Morée, Thomas Herrier, etc.[1] ; mais aucun de ceux-ci ne peut être mis en parallèle avec le célèbre artésien ; il leur est supérieur et de beaucoup.

Quand on examine les pièces harmoniques d'Adam de la Halle, on reconnaît bientôt sa supériorité. Il la doit sans doute aux études qu'il avait commencées au monastère de Vaucelles, et complétées plus tard à l'Université de Paris.

1. Rondeaux. — Le rondeau était une espèce de déchant dans lequel les trois parties chantaient les mêmes paroles. Il avait pour thème ou pour fondement une mélodie inventée par le compositeur, ou un chant populaire emprunté. Les Rondeaux d'Adam sont composés suivant ces principes. Tous paraissent avoir pour base une mélodie inventée par le trouvère harmoniste. Il ne pourrait y avoir de doute que sur les n$^{os}$ 5 et 6 dont les airs sont reproduits dans le « Renard noviel », de Jacquemart Giellée. Mais on a déjà vu qu'Adam était assez riche de son propre fonds pour ne pas aller

---

[1] L'Art harmonique aux XII$^e$ et XIII$^e$ siècles, p. 191.

à l'emprunt chez ses contemporains. Il est plus probable que Jacquemart Giellée a mis Adam à contribution.

Plusieurs rondeaux d'Adam de la Halle semblent avoir pour base harmonique des airs populaires.

Le manuscrit de la Vallière 2736 est le seul connu où soient conservés les Rondeaux d'Adam de la Halle; encore n'y sont-ils la plupart qu'à l'état de fragments, et la notation de quelques-uns laisse-t-elle à désirer sous le rapport de l'exactitude.

Les gardes du manuscrit de Cambrai contiennent quatre rondeaux d'Adam. La notation y est exacte et nette. La découverte de ces fragments présente cette chance que le rondeau n° 4 du manuscrit de la Vallière, dont la notation est fautive, se trouve précisément parmi les quatre du manuscrit de Cambrai.

La musique du n° 2, donnée par le manuscrit de la Vallière, est tout à fait différente de celle des fragments de Cambrai. Nous reproduisons cette dernière version aux ANNEXES, sous le n° III, page 428.

La notation de ce dernier manuscrit est semblable à celle du manuscrit de la Vallière. Elle est écrite à deux colonnes, et les trois parties sont écrites les unes sous autres.

Le manuscrit de Montpellier reproduit deux rondeaux d'Adam de la Halle. Le cinquième : « Adieu comant amouretes », s'y présente sous la forme de motet à trois parties dont la première chante : « Aucun se sont loé »; la deuxième : « Adieu comant amouretes », et la troisième : « Et super ». Dans le manuscrit de la Vallière les trois parties chantent le même texte : « Adieu comant amouretes ». La musique des premières mesures de la deuxième partie et de la troisième seulement se ressemblent dans les deux manuscrits.

La musique de l'autre rondeau, sur ces paroles : « Fi mari de votre amour », est, sauf de légères modifications, la même dans les deux manuscrits. Mais, dans celui de la Vallière, le morceau finit après la sixième mesure et reprend ensuite le commencement ; tandis que, dans le manuscrit de Montpellier, la troisième partie seulement répète la même mélodie après la sixième mesure. Dans ce dernier manuscrit, chaque partie chante des paroles différentes. Il a ainsi la forme de motet. Nous le reproduisons aux ANNEXES, sous le n° I, p. 421.

On pourrait se demander si ce rondeau a été ainsi converti en motet par Adam de la Halle ou par un autre artiste. Il n'y a à cet égard aucune indication positive, mais on peut croire qu'Adam en est l'auteur, puisqu'il a fait d'autres motets. Ce qui tend à confirmer cette opinion, c'est que le manuscrit de Montpellier contient, sous le voile de l'anonyme, des motets que le manuscrit de la Vallière attribue à Adam.

Avant la découverte du manuscrit de Montpellier, on ne connaissait pas de compositions harmoniques aussi anciennes et aussi intéressantes que celles d'Adam de la Halle. Aujourd'hui encore, et en présence de ce vaste recueil de monuments de l'art appartenant aux XII$^e$ et XIII$^e$ siècles, elles n'ont rien perdu de leur intérêt « historique ». Nous soulignons cette expression parce qu'on se tromperait fort, si l'on voulait envisager les compositions harmoniques d'Adam de la Halle au point de vue esthétique moderne.

2. Motets. — Le motet était une poésie essentiellement musicale ; la mélodie était inséparable du texte ; c'était, en outre, une composition harmonique. Les plus anciens motets ne se composaient que d'une partie principale qui chantait le texte, et d'un accompagnement consistant en un fragment de plain-chant ou de mélodie populaire exécuté par la voix ou par un instrument. Ce fragment qu'on appelait « ténor », sans doute parce qu'il était destiné à soutenir la voix dans le diapason et dans le rhythme, était un motif connu. C'est pourquoi l'on se contentait d'en indiquer le commencement. Plusieurs manuscrits, et notamment le n° 12615 de la Bibliothèque nationale à Paris, contiennent un grand nombre de ces motets.

Plus tard, le motet prit une forme plus artistique. Il devint une composition harmonique à trois et à quatre parties, chantant des paroles différentes, et ayant pour thème ou ténor un fragment de plain-chant ou un air populaire, servant de base harmonique et rhythmique.

D'après cette définition, il est facile de voir que le motet au XIIIe siècle n'avait aucun rapport avec ce que l'on nomme ainsi aujourd'hui.

Jusqu'à la découverte du manuscrit de Montpellier, on ne connaissait d'autres motets à plus de deux parties que ceux d'Adam de la Halle et ceux qui se trouvent à la suite du traité du pseudo-Aristote.

A l'exception d'un seul dont l'une des parties chante des paroles latines, tous les Motets d'Adam de la Halle ont pour texte des paroles françaises, ce qui pouvait donner à croire qu'il n'y avait pas d'autres variétés. Mais l'examen du manuscrit de Montpellier fait voir que les combinaisons étaient aussi variées que possible. On y trouve, en effet, des motets dont toutes les parties chantent des paroles françaises, d'autres dont toutes les parties chantent des paroles latines ; quelques-uns dont l'une des parties chante des paroles françaises, et l'autre des paroles latines, etc.

Le motet à trois ou quatre parties, surtout celui avec paroles françaises, semble, dans l'esprit du musicien, avoir été une composition dans laquelle il a eu l'intention de donner à chacune des parties un rôle particulier dont la réunion devait créer un ensemble harmonique analogue à celui que les artistes modernes sont quelquefois parvenus à produire dans des trios, quatuors ou chœurs d'opéra. Cette idée que les développements et les ressources de l'harmonie moderne peuvent seuls réaliser, parfois avec bonheur, est celle qui, dans l'origine, a dû présider à la création du motet à plus de deux parties. Mais il est évident qu'avec les moyens restreints que les compositeurs du XIIIe siècle avaient à leur disposition, cette idée était difficilement réalisable. Ils ne l'ont pas moins tentée ; ils l'ont même résolue à leur point de vue, quelquefois avec une certaine habileté.

Faire chanter, par plusieurs parties, simultanément des paroles différentes est quelque chose qui, au premier abord, paraît bizarre. Aussi ce genre de composition a-t-il été l'objet de critiques sévères, surtout à l'égard des motets destinés à être exécutés dans les églises. Toutefois, en l'examinant de près, cela ne semble pas inexplicable. Au fond, les motets ne sont pas plus singuliers que certains duos, trios ou quatuors d'opéras modernes où chaque partie chante des paroles différentes [1].

Les Motets d'Adam de la Halle sont composés d'après les règles de Francon. Ils ont tous pour thèmes des fragments de plain-chant, faisant partie de la collection de thèmes les plus usités par les harmonistes de cette époque. Dans les deux premiers, on remarque que l'auteur a voulu donner à la deuxième partie un caractère plus léger et plus orné.

Le manuscrit de la Vallière 2736 nous a conservé cinq motets d'Adam de la Halle. Les trois premiers sont reproduits dans le manuscrit de Montpellier. Celui-ci a en plus le motet composé sur l'air : « Robin m'aime, Robin m'a ». Nous le donnons aux ANNEXES, sous le nº II, p. 423.

En terminant cette introduction, nous sommes loin de croire, ainsi que nous l'avons dit plus haut, qu'elle puisse tenir lieu d'un examen approfondi des ouvrages d'Adam de la Halle ; mais notre but sera atteint, si, comme nous l'espérons, nous sommes parvenu à attirer l'attention sur ce qu'ils renferment d'intéressant et de curieux, tant pour l'histoire de la littérature et de l'art musical au XIII$^e$ siècle, que pour l'étude des mœurs à la même époque.

---

[1] A l'appui de cette observation, nous avons publié un certain nombre d'exemples dans L'ART HARMONIQUE AUX XII$^e$ ET XIII$^e$ SIÈCLES, p. 63 et suiv.

# OEUVRES

DU TROUVÈRE

# ADAM DE LA HALLE.

CHANSONS — JEUX-PARTIS — RONDEAUX —
MOTETS — LE CONGÉ — LE ROI DE SICILE — LE JEU ADAM —
LE JEU DE ROBIN ET MARION — LE JEU DU PÉLERIN.

# CHANSONS.

# CHI COMMENCENT LES CANCHONS

## Maistre Adam de le Hale.

### 1

D'AMOUROUS CUER VOEL CANTER.

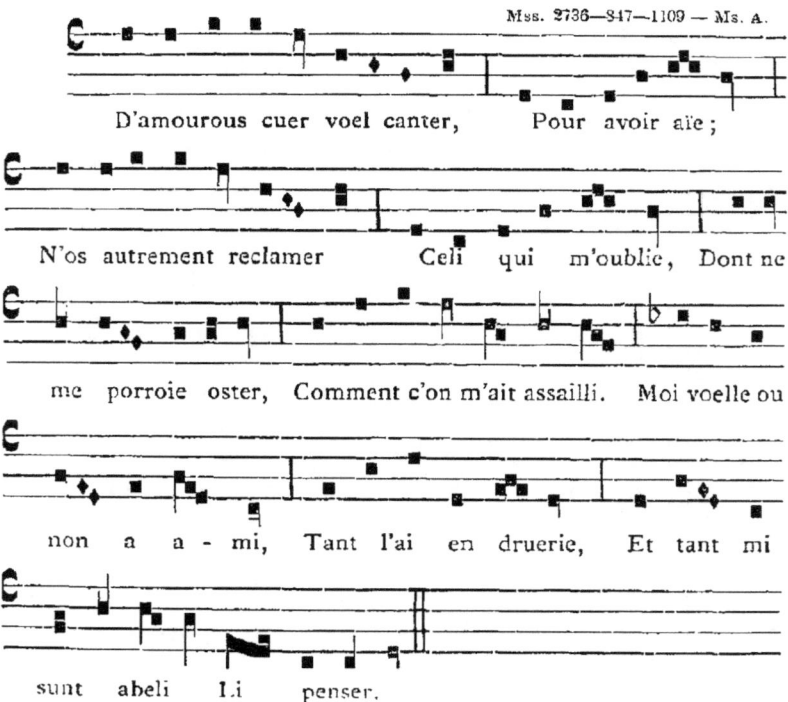

Mss. 2736—847—1109 — Ms. A.

D'amourous cuer voel canter, Pour avoir aïe ;
N'os autrement reclamer Celi qui m'oublie, Dont ne
me porroie oster, Comment c'on m'ait assailli. Moi voelle ou
non a a - mi, Tant l'ai en druerie, Et tant mi
sunt abeli Li penser.

4 CHANSONS.

TRADUCTION EN NOTATION MODERNE.

TEXTE SEUL.

D'amourous cuer voel[1] canter,
Pour[2] avoir aïe;

---

VARIANTES :

[1] Weuil — Ms. 12615.
[2] Por — Ibid.

N'os autrement reclamer [1]
 Celi qui [2] m'oublie;
Dont ne me porroie oster [3].
Comment [4] c'on m'ait assailli,
Moi voelle [5] ou non a ami,
 Tant l'ai en druerie [6],
 Et tant mi sunt [7] abeli
  Li penser [8].

Tant est sage pour blasmer
 Celui qui folie,
Tant bele pour esgarder,
 Que chose [9] c'on die
Ne m'en porroit dessevrer.
Comment meteroie [10] en oubli
 Si grant valour [11] que je di:
  Male gent haïe
  Qui a tort m'en volés si
   Destourner [12].

Je ne puis merchi trouver
 Chest chou [13] qui m'aigrie,

---

[1] Autrement n'os réclamer — Ms. 1109.
[2] Celi ki — Ibid., et Ms. A.
[3] Je ne m'en porroie oster — Ibid.
[4] Coument — Ms. 12615, et Ms. A.
[5] Weille — Ibid.
[6] En chierie — Ms. 1109, et Ms. A.
[7] Et tant m'en sont — Ibid.
[8] Abeilli — Ms. A.
[9] Ke cose — Ms. 1109, et Ms. A.
[10] Mettroie — Ibid.
[11] Grans valours — M. 1109. — Tant de valours ke je di — Ms. A.
[12] Destourber — Ms. 1109, et Ms. A.
[13] C'est ce — Ms. 1109. — Cest cou ki — Ms. A.

## CHANSONS.

Pour chou le bon[1] espérer
Ne perderai mie;
Je ne saroie où[2] tourner,
Car puis que premier le vi[3],
M'a tenu le cors[4] joli
Le grant baerie[5]
Que j'ai d'un regart en li[6]
Recouvrer.

Anchois[7] voit on refuser
Celui qui trop prie,
Que chelui desamonter
Qui plus[8] s'umilie.
Pour chou soeffre sans rouver,
En espoir d'avoir merchi[9].
Et bien voel qu'il[10] soit ensi,
Car à signerie[11]
A on maintes fois falli
Par haster.

Chis me veut bien destourner[12]
De joieuse vie[13],

---

[1] Pour ce le boin — Ms. 12615. — Pour chou le boin — Ms. A.
[2] U — Ms. 1109, et Ms. A.
[3] Kar puis ke premiers la vi — Ms. A.
[4] Cuer — Ibid., et Ms. 1109.
[5] La grans baarie — Ms. A.
[6] Du regard de li — Ms. 1109.
D'un vouloir en li — 12615.
[7] Ancois — Ms. 1109 et Ms. A. — Aincois — Ms. 12615.
[8] Bien — Ibid., et Ms. A.
[9] Merchi — Ibid.
[10] Voeil ki — Ms. A.
[11] Signourie — Ms. 1109. — Kar en signerie — Ms. A.
[12] Desnuer — Ibid., et Ms. A.
[13] D'amoureuse vie — Ms. A.

Qui m'enorte[1] à désamer
  Dame si jolie,
Et qui tant fait à loer[2] :
  Mais si voirement[3] li pri,
C'onques tel[4] gent ne crei,
  Tant i sai[5] d'envie
Qu'ele ait volenté de mi
  Conforter.

Ma canchon voel présenter,
  Ma dame envoisie[6];
Bien le vaurra escouter[7],
  Espoirs le m'afie,
Qui me[8] fait asséurer.
Et se[9] grant valours aussi
De mieudre ains parler n'oï,
  Car, en courtoisie,
Sont de li maint enrichi
  Par anter.

II

LI JOLIS MAUS QUE JE SENC.

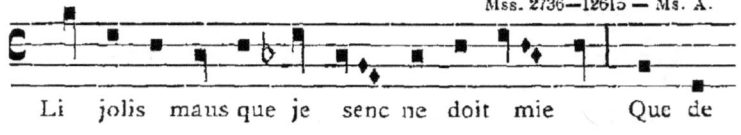

Li  jolis  maus que je  senc ne doit mie    Que de

[1] Enhorte — 12615.
[2] Louer — Ibid.
[3] Vraiement — Ms. 847.
[4] Tex — Ibid. — Teus — Ms. A.
[5] Voi — Ms. A.
[6] Ensignie — Ibid.
[7] Kele le voelle eskouter — Ms. A
[8] Mi — Ibid. — Ki mi — Ms. A.
[9] Sa — Ibid.

8                              CHANSONS.

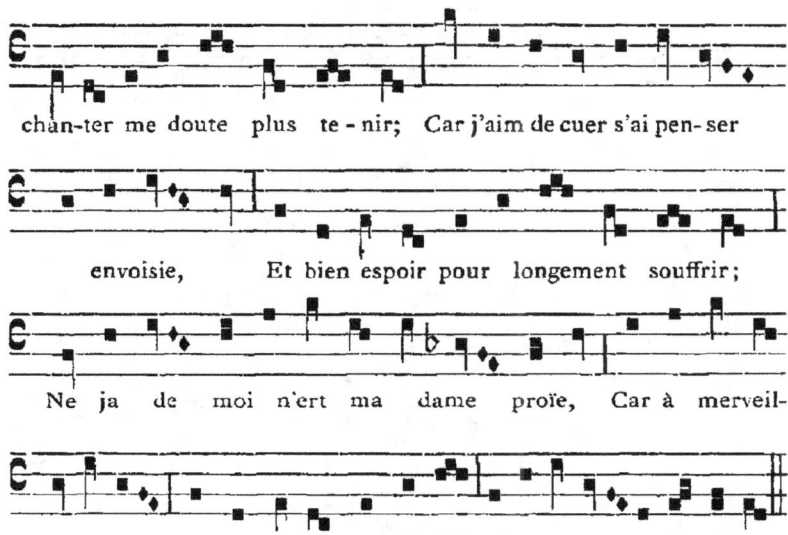

chan-ter me doute plus te-nir; Car j'aim de cuer s'ai pen-ser

envoisie,      Et bien espoir pour longement souffrir;

Ne ja de moi n'ert ma dame proïe, Car à merveil-

les remir Comment nus a cuer d'oïr Que sa dame l'es-con-die.

TRADUCTION EN NOTATION MODERNE.

Li jolis maus que je senc ne doit

mi - - e Que de chan - ter me dou -

te plus te - nir; Car j'aim de cuer

s'ai penser envoi - si - - e, Et bon es-

Texte seul.

Li jolis maus que [1] je senc ne doit mie
Que de chanter me doute [2] plus tenir ;
Car j'aim de cuer s'ai penser [3] envoisie,
Et bien [4] espoir pour longement souffrir ;
Ne ja de moi n'iert [5] ma Dame proïe,
Car à merveilles remir
Comment [6] nus a cuer d'oïr
Que sa dame l'escondie.

---

Variantes :

[1] Ke — Ms. 847.
[2] Ke de kanter me puisse — Ms. 1109 et Ms. A.
[3] Pensée — Ms. A.
[4] Boin — Ibid. et Ms. 1109.
[5] N'ert — Ibid.
[6] Coument — Ms. A.

CHANSONS.

Faus est qui trop en son cuidier se fie [1],
On voit aucun sour l'espoir [2] d'enrichir;
Emprendre tant dont il après mendie;
Tout che me fait de li proiier cremir.
Car miex me vient user toute ma vie
    En mon joli souvenir,
    Que par trop taillant désir
Perdre tout à une fie.

Je ne dis pas, Dame, que vostre aïe
N'aie tous tans [3] desirrée [4] à sentir;
Si comme bel semblant sans vilenie [5],
Qui mout m'aidast à mes maus soutenir,
Se jou l'eusse en tout ou [6] en partie.
    Mais je ne quit [7] ja venir,
    Car je ne m'ose [8] enhardir
Que mon penser vous ne die [9].

Se [10] vos dous cuers, Dame, ne s'umelie
Pour moi metre en volenté de jehir [11]
Mon cuer dont je vous ai encoragie.
Car je ne me porroie adonc [12] couvrir,
Comment que ma proiière en fust [13] oïe;

---

[1] Fols est ki trop en son quidier se fie — Ms. A.
[2] Le point — Ibid.
[3] Cans — Ibid.
[4] Desiré — Ms. 847 et Ms. A.
[5] Vilounie — Ms. 1109 et Ms. A.
[6] U — Ibid.
[7] Jou ni cuit — Ms. 1109, — Je ni quie — Ms. A.
[8] Jou n'os — Ms. 847.
[9] Vous en die — Ms. 1109 et Ms. A.
[10] De — Ms. A.
[11] Gehir — Ibid.
[12] Porroie plus couvrir — Ibid.
[13] Proiiere fust — Ibid.

CHANSONS.

Car pités con voit issir [1],
De cheli con veut[2] servir [3],
Fait le volenté hardie.

Dame vaillans, gracieuse et jolie,
Comment se puet nus homs[4] contretenir
A vo biauté. j'en[5] sui en jalousie ;
Car lues mes cuers s'i laissa encaïr [6]
Que vi vo fache amoureuse polie [7] ;
Et si puisse jou joïr
En vo service[8] et morir ;
Mout l'aim de vostre maisnie.

III

JE N'AI AUTRE RETENANCHE.

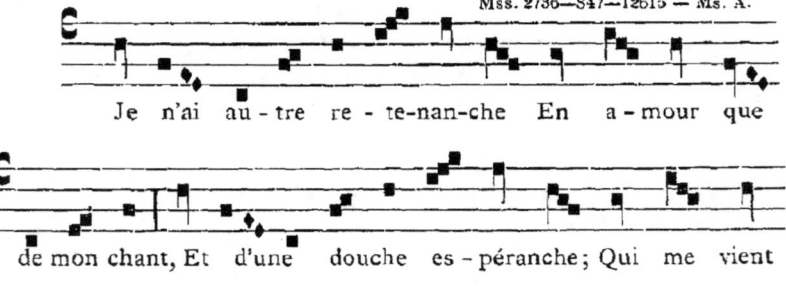

Mss. 2736—847—12615 — Ms. A.

Je n'ai au-tre re-te-nan-che En a-mour que de mon chant, Et d'une douche es-péranche; Qui me vient

---

[1] Iscir — Ms. A.
[2] De celi convoitet — Ms. 1109.
[3] De cheli con veut siervir — Ms. 847.
[4] Nus cuers — Ibid. et Ms. A.
[5] Je suis — Ibid.
[6] Car lues c'amors si laissa enchair — Ibid.
[7] Que ni vo face amoureuse et jolie — Ms. 1109.
[8] En vo siervice — Ms. 847.

CHANSONS.

adès devant, En re-cor-dant Le biau-té qui m'a souspris, Et le regart atraiant En un douc viaire assis, Cler et riant Dont chascun en esgardant Doit estre pris.

TRADUCTION EN NOTATION MODERNE.

Je n'ai autre re-te-nan-che En a-mour que de mon chant, Et d'u-ne douche es-pé-ran-che, Qui me vient a-dès de-vant, En re-cor-dant Le biau-té qui m'a sous-pris, Et le re-gart atrai-ant

## CHANSONS.                                                               13

En un douc vi - aire as - sis, Cler et ri -
ant, Dont chas - cun en es - gar - dant
Doit es - tre pris.

TEXTE SEUL.

Je n'ai[1] autre retenanche [2]
En amour que[3] de mon chant,
Et d'une douche espéranche [4],
Qui me vient adès[5] devant,
    En recordant
Le biauté qui m'a souspris [6],
Et le regart atraiant
En un dous[7] viaire assis,
    Cler et riant,
Dont chascuns en esgardant
    Doit estre pris [8].

---

VARIANTES :

[1] Jou n'ai — Ms. 847.
[2] Retenance — Ms. A.
[3] En amor ke — Ms. 847. — En amours ke de mon cant — Ms. A.
[4] Douce espérance — Ibid.
[5] Adres — Ms. 847.
[6] La biauté ki m'a soupris — Ms. A.
[7] Doe — Ms. 847. — Douc — Ms. A.
[8] Dont cascuns en regardant
    Doit estre espris. — Ms. 1109, et Ms. A.

Il n'est si douche souffranche [1]
Que de vivre[2] en espérant,
Dont ne puis avoir grevanche [3]
Pour tele Dame en souffrant ;
    De son samblant
Veoir est si grans délis,
Que s'aucuns l'aloit[4] antant,
De ceus[5] qui m'en ont repris,
    D'amour[6] ardant
L'ameroit en escoutant
    Ses sages dis.


Chil qui[7] plus sont d'astenanche,
Et plus sage et plus souffrant [8],
Aroient droite escusanche,
S'il devenoient amant,
    En desirant,
Ma dame[9] a cui sui sougis.
Et puis donc qu'ele[10] vaut tant,
Ne doit avoir hom rassis
    Merveille grant
De moi c'on tient pour enfant[11],
    Si je suis pris[12].

---

[1] Douce souffrance — Ms. 1109 et Ms. A.
[2] Com de vivre — Ibid.
[3] Grevance — Ms. A.
[4] L'amoit — Ms. 847.
[5] De ciaus — Ms. 1109. — De cheaus ki — Ms. A.
[6] D'amors — Ibid.
[7] Cil ki — Ms. 847. — Cel ki.... d'astenance — Ms. A.
[8] Cremant — Ms. 1109, et Ms. A.
[9] La bele — Ibid.
[10] Kele — Ibid.
[11] Contient à enfant — Ibid.
[12] Se je sui pris — Ibid.

Tel est d'amours la puissanche [1]
Qu'ele fait l'omme [2] astenant
Désirrer sans atempranche,
Et fait hardi le doutant,
 Et le sachant [3]
Cuidier que che soit pourfis [4]
De ce qu'il fuioit [5] avant ;
Ne nus n'est de lui si fis,
 C'amours errant
Ne l'ait cangié en moustrant
 Dame de pris.

Hé ! Dame de grant vaillanche,
Plus que je ne vois disant [6],
Douche et noble en contenanche,
Sage en œuvre [7] et en parlant ;
 De cuer joiant
Vous ai servie toudis
Loialment ; mais en chantant [8]
Ne puis de vous estre oïs,
 Ni en plaignant [9],
De chou [10] n'avés pas sievant [11]
 Le cuer au vis.

---

[1] Car amour a tel poisance — Ms. A.
[2] L'oume — Ms. 1109, et Ms. A.
[3] Sacant — Ibid.
[4] Fait sambler estre pourfis — Ms. A.
[5] De chou qu'il si voit — Ms. 1109 et 847. — De ce ki fuioit — Ms. A.
[6] Gentiex d'amoureus samblant — Ms. A.
[7] Cuer — Ms. 847.
[8] Com fins amis en cantant — Ms. A.
[9] Et si ne puis estre ois
 En requerrant — Ibid.
[10] De ce — Ms. 1109.
[11] Samblant — Ms. A.

16    CHANSONS.

Veoir n'os pour les mesdis [1]
Son [2] cors vaillant;
Ains ira por contremant [3]
Chis chans jolis [4].

---

## IV

### IL NE MUET PAS DE SENS CHELUI QUI PLAINT.

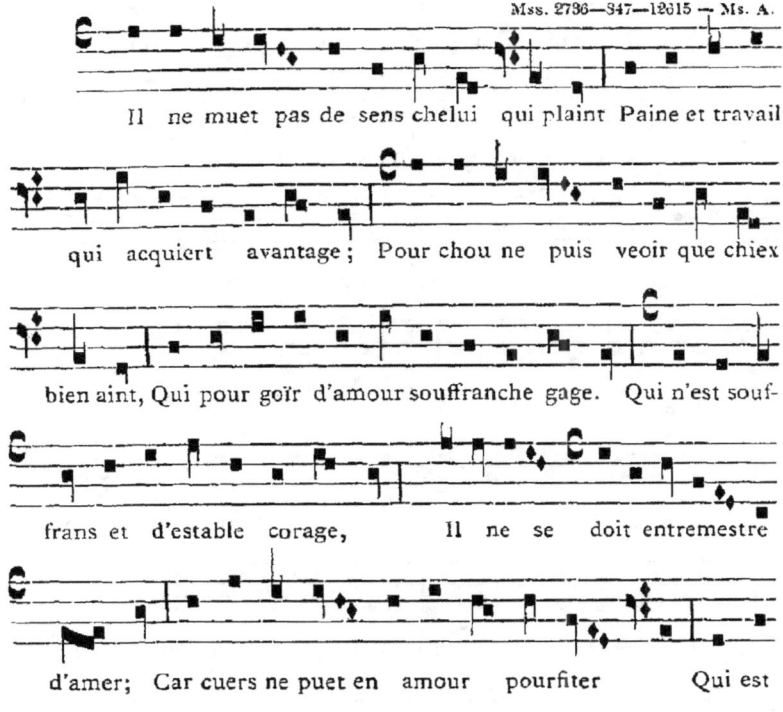

Mss. 2736—347—12615 — Ms. A.

Il ne muet pas de sens chelui qui plaint Paine et travail qui acquiert avantage; Pour chou ne puis veoir que chiex bien aint, Qui pour goïr d'amour souffranche gage. Qui n'est souf-frans et d'estable corage, Il ne se doit entremestre d'amer; Car cuers ne puet en amour pourfiter Qui est

---

[1] Por mesdisans — Ms. 847.
[2] Vo — Ms.
[3] Pour — Ms. 1109. — Por — Ms. A.
[4] Chieus cans jolis — Ms. 1109. — Cis kans jolis — Ms. A.

# CHANSONS.

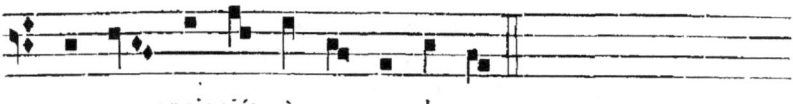

a - compaigniés à cuer vo- la- ge.

### TRADUCTION EN NOTATION MODERNE.

Il ne muet pas de sens che - lui qui plaint Paine et tra - vail qui ac- quiert a - van- ta - ge; Pour chou ne puis veoir que chiex bien aint, Qui pour go - ïr d'a- mour souffran- che ga - ge. Qui n'est souf- frans et d'es-ta- ble co - ra - ge Il ne se doit en- tre - mes- tre d'a - mer; Car cuer ne puet en a - mour pour-fi - ter, Qui est a - com- paigniés à cuer vo- la - ge.

TEXTE SEUL.

Il ne muet pas de sens chelui qui plaint
Paine et travail qui acquiert avantage [1];
Pour chou ne puis veoir que chiex [2] bien aint,
Qui pour goïr d'amours [3] souffranche gage.
Qui n'est souffrans et d'estable corage,
Il ne se doit entremestre d'amer [4] :
Car cuers [5] ne puet en amour pourfiter,
Qui est acompaigniés à cuer volage.

Chil qui d'amour essauchier [6] ne se faint,
Ne puet avoir en li servant [7] damage.
Qui bien le sert, ses biens fais [8] li remaint ;
Qui mal drois est, qu'il li tourt [9] a hontage.
Dont ne fais pas chieus con le tingne [10] à sage,
Qui sert sa Dame en amour de guiller [11] ;
Chascuns le doit fuir [12] et eskiever
Com chelui que [13] se loiauté engage.

---

VARIANTES :

[1] Atrait avantaje — Ms. A.
[2] Ke cil — Ibid. et Ms. 847.
[3] Joir d'amors — Ibid.
[4] Damé — Ms. 1109.
[5] Cors — Ibid. et Ms. A.
[6] Ensaucier — Ms. 1109.
[7] Servir — Ibid.
[8] La sert, cis biens fais — Ibid. et Ms. A.
[9] Le court — Ms. 1109.
[10] Cil qu'on li tiengne — Ibid. — Ciex con le tiengne — Ms. A.
[11] Et amours de giller — Ms. 1109.
[12] Cascuns le doit hair — Ibid.
[13] Celui ki — Ibid.

Voirs est c'amours toute valour ataint;
Et par li sont furni tout vasselage.
Les siens garnist, toute cruauté[1] vaint,
Dont sachent tout que g'iere[2] en son servaige[3].
De bien amer voeil maintenir l'usage ;
Plus douchement ne quier mon tans user[4];
Car je vail miex dou savereus penser[5],
Et d'un joli espoir qui m'assouage[6].


N'est pas petit[7] li maus qui me destraint,
Mon taint viaire en trai[8] à tesmoignage;
Par vo cuer l'ai, Dame, quant il ne fraint
Vers moi qui nient[9] ne demant par haussage,
Et qui suis tous vostres à hiretage[10].
De che que vous m'avés fait endurer,
Veist on tost autrui désespérer ;
Mais ja pour che ni penserai folage.


Merchi, Dame, la cui biautés sourvaint[11]
Mon cuer qui vous a fait loial hommage[12];

---

[1] Crualté — Ms. 12615 et Ms. A.
[2] Sacent tout k'iere — Ms. 12615. — Tuit que g'ère — Ms. 1109 et Ms. A.
[3] Servage — Ms. 12615 et Ms. A.
[4] Ne puis mon tans user — Ms. 1109 et Ms. A.
[5] Car jou vail miex dou saverous penser — Ms. 12615 et 1109.
Car jeu vail miex d'un savereus penser — Ms. A.
[6] M'asouhaige — Ms. 12615.
[7] N'est pas petis — Ms. 1109 et Ms. A.
[8] Mon taint viaire en croi — Ms. 1109.
[9] Riens — Ibid. et Ms. A.
[10] Ki sui tos vostre à iretage — Ms. 12615 et Ms. A.
[11] Li ques biautés sous vaint — Ms. 12615.
[12] Mon cuer ki vous en a fait lige hommage — Ms. A.

20 CHANSONS.

Si voirement qu'en vous li pooirs maint,
De bien et tost alègies mon malage,
Et qu'en autrui n'en voi le signerage [1].
Me voeilliés vous d'un resgart conforter,
Et souffranche ne me porra grever,
Car bons [2] secours fait bien tenir estage [3].

Comment c'a moi [4] soit ma Dame sauvage,
Pour accomplir son voloir sans véer;
Me voeil a li bonnement [5] présenter,
Par ma canchon [6] de cui je fais mesage.

V

HÉLAS! IL N'EST MAIS NUS QUI AINT.

Hé-las! il n'est mais nus qui aint Ain-sint c'on de-ve-roit a-mer; Chas-cuns a-mant o-ren-droit faint Et veut go-ïr sans en-du-rer; Et pour chou se doit bien gar-der che-

---

[1] Et qu'en autrui ne voeille signourage — Ms. 1109 et 12615.
[2] Car boins — Ms. 1109.
[3] Estache — Ms. 12615.
[4] Coment k'a moi — Ibid.
[5] Boinement — Ibid.
[6] Par toi, chancons, de cui jou fais mesage — Ibid. et 1109.

# CHANSONS.

## TRADUCTION EN NOTATION MODERNE.

Texte seul.

Hélas ! il n'est mais nus qui aint
Ainsint c'on deveroit amer [1],
Chascuns amant [2] orendroit faint [3]
Et veut goïr [4] sans endurer :
Et pour chou se doit bien garder
Chele [5] qu'on prie.
Car tant est le femme proisie,
C'on ne li set que reprouver [6].

Et tant amans [7] en dangier maint
Com ele [8] se fait désirrer ;
Et quant [9] avient qu'il le seurvaint [10],
Haussage [11] en li vaurra clamer,
Et chele n'osera parler
Qu'il ne li die [12].
Elas [13] ! Com je plaing don d'amie,
Pour si vilainement user [14].

---

Variantes :
[1] Ainsi c'on deveroit amer — Ms. 1109.
[2] Cascuns l'amant — Ibid. et Ms. A.
[3] Orendroit fraint — Ms. 12615.
[4] Joïr — Ms. 1109 et Ms. A.
[5] Cele — Ibid.
[6] Que demander — Ms. 12615
[7] L'amant — Ms. A.
[8] K'amie — Ms. 847.
[9] Et s'il — Ibid. et Ms. A.
[10] Sorvaint — Ms. 847.
[11] Hausage — Ms. 1109.
[12] Ne le die — Ms. A.
[13] Hélas — Ibid.
[14] Ouvrer — Ibid.

## CHANSONS.

Chascuns qui a viaire taint,
Ne[1] qui saroit bel sermonner[2],
N'aime pas pour chou s'il se plaint,
Ne s'il est larges de donner[3].
D'amie voit on maint vanter
    Qui ne l'a mie.
Pour chou[4] doit Dame, ains qu'ele otrie,
Son ami par oevre esprouver.

Chele[5] qui par fierté destraint
Trop son ami, fait à blamer[6];
Et chiex[7], si l'onneur de li fraint,
Moiennement convient aler.
Dédalus qu'ensi[8] vaut ouvrer
    Le senefie;
Et ses fiex qui, par se folie,
Fu tous ars par trop haut voler[9].

Je n'ai riens en amour ataint[10]
Ne je n'os proiier ne rouver.
Pour ce[11] li cuers pas ne m'estaint,
Ains vif de me[12] Dame esgarder.

---

[1] Et — Ms. A.
[2] Sermouner — Ibid.
[3] Lairges de douner — Ibid.
[4] Pour ce — Ibid.
[5] Cele — Ibid.
[6] Fin ami fait à blasmer — Ibid. et Ms. A.
[7] Et al — Ibid.
[8] K'ensi — Ibid.
[9] Kaï jus par trop haut volet — Ms. 1109.
[10] Jou n'ai riens en amors ataint. — Ms. 1109 et 847
[11] Pour chou — Ibid.
[12] De ma — Ibid.

De soushaidier et d'espérer,
Tele est ma vie.
Chiex ne cache fors vilenie [1]
Qui ne s'en veut atant passer.

Ma [2] douche Dame on doit douter
Langue [3] polie;
Pour teus gens sui en jalousie
Qui ne vous puissent enganer.

## VI

### HÉLAS! IL N'EST MAIS NUS QUI N'AINT.

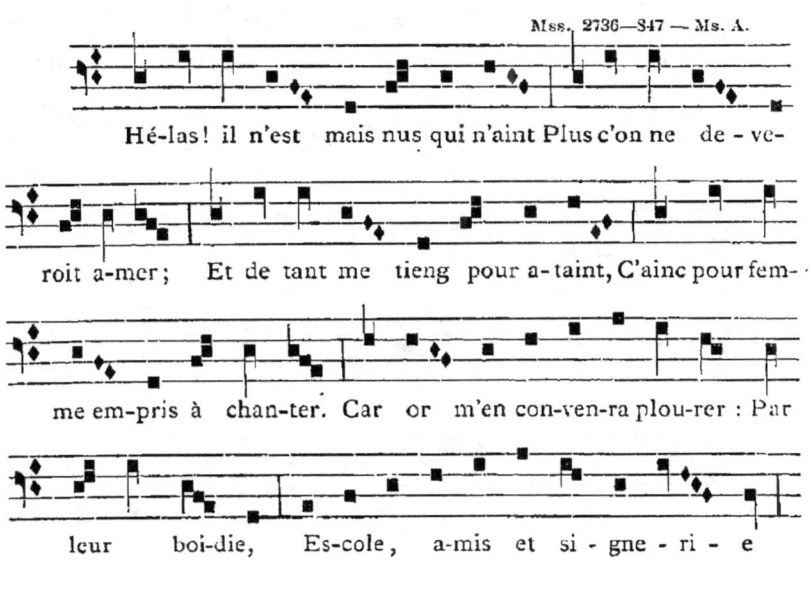

Mss. 2736—347 — Ms. A.

Hé-las! il n'est mais nus qui n'aint Plus c'on ne de-ve-roit a-mer; Et de tant me tieng pour a-taint, C'ainc pour fem-me em-pris à chan-ter. Car or m'en con-ven-ra plou-rer: Par leur boi-die, Es-cole, a-mis et si-gne-ri-e

---

[1] Ciex ne kace fort vilounie — Ms. 1109.
[2] Ha! douche — Ibid. et Ms. A.
[3] Lange — Ibid.

# CHANSONS.

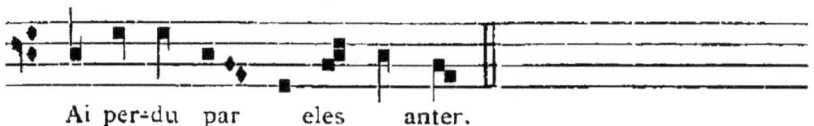

TRADUCTION EN NOTATION MODERNE.

TEXTE SEUL.

Hélas! il n'est mais nus qui n'aint [1]
Plus c'on ne deveroit amer;

---

VARIANTES :

[1] Mais qui n'aint — Ms. 1109.

Et de tant me tieng pour ataint
C'ainc pour femme empris à chanter [1].
Car or m'en convenra[2] plourer :
　　Par leur boidie,
Escole, amis et singnerie [3]
Ai perdu par eles anter [4]


Or amour amertume maint [5],
Et de là muet [6] au droit parler.
Amours [7] le sens loie et estaint ;
Amours [8] fait cuidier et sambler [9]
Que tout soit sens de che outrer [10]
　　Qui est folie,
Et de sens que che [11] soit sotie :
Qui plus i set [12], mains y voit cler.


Ne nus por bel servir n'i vaint,
Ne par se Dame foy porter ;
Mais li trechière [13] qui se faint,
Et qui set mentir et guiller [14],

---

[1] K'ainc pour feme empris à canter — Ms. 1109.
[2] Conviet — Ibid. — Convient — Ms. 12615.
[3] Seignourie — Ms. 847.
[4] Ai tout mis en ele anter — Ibid.
[5] En amor amertume maint — Ibid.
[6] Vient — Ibid.
[7] Amors — Ibid.
[8] Amors — Ibid.
[9] Senler — Ibid.
[10] De chou outrer — Ms. 1109.
[11] Chou soit — Ibid.
[12] Qui plus set — Ibid.
[13] Trechières — Ibid.
[14] Giller — Ms. 847.

## CHANSONS.

Ou qui a assés à donner [1].
 Tel ont amie;
Et li bons cuers honteus [2] mendie,
Qui n'ose proiier [3], ne rouver.

 Est amours [4] à devisses maint,
Mais nus n'i fait [5] tant à blâmer
Que che que femme cange et fraint
C'on ne se peut en li fier.
Chi aimme ore, chi laist ester [6] :
 Che n'est point vie.
Amours, vous soiiés li honnie [7],
Se ne leur faites comparer.

 Chil qui bien sont d'amour empraint,
Doivent leur vie ensi mener :
Se chele tient trop et destraint,
Son ami chiex doit endurer ;
Et chele aussi, s'ele ot bourder
 Gent par envie,
On n'en doit partir pour che mie,
Ains doit li uns l'autre amender.

 Je ne me puis d'amour blâmer,
 Coi que jou die;
Mais par droite foursenerie
Me convient ensi démener [8].

---

[1] Douner — Ms. 847.
[2] Courtois — Ms. 1109.
[3] Prier — Ms. 12615.
[4] An amour a — Ms. 847.
[5] Set — Ms. 1109.
[6] Chi aime et le lasse — Ibid.
[7] Ke amours vous serez honie — Ibid.
[8] Les douze derniers vers manquent dans les Mss. 1109 et 847.

## VII

### ON ME DEFFENT QUE MON CŒUR PAS NE CROIE.

Mss. 2736—12616.

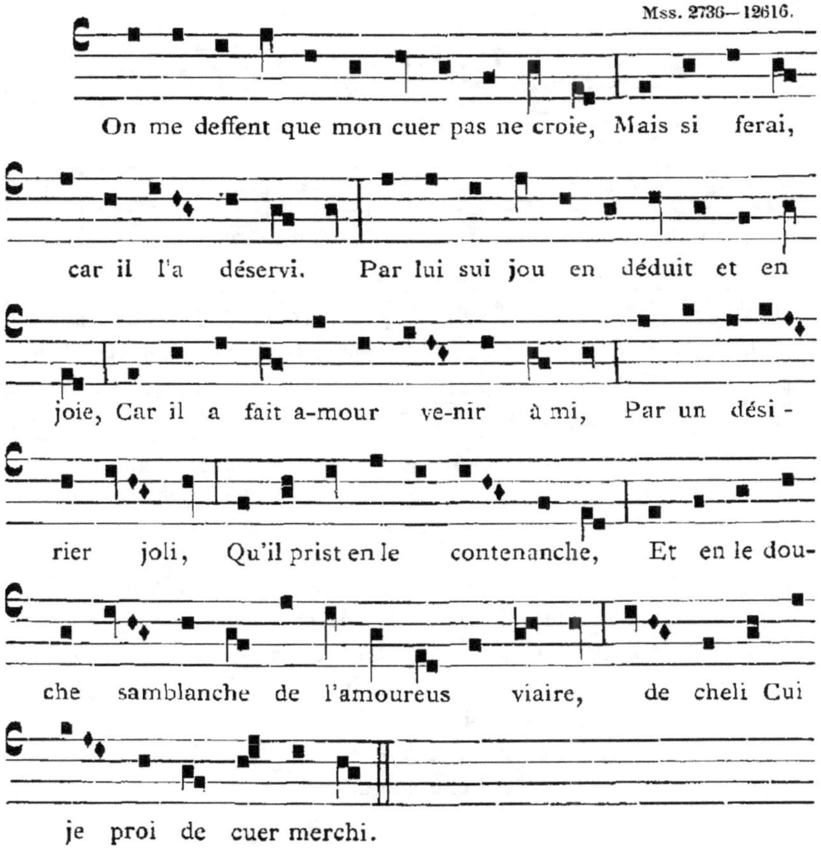
On me deffent que mon cuer pas ne croie, Mais si ferai,
car il l'a déservi. Par lui sui jou en déduit et en
joie, Car il a fait a-mour ve-nir à mi, Par un dési -
rier joli, Qu'il prist en le contenanche, Et en le dou-
che samblanche de l'amoureus viaire, de cheli Cui
je proi de cuer merchi.

Traduction en notation moderne.

On me def - fent que mon cuer pas ne croi - e,

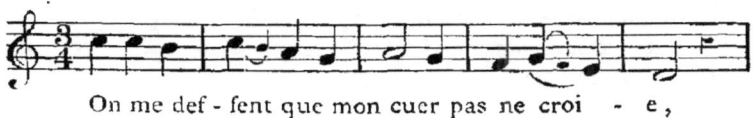

TEXTE SEUL.

On me deffent que mon cuer pas ne croie,
Mais si ferai, car il l'a déservi.
Par lui sui jou en déduit et en joie,
Car il a fait amour venir à mi [1],
    Par un désirrier joli
      Qu'il prist en le contenanche [2],
      Et en le douche samblanche [3],
De l'amoureus viaire de cheli
    Cui je proi de cuer merchi [4].

---

[1] Amor venir en mi — Ms. 1109 et 847.
[2] Contenance — Ms. 1109.
[3] La douce semblance — Ibid.
[4] Merci — Ms. 1109.

Se par mon cuer n'en feu se mis à voie,
J'eusse bien ore à goïe failli [1];
Mais ne cuit pas que seus espris en soie,
Et si me dout mout qu'ele n'aint ausi [2].
    Je ne le sai pas de fi;
    Mais pour oster le doutanche [3],
    Désir sauve m'espéranche [4].
Que nus ne fust jamès amés de li,
    S'en seroient tout onni.

De cheste [5] errour asséurés seroie,
S'un seul regart d'umelité [6] flouri
De ses vair ès en trespassant avoie [7];
Ne ja douté je ne m'eusse ensi [8],
    S'ele m'eust nès oï [9],
    Quant je li dis me souffranche [10];
    Jou ne sai quele cuidanche
Peusse avoir, quant si dure le vi [11],
    Fors chou qu'ele eust ami.

    Hélas! se singnerie [12] le desvoie
De moi amer, parmi chou le grâci [13].

---

1 J'eusse bien ore à joie fali — Ms. 1109.
2 Que ele n'aint aussi — Ibid.
3 Doutance — Ibid.
4 M'espérance — Ibid.
5 De cette — Ibid.
6 D'umileté — Ibid.
7 De ses dous iex en trespassant avoie — Ms. 1109.
8 Ne jà de li douté n'eusse aussi — Ibid.
9 Nis oï — Ibid.
10 Soufrance — Ibid.
11 Si dure la vi — Ibid.
12 Sa seignorie — Ibid.
13 De moi aidier, parmi chou le grassi — Ms. 1109.

CHANSONS. 31

Ainsi li est qu'en autrui[1] miex s'emploie.
En despit a que j'ai si haut choisi[2],
　　Toutes oures je li pri,
　　Par se très haute vaillanche,
　　Que un poi de souvenanche
Ait des dolours que l'autre jour souffri,
　　Au point qu'ele m'escondi.

Douche Dame, tenres estre soloie,
Mais vous m'avés par souffrir endurchi;
Près de confort piécha estre cuidoie,
Mais quant plus l'ai cacié, plus m'a fui;
　　Vos dous resgars, sans nul si,
　　Me promist bien aléganche;
　　Et vos cuers par sourcuidanche,
Qui pour me povreté s'en orgueilli,
　　L'en a dou tout desmenti.

　　Au Wyonois d'ounerance
　　Va, canchons, et si t'avance.
Aussi a il le mal d'amour senti,
　　Si sara miex que je di[3].

VIII

JE SENCH EN MOI L'AMOUR RENOUVELER.

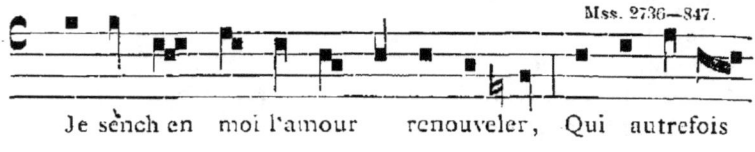

Je sench en moi l'amour renouveler, Qui autrefois

---

[1] Autre — Ms. 1109.
[2] Quoisi — Ms. 585.
[3] Ces quatre derniers vers se trouvent dans le Ms. 1109 seulement.

Traduction en notation moderne.

qui cuer es - clai - re; Mais a-mour m'a le ju trop mal par - ti, Car j'es-poir et pens par li; Trop haut drois est qu'il y pai - re.

TEXTE SEUL.

Je sench en moi l'amour renouveler [1]
Qui autrefois m'a fait le douch [2] mal traire;
Dont je soloie en désirant chanter [3];
Par coi mes chans renouvèle et repaire.
    Ch'est bons [4] maus qui cuer esclaire;
Mais amours m'a le ju trop mal parti,
    Car j'espoir et pens par li;
    Trop haut drois est qu'il y paire [5].

    Et ne pourquant bien fait à pardonner;
Car qant Dame est noble et de grant affaire [6],
Belle et bonne, et gent set honnerer [7],
Tant desert miex c'on l'aint par essamplaire

---

VARIANTES :
[1] Jou senc l'amour en moi renouveler — Ms. 1109.
[2] Le douc mal traire — Ibid.
[3] Canter — Ibid.
[4] Cest boins — Ibid.
[5] Trop s'en droit qu'il me paire — Ms. 847.
[6] Car quant plus est Dame de haut affaire — Ms. 1109.
[7] Est bele et boine et digne d'ounourer — Ibid.

Et doist estre débonnaire [1]
Envers povre homme [2], en otriant merchi,
Sauve s'onneur; car je di [3] :
Qui des bons est souef flaire.

Et parmi chou le m'estuet compérer [4] :
Mes cuers me laist, me Dame [5] m'est contraire.
Et vous, amours; qui de me Dame amer
Donnés talent autrui pour moi mal faire [6].
Les gens ne se pueent taire,
Et nis pités s'est repuse pour mi [7];
Assés de meschiés a chi
Ains c'on puist joie estraire.

Dame, vostre œil me font joie espérer,
Mais vo bonté ne cesse de retraire [8]
Le larguèche qu'il font en ravarder [9]
Par leur douchour vient en espoir de plaire
Car il sont en un viaire
Si amoureus, si douch et si poli,
C'onques courrous n'en issi
Fors ris et samblans d'atraire.

Pour si dous iex doit on bien lonc aler
Et mout i a précieus [10] saintuaire

---

1 Deboinaire — Ms. 1109.
2 Enviers poure home — Ms. 847.
3 Sauve s'ounour car jou di — Ibid.
4 Comparer — Ibid.
5 Ma Dame — Ms. 1109.
6 Pour moi pis faire — Ibid.
7 Et nis pitiés sert repunse pour moi — Ms. 847.
8 Mais vostre bonté se paine — Ms. 1109.
9 En esgarder — Ibid. — Resgarder — Ms. 847.
10 Préciex — Ms. 1109.

CHANSONS. 35

Mais on n'i laist baisier ni adeser,
Ne nus ne doit¹ penser si haut salaire
Drois est c'on se fraigne et maire
Vers tel jouel et confort bien nouri,
   Sans faire le fol hardi
   De parole ou de près traire.

---

IX

LI MAUS D'AMER ME PLAIST MIEX A SENTIR.

Mss. 12736 — 847 — Ms. A.

Li maus d'a-mer me plaist miex à sen-tir K'a maint amant ne fait li dons de joi-e, Car mes es-poirs vaut d'autrui le jo-ïr. Si bien me plaint quan-ques a-mours m'en-voi-e; Car quant plus suef-fre et plus me plaist que soie Jo-lis et chan-tans. Aus-si liés sui et joi-ans, Que se plus

---

¹ N'on ne doit pas — Ms. 1109. — Ne on ne doi pas — Ms. 847.

a - vant es - toi - e.

TRADUCTION EN NOTATION MODERNE.

Li maus d'a- - mer me plaist miex à sen-
tir K'a maint a- mant ne fait li dons de
joi - e, Car mes es - - poirs vaut d'au- trui le
jo- - ïr Si bien me plaint quan-ques a - mours
m'en - voi - e Car quant plus sueffre et plus
me plaist que soi - e Jo- lis et chan-
tans. Aus- - si li - és sui et joi - ans
Que se plus a- - vant es- - toi - e.

## CHANSONS.

Texte seul.

Li maus d'amer[1] me plaist miex à sentir,
K'a maint amant ne fait li dons de joie.
Car mes espoirs vaut d'autrui le joïr[2].
Si bien me plaint quanques amours m'envoie ;
Car quant plus sueffre et plus[3] me plaist que soie
    Jolis et chantans[4].
  Aussi liés sui et joians
  Que se plus avant estoie.

  Che font li douch amoureus souvenir
De le meilleur dou[5] mont qui me maistroie.
Et ne pourquant, se peusse venir
Au douch otroi[6] à coi désirs m'avoie,
A jointes mains rians le prenderoie.
    Mais li dons est grans,
  Sages doit estre et vaillans
  Li hom à cui on l'emploie.

  Dont me doi[7] bien à mon espoir tenir :
Dignes ne sui que l'otroi avoir doie;
S'umelités ne fait le cuer ouvrir
De me[8] Dame, tant qu'ele en pité voie

---

Variantes :

[1] D'amour — Ms. 1109.
[2] Goir — Ibid.
[3] Car com plus soeffre et miex — Ibid.
[4] Cantans — Ibid.
[5] De la millour del — Ibid.
[6] Au douch otroi — Ms. 12615.
[7] Douch — Ibid.
[8] De ma — Ibid.

Le loiauté c'à li ai et aroie,
  Sans estre cangans,
  S'en son cuer, en aucun tans,
Merchi seulement trouvoie.

Dame et amours, assez faites souffrir
Mon cuer qui point contre vos caus[1] ne ploie.
Si vous ne puis escaper[2], ne fuir,
Car par le cuer me tenés, se j'avoie
Le vostre, avoec plus asseurs[3] seroie[4]
  De tous mesdisans,
  Car vous estes si sachans,
Que vous leur taurriés le voie.

Hé franche, riens, gentiex[5], faite à loisir,
Noble et gentiex[6], de contenanche coie[7],
Voeilliés mon chant[8], s'il vous plaist, retenir.
Par dire voir desert bien c'on le croie,
Qu'encore aim miex[9] qu'il ne monstre et desploie,
  Si sui mesquéans[10]
  Quant vous m'estes eskievans[11],
Qui trop miex[12] le vous diroie.

---

[1] Men cuer qui pas contre vos cols — Ms. 12615.
    contre vos cuers — Ms. 847.
[2] Si ne vous puis escaper — Ms. 1109.
[3] Le vostre aussi plus aseur — Ibid.
[4] Plus asseur en seroie — Ms. 847.
[5] Hé france, rians, semblanz — Ms. 1109.
[6] Noble gentix — Ibib..
[7] Noble et vaillans en toute contenance coie — Ms. 847.
[8] Cant — Ms. 1109.
[9] K'encore aim mix — Ibid.
[10] Si sui mesceans — Ibid.
    Si sui mescheans — Ms. 847.
[11] Eskevans — Ms. 1109.
[12] Car trop mix — Ibid.

CHANSONS.   39

Canchon vat ent où aler n'oseroie [1].
Soies saluans,
De par moi [2], les iex rians
Por cui [3] mes cuers me renoie.

## X

### LI DOUC MAUS ME RENOUVÈLE.

Mss. 2736—12615.

Li dous maus me re - nou-vè - le A - voec le prin-temps.
Doi jou bien es-tre can - tans, Pour si jo - li - e nou-vè - le; C'on-ques mais nus pour si bè - le, Ne plus sa-ge, ne meil-lour, Ne sen - ti mal ne do-lour. Or est en-si, Que j'a-ten-de-rai mer-chi.

[1] Canchons vat en u alers n'oseroie — Ms. 1109.
[2] De par mi — Ibid.
[3] Pour cui — Ibid.

## CHANSONS.

### Traduction en notation moderne.

Li dous maus me re-nou-vè-le A-voec le prin-temps. Doi jou bien es-tre chan-tans Pour si jo-li-e nou-vè-le Con-ques mais nus pour si bè-le Ne plus sa-ge, ne meil-lour, Ne sen-ti mal ne do-lour. Or est en-si Que j'at-ten-de-rai mer-chi.

### Texte seul.

Li dous maus me renouvèle
Avoec le printans
Doi iou bien estre chantans [1]
Pour si jolie nouvêle [2]

---

Variantes :
[1] Doi-je bien estre cantans — Ms. 1109 et 12615.
[2] Nouvicle — Ms. 847.

C'onques[1] mais nus pour si bele[2],
Ne plus sage ne meillour[3],
Ne senti mal ne dolour[4].
 Or est ensi
Que j'atenderai merchi[5].

Au dessus de me querele[6]
 Ai esté deus ans.
Sans estre en dangier manans
De Dame ou de Damoisele.
Mais vair œil, blanche[7] maissele,
Rians et vermeille en tour[8].
M'ont cangié cuer et vigour[9]
 Or est ensi[10]
Que j'atenderai merchi.

Tant grate[11] kievre en gravele
 Qu'ele est mal[12] gisans !
Si est il d'aucuns amans.
Tant joue[13] on bien et revele
Que d'une seule estinchele[14]

---

[1] Car onques — Ms. 1109.
[2] Mie nus pour plus biele — Ms. 847.
[3] Millour — Ms. 1109.
[4] Dolor — Ms. 847.
[5] J'atendrai merchi — Ibid.
[6] Ma querele — Ibid.
[7] Œil clere — Ibid.
[8] Entour — Ibid.
[9] Color — Ibid. — Colour — Ms. 1109.
[10] Ore est ensi — Ms. 1109.
[11] Tant grate — Ms. 847.
[12] Mal gisans — Ms. 1109.
[13] Tant jue — Ibid.
[14] Estincèle — Ibid.

42                    CHANSONS.

Esprent en ardant amour [1].
Je fui espris par tel tour [2],
Or est ensi [3]
Que j'atenderai merchi.

Dous vis, maintiens de puchèle
Gras [4] cors avenans,
Vers cui cuers durs caymans [5]
De joie œuvre et esquartèle
Mar fui à le fontenèle
Où je vous vi l'autre jour;
Car sans cuer fui au retour.
Or est ensi
Que j'atenderai merchi.

## XI

POUR COI SE PLAINT D'AMOUR NUS.

Pour coi se plaint d'amours nus, Mais amours se deust plain-

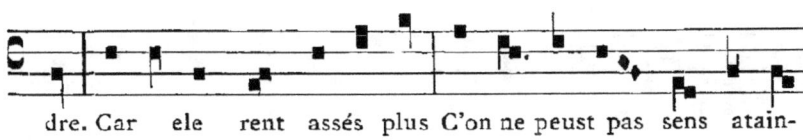

dre. Car ele rent assés plus C'on ne peust pas sens atain-

[1] Amor — Ms. 847.
[2] Cest tor — Ibid. et 1109.
[3] Ore est ainsi — Ms. 1109.
[4] Gens cor — Ibid.
[5] Kaymans — Ibid.

CHANSONS.  43

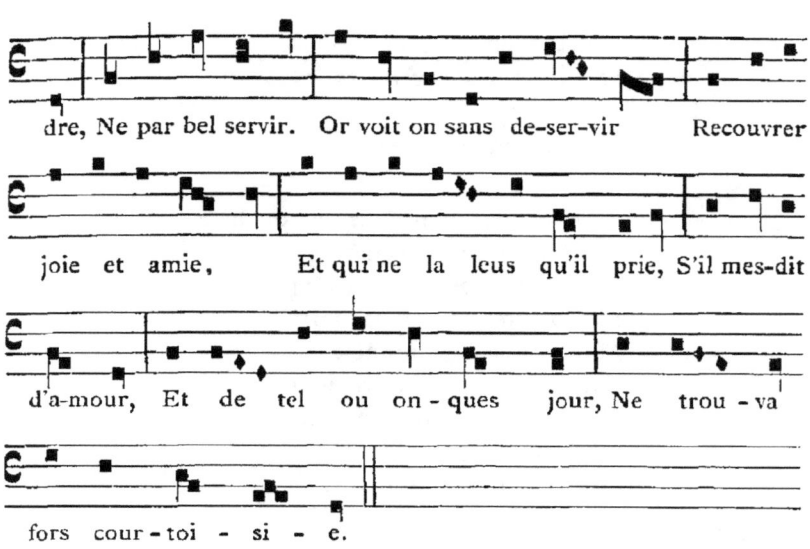

dre, Ne par bel servir. Or voit on sans de-ser-vir Recouvrer joie et amie, Et qui ne la leus qu'il prie, S'il mes-dit d'a-mour, Et de tel ou on-ques jour, Ne trou-va fors cour-toi-si-e.

TRADUCTION EN NOTATION MODERNE.

Pour coi se plaint d'a-mours nus, Mais a-mours se dust plain-dre, Car e-le rent as-sés plus C'on ne peut par sens a-tain-dre, Ne par bel ser-vir. Or veut on par de-ser-vir Re-cou-vrer

## 44  CHANSONS.

joie et a-mi-e; Et qui ne la leus qu'il pri-e, S'il mes-dit d'a-mours Et de te-le où on-ques jour, Ne trou-va fors cour-toi-si-e.

TEXTE SEUL.

Pour coi[1] se[2] plaint d'amours nus?
Mais amours se deust plaindre.
Car ele rent assés plus
C'on ne puist par sens ataindre,
    Ne par bel[3] servir.
Or veut[4] on, sans deservir,
Recouvrer joie et amie;
Et qui ne l'a, leus[5] qu'il prie,
    S'il[6] mesdit d'amours,
Et de tele où onques jour[7]
Ne trouva fors courtoisie.

Là qui sera loiaus drus,
Comment c'on le puist[8] destraindre,

---

VARIANTES :

[1] Quoi — Ms. 1109. — Koy — Ms. 847.
[2] Si — Ms. 1109.
[3] Biau — Ms. 1109.
[4] Voit — Ibid.
[5] Lues — Ibid.
[6] Si — Ms. 1109.
[7] Onkes jor — Ibid.
[8] C'on l'en puist — Ms. 847.

## CHANSONS. 45

N'iert jà d'amer recreus [1],
Ains iert tous jours en li graindre [2]
    Foys dusque au [3] morir,
Si ne l'osera gehir [4].
Et s'il avient qu'il li die,
Et se Dame l'escondie,
    Cuer ara meillour [5]
D'endurer miex la dolour [6],
Et miex li plaira la vie.

De cheus qui sont au desus [7]
D'amours voit on plus remaindre [8],
Et metre le mestier jus,
Que de chieus c'amours fait taindre
    Et assés souffrir.
Chascuns cache [9] son désir,
Qui a besongne d'aïe;
Pour chou doit estre saisie
    Dame de s'onnour [10]:
Car qui fait de serf signour,
Ses anemis mouteplie.

Frans cuers, gentiex, esleus,
Pour toutes valours [11] achaindre;

---

[1] N'iert de servir recieus — Ms. 1109.
[2] Ains est toudis en lui — Ibid.
[3] Foys dusk'au — Ibid.
[4] S'il ne le sera — Ibid. et Ms. 847.
[5] Aura meillor — Ms. 847.
[6] Dolor — Ibid.
[7] De ciaus qui sont au-dessus — Ms. 1109.
[8] Plus voit on d'amour remaindre — Ms. 847.
[9] Cascuns chace — Ms. 1109 et 847.
[10] S'ounour — Ibid.
[11] Pour toute valor — Ms. 847.

Cors saigement maintenus
Pour les mesdisans refraindre [1];
Resgars pour ouvrir
Cors, pour cuers dedens ravir;
Sage, humele [2], bien enseignie,
Il n'est nus qui pensast mie,
Envers vous folour [3];
Car chascuns [4] de vo valour [5]
S'esbaubist [6] et humelie [7].

Quant je vous voi, si sui mus
Que me vigour sench estraindre [8],
Si que ne puis nes salus [9]
Dire à vous, ne samblant faindre
Pour mon [10] cuer couvrir.
Mes cors commenche [11] à frémir,
Et le langue [12] m'est loïe,
Aussi que [13] se faérie,
Me venist entour [14].
Quant je sui ou retour [15],
Li reveoir [16] me tarie.

---

[1] Restraindre — Ms. 847.
[2] Humle et — Ms. 1109.
[3] Folor — Ms. 847.
[4] Cascuns — Ibid.
[5] Valor — Ms. 847.
[6] S'abaubit — Ms. 1109.
[7] Umelie — Ms. 847.
[8] Que ma vigor sench estaindre — Ms. 1109 et 847.
[9] Nis salus — Ms. 1109.
[10] Pour men — Ibid.
[11] Mes cuers commence — Ibid.
[12] La langue — Ibid.
[13] Aussi com — Ibid.
[14] Entor — Ms. 847.
[15] Et quant sui u retor — Ibid. et 1109.
[16] Li reveoir — Ms. 847.

CHANSONS. 47

Canchon, fai toi de maisnie
A me Dame tant coïe [1],
Soies par douchour,
S'on t'en cache, fai un tour,
Si rentre [2] à l'autre partie.

## XII

MERCHI AMOURS DE LE DOUCHE DOLOURS.

Mss. 2736—847—12615 — Ms. A.

Merchi amours de le douche dolours, Que vo maistrie au cuer me fait sentir. Pour le plus bele et toute le meillour, C'on puist au mont ni amer ni servir. Ne jà deservir. Je ne porrai envers vous Les beaux avantages dous, Que vous me faites venir En tant sans plus que

[1] Koye — Ms. 847.
[2] Si va — Ibid.

48 CHANSONS.

je l'aim et désir.

TRADUCTION EN NOTATION MODERNE.

Mer-chi a-mours de le dou-che do-lours
Que vo mais-trie au cuer me fait sen-tir.
Pour le plus bele et tou-te le meil-lour, C'on puist ou
mont ni a-mer ni ser-vir Ne jà de-ser-vir
Je ne por-rai en-vers vous Les biaus a-van-ta-ges
dous Que vous me fai-tes ve-nir. En tant
sans plus que je l'aim et dé-sir.

## CHANSONS.

Texte seul.

Merchi amours de le douche dolour [1],
Que vo maistrie au cuer me fait sentir [2],
Pour le plus bele et toute le meillour [3]
C'on puist ou mont ni amer ne servir [4].
    Ne jà déservir
Je ne porrai, envers vous,
Les biaus avantages dous
Que vous me faites venir [5].

Je tiens l'espoir, le désir et l'amour
A bel déduit, qui s'i set maintenir,
Tout soit ensi c'on ne puist, par nul tour,
Jà à l'amour de se Dame avenir [6] :
    Car li souvenir
Qui en viennent font courous,
Despis, haïne et maux tous [7]
Laissier guerpir et haïr,
Et le jouvent en joie maintenir [8].

Dame gentiex de cuer, noble d'atour,
Gente de cors, délitable à veïr,
Resplendissans de naturel colour [9]
Entours, vairs ex, rians [10] à l'entrouvrir,

---

Variantes :
[1] De la douce dolor — Ms. 1109 et 847.
[2] Me faire au cuer sentir — Ms. 847.
[3] Pour la plus sage et toute la meillor — Ibid.
[4] C'on puist amer, ne loer, ne servir — Ms. 1109.
[5] Que vous m'en faites venir — Ibid.
[6] De sa Dame venir — Ms. 1109 et 847.
[7] Mesdis, haïne et maus tous — Ms. 1109.
[8] En joie poursivir — Ibid.
[9] Coulour — Ibid.
[10] Vairs iex à l'entrouvrir — Ibid.

CHANSONS.

Je doi bien frémir
Et trébuchier ou desous,
Quant en lieu si précious [1]
M'osai d'amer enhardir.

Si vous empri le merchi [2] par douchour,
Franche Dame, car ne m'en poi tenir [3],
Or le comper, et si n'ai par vigour,
C'onques vers vous [4] m'osasse descouvrir.
  Miex m'en vient [5] tapir,
 Che n'est [6] pas paire de vous,
 Bien sai jà n'iere rescous,
Se vous pité n'en laissiés convenir.

Dame merchi vous proi, s'onques nul jour
Nus gentiex cuers ot [7] pité de martir,
Non pas pour chou qu'aie anui ne fréour [8]
Ne désespoir pour longuement souffrir [9];
  Car si grant plaisir
 Prench es dous maus saverous [10],
 Com plus sench, plus sui joious,
 Ne je n'en voeil point guarir,
Car mes espoirs vaut d'autri le goïr [11].

---

[1] Si pressious — Ms. 1109.
[2] Mais force d'amour mi fist enkaïr.
 Si vous emproi le merchi — Ibid.
[3] Paut tenir — Ibid.
[4] C'onques à vous — Ibid.
[5] Miex me vient — Ibid.
[6] Car n'est pas — Ibid.
[7] Cuers eut — Ms. 1109.
[8] Ne paour — Ibid.
[9] Ne désespoir de les tans maus soustenir — Ibid.
[10] Ai es dous maus amoureus — Ibid.
[11] Car si dous maus vaut d'autre le goïr — Ibid.

## XIII

ON DEMANDE MOUT SOUVENT K'EST AMOURS.

On de-man-de mout sou-vent k'est a-mours. Dont mains hom est de res-pondre es-bau-bis. Mais qui à droit sent les dou-ches do-lours Par soi meis-mes en puet es-tre gar-nis, Ou pas n'ai-me, che m'est vis; Et s'il aime, ch'est li vi-e En che-lui mal em-plo-ïe Qui vit en si fole er-rour: Car il dist qu'il a Se-gnour, Et si ne le con-noit mi-e.

TRADUCTION EN NOTATION MODERNE.

On de-man-de mout sou-vent qu'est a-mours.

Dont maint hom est de res-pon-dre es-bau-bis; Mais qui à droit sent les dou-ches do-lours, Par soi-meismes en peut es-tre gar-nis Ou pas n'ai-me, che m'est vis; Et s'il ai--me, ch'est li vi-e En che-lui mal em-plo-ï-e Qui vit en-si fole er-rour: Car il dist qu'il a Se-gnour, Et si ne le con-noit mi-e.

TEXTE SEUL.

On demande mout souvent qu'est amours [1]
Dont maint hom est de respondre esbaubis [2];
Mais qui à droit sent les douches [3] dolours,
Par soi meismes en puet estre garnis,

---

VARIANTES :

[1] K'est amors — Ms. 1109 et 847.
[2] Abaubis — Ms. 1109.
[3] Douces — Ibid.

Ou pas n'aime, che m'est vis;
Et s'il aime, ch'est li vie [1]
En chelui mal emploïe,
Qui vit en si fole errour [2] :
Car il dist qu'il a Segnour,
Et si ne le connoist mie.

Amours est volentés durans toujours
En cuer d'amant d'amour [3] de Dame espris,
Dont désirriers est li douche [4] savours,
Et espéranche en est li drois délis.
    Estre amés, ch'est li merchis [5];
    Par resgart est commenchie [6],
    Et pour valoir poursievie [7],
    Traïson het et folour,
    Et fait sambler, que la flour,
    Chascuns dou mont ait choisie [8].

En droit de moi, qui n'ai [9] pensée ailleurs,
Me sui je bien de tout chou garde pris;
Car j'ai sentu c'amours est par ches tours [10],
Et les ai tous en li servant apris,
    Fors seulement d'estre fis [11],
    Se j'arai jamais amie.

---

[1] S'est li vie — Ms. 1109.
[2] Si fol error — Ms. 847.
[3] D'amor — Ibid.
[4] Li droite — Ibid.
[5] C'est li partis — Ibid.
[6] Par regars est commencie — Ms. 1109.
[7] Et par valour poursivie — Ibid.
[8] De tout le mont aie coisie — Ibid.
[9] Qui n'a — Ibid.
[10] Car j'ai senti k'en amours par ces tours — Ibid.
[11] Estre fin — Ibid.

Espéranche le m'afie,
Qui les cuers tient en vigour.
Tant c'on ait si bel retour,
Pour coi pense on à folie?


Tousjours voit on traïr les traïtours [1],
Et peu prisier bonne [2] Dame leur dis,
Car tost connoist les faus et les meillours.
Qui aime honnour il le warde tousdis,
   Ni n'est mie fins amis
   Qui bonne Dame castie;
   Dont je blame jalousie :
   Car puis c'on set le valour
   De se Dame, quel paour
   En a on, fors par sotie?


Dame de joie, et trésors de secours
Pour enrichir d'onneur [3] les plus mendis;
Biautés parfaite et sans cure d'atours,
Biaus reconfort à cheus qui quièrent pris [4],
   Dous cuers ne vous soit despis,
   Si je vous aim sans folie [5];
   Amours a fait s'envaïe,
   Sour moi, tant me vint entour [6],
   Et vos resgars, qui douchour [7]
   Et pitié me senefie.

---

[1] Trais les traitors — Ms. 1109 et 847.
[2] Et por prisier boine Dame — Ms. 1109.
[3] Pour enricir d'avoir — Ms. 847.
[4] Biaus reconfort à ciaus qui quièrent pris — Ms. 1109 et 847.
[5] Se jou vous aim sans boïdie — Ibid.
[6] Me vient entor — Ibid.
[7] Dou cor — Ms. 847.

## CHANSONS.

Canchon, à mon Seigneur prie
De Saint-Venant, qu'en l'onnour
D'amours, quant ert asseiour [1],
En lieu afférant te die.

## XIV

### AU REPAIRIER EN LA DOUCHE CONTRÉE.

Au re-pai-rier en la dou-che con-tré-e, Où je mon cuer lais-sai au dé-par-tir, Est ma dou-che do-lour re-nou-ve-lé-e, Qui ne m'i laist de chan-ter plus te-nir. Puis-que d'un seul sou-ve-nir Jo-li, estre ail-lours so-loi-e, Por coi chi ne le se-roi-e? Ou je sai et voi che-li Qui me tient jo-li.

[1] A sievir — Ms. 1109.

56  CHANSONS.

TRADUCTION EN NOTATION MODERNE.

TEXTE SEUL.

Au repairier en la douche[1] contrée
Où je men cuer laissai au départir[2],

---

VARIANTES :
[1] Douce — Ms. 1109.
[2] Si je laissai mon cuer au départir — Ibid.

## CHANSONS.

Est ma douche doulours[1] renouvelée,
Qui ne m'i laist de chanter[2] plus tenir.
    Puisque d'un seul souvenir
    Jolis estre aillours soloie,
    Pour coi[3] chi ne le seroie,
    Où je sai et voi cheli[4]
        Qui me tient joli[5]?

On dist que point n'ai manière muée[6]
Pour le revel[7] qui me plaist à sievir;
Selonc sen mal et selonc se pensée[8]
Se doit amans déduire et maintenir.
    Comment porroit cuers sentir
    Si douch mal sans estre en joie[9]?
    Car dou[10] pis c'amours envoie,
    Ch'est c'on désire merchi[11],
        Et il m'est ensi[12].

Mais tant me plaist ceste painne[13] et agrée
Que je le prench assavoir de goïr[14].
On prent en gré le cose présentée,
Selonc le lieu[15] dont on le voit venir.

---

[1] Dolors — Ms. 847.
[2] Ke ne me laist de canter — Ms. 1109.
[3] Por quoy — Ibid.
[4] U je voi et sai celi — Ibid.
[5] Ki moy tient — Ms. 847.
[6] Muei — Ibid.
[7] Por le réveil — Ibid.
[8] Selon le mal et selon sa pensée — Ms. 1109.
[9] Entrer — Ms. 847.
[10] Car du — Ms. 1109.
[11] C'est son desir merci — Ibid.
[12] Et il est — Ibid.
[13] Cest paine — Ibid.
[14] A saveur joie — Ibid.
[15] Selon lui dont — Ibid.

Si doi en gré recueillir [1]
Mon mal, car miex m'i emploie
Que se d'autre amés estoie ;
N'onques [2] mais nus ne senti
    Mal si c'on goï.

Dame gentiex, de tout le mont amée [3]
Pour vo bonté [4] qui ne puet amenrir,
Douche amoureuse ymage désirrée,
Daigniés me en [5] vo serviche retenir.
    Je ne quier autre mérir,
    Ne penser ne l'oseroie [6],
    Qu'encor m'est avis que soie [7]
    Trop peu souffisans d'estre y,
    S'amours n'est [8] pour mi.

En vo gent cors où [9] franquise est monstrée [10],
En vos vairs ex, rians [11] à l'entrouvrir,
Séant en une face colourée
Dont je ne puis iex et cuer espanir,
    Ains vous voi de tel désir,
    Et si m'entente j'emploie [12],
    C'avis [13] m'est que je ne voie

---

[1] S'en doi en gré requeillir — Ms. 1109.
[2] N'onkes — Ms. 847.
[3] Sage et loiaus de tout le mont loé — Ms. 1109.
[4] Pour la bonté — Ms. 847.
[5] Vueillie me en — Ibid.
[6] Ne demander n'oseroie — Ibid.
[7] K'encore avis m'est que soie — Ms. 1109 et 847.
[8] S'amors ni en — Ms. 847.
[9] En vo fins cuers cui — Ms. 1109.
[10] Francise est mostrée — Ms. 847.
[11] A vo regart riant — Ms. 1109 et 847.
[12] I aploie — Ibid.
[13] K'avis — Ibid.

## CHANSONS.

Adont chiel ne terre, si
Me sench je ravi [1].

Canchons, je t'envoieroie
A ma dame, se j'ozoie [2];
Mais le cuer n'ai si hardi,
Amours, donnes li [3].

## XV

AMOURS M'ONT SI DOUCHEMENT.

Mss. 2736—847.

A-mours m'ont si dou-che-ment Na-vré que nul mal ne
senc. Si ser-vi-rai bo-ne-ment A-mours et men douch
a-mis à cui me rent [4] Et fait de mon cuer pré-sent.
Ne ja-mais por nul tour-ment Que j'aie n'i-ert au-tre-ment,
Ains voel u-ser mon jou-vent En a-mer loi-al-ment.

[1] A dont ciel ne terre si
M'en sent je ravi — Ms. 1109 et 847.
[2] U ma dame est se j'ozoie — Ms. 847.
[3] Ces quatre derniers vers ne sont pas dans le Ms. de La Vallière ; ils sont dans les Mss. 1109 et 847, sans variantes.
[4] Il y a ici une transposition que nous laissons subsister parce qu'elle se trouve dans les Mss.

60         CHANSONS.

TEXTE SEUL.

Amours m'ont si douchement [1]
Navré que nul mal ne sench [2].

---

VARIANTES :

[1] Doucement — Ms. 847.
[2] Senc — Ibid.

## CHANSONS.

Si servirai bonnement,
Et fai de mon cuer présent.
   Amours et men
Douch ami¹ à cui me rent,
Ne jamais, pour nul tourment²
Que j'aie, n'iert autrement,
Ains voeil³ user mon jouvent
   En amer loialment.

Et si ne m'en caut comment
On m'aparaut laidement,
Puis que j'ai⁴ fait mon talent,
Et je puis⁵ jésir souvent
   Lès son cors gent ;
Je n'en crieng⁶ ore ne vent.
Mais bon se fait sagement⁷
Déduire, et si soutieuement⁸
C'on n'en puisse, entre le gent⁹,
   Parler vilainement.

Trop me sistés longement,
Amis, à moi proiier ent.
Se vous m'amiés¹⁰ loialment,
Je vous amoie ensement,
   Ou plus forment.
Mais femme, au commenchement,

---

¹ Ma douce amie — Ms. 847.
² Por nul torment — Ibid.
³ Ains vuel — Ibid.
⁴ Puis que joie — Ibid.
⁵ Et que je puis — Ibid.
⁶ Je ne criem — Ibid.
⁷ Coiement — Ibid.
⁸ Sagement — Ibid.
⁹ C'on n'en puist devant la gent — Ibid.
¹⁰ Se vous m'aimés — Ibid.

## CHANSONS.

Se doit tenir fièrement;
Pour chou, s'ele se deffent,
Ne doit laissier qui i tent
A requerre asprement.

---

## XVI

### DE CHANTER AI VOLENTÉ CURIEUSE.

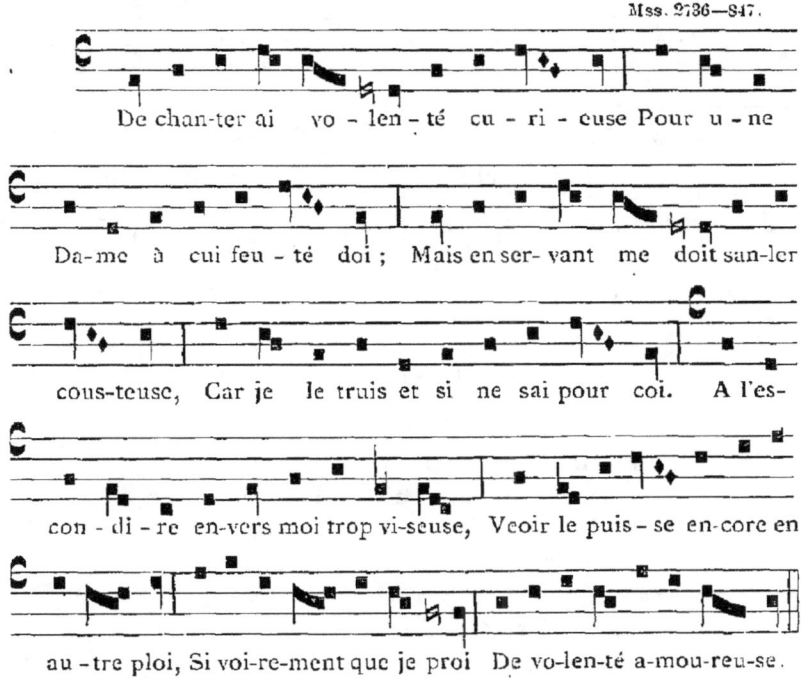

De chan-ter ai vo-len-té cu-ri-euse Pour u-ne Da-me à cui feu-té doi; Mais en ser-vant me doit san-ler cous-teuse, Car je le truis et si ne sai pour coi. A l'es-con-di-re en-vers moi trop vi-seuse, Veoir le puis-se en-core en au-tre ploi, Si voi-re-ment que je proi De vo-len-té a-mou-reu-se.

TRADUCTION EN NOTATION MODERNE.

De chan-ter ai vo-len-té cu-ri-eu-

TEXTE SEUL.

De chanter ai volenté curieuse,
Pour une Dame a cui feuté doi,
Mais en servant me doit sanler[1] cousteuse,
Car je le truis[2], et si ne sai pour coi,
A l'escondire envers moi trop viseuse[3].
Veoir le puisse encore en autre ploi,
  Si notoirement que[4] je proi
  De volenté amoureuse.

---

VARIANTES :

[1] Sambler — Ms. 1109.
[2] Car j'ai la truis — Ibid. et 847.
[3] Vizeuze — Ms. 1109.
[4] Si voirement com — Ibid. et 847.

Ahi! amours, soutiex [1] et artilleuse,
Qui de tous justichier [2] savés vo roi ;
Pour coi souffrés qu'ele m'est si crueuse,
Que n'es [3] par se volenté? ne le voi.
—Mais raison à [4] quant de moi n'est piteuse,
Elle aime autrui, puisqu'ele ne vieut [5] moi,
  Car onques ne fu, je croi,
  Teus Dame d'amer wiseuse [6].

Sage est et bonne et belle et gracieuse,
Chascuns pour se valour li porte foi,
Traite [7] ai pour li mainte nuit dolereuse,
Et trespassé maint dolereus castoi [8].
Mais gaires n'est de me joie soingneuse [9] ;
A mon vis part et à mon maintien coi [10],
  C'ains [11] Dame ne fu si poi,
  D'autrui pourfit convoiteuse.

S'affiert il bien [12] à Dame c'on entraie,
Les biaus samblans sauve l'onnour de li,
Car biaux [13] samblans riens ne couste ne fraie,
Et s'a tost un disiteus [14] enrichi,

---

[1] Soutix — Ms. 1109 et 847.
[2] Justicier savés vo roy — Ms. 1109.
[3] K'ele — Ibid.
[4] Raison ja — Ibid.
[5] Veut — Ibid.
[6] Tex Dame d'amer heureuse — Ibid.
[7] Trait — Ibid.
[8] Et trépassé maint terme tex castoi — Ibid.
[9] De ma joie sengneuse — Ms. 1109 et 847.
[10] A mon vis pert et à mon maintien quoi — Ms. 1109.
[11] K'aint — Ibid.
[12] Il affiert bien — Ibid.
[13] Car biax — Ms. 847.
[14] Disetex — Ms. 1109.

## CHANSONS.

Jou ne di pas que de me Dame l'aie [1];
Pour ceus par aventur y ai failli [2],
 Qui de fausser ont le cri,
 Et pour aus [3] de moi s'esmaie.

Pour chou fait mal quant ele ne m'essaie [4],
A dont saroie à cui donner merchi [5],
Mais je ne sai comment a chou l'otroie [6],
Bele Dame est, ne s'avilleroit si [7],
Pour chou me douch Lucifer ne pourroie [8],
Qui pour se grant biauté s'enorgueilli,
 Et qu'ele ne sache [9] aussi,
 Vers moi qui l'aim d'amour vraie.

Canchons, di li que doi que ne me paie
Selonc l'amour qu'ele a trouvé en mi.
 Quant aura cest mant oy,
 Or proi Dieu ke biens m'en kaie [10].

## XVII

MA DOUCHE DAME ET AMOURS.

Mss 1109—847.

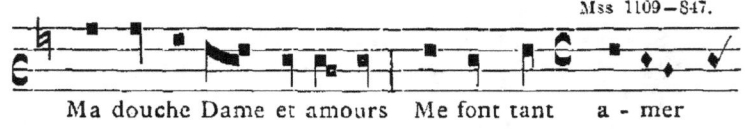

Ma douche Dame et amours  Me font tant  a - mer

---

[1] Ma dame l'aie — Ms. 1109.
[2] Pour chaus aventure — Ibid.
[3] Et pour eux — Ibid.
[4] M'assaie — Ibid.
[5] A dont savoie à qui — Ms. 847.
[6] L'atraie — Ms. 1109.
[7] S'abaisseroit si — Ibid.
[8] Par quoi se douch Lucifer le pourtroie — Ibid.
[9] Face — Ibid.
[10] Ces quatre derniers vers sont tirés du Ms. 1109.

# CHANSONS.

Se li es-poir de go- -ïr, Ne me te- -noit com-pai- -gni- -e.

TEXTE SEUL.

Ma douche [1] Dame et amour
Me fait tant amer me vie [2]
C'uns ans me samble [3] un seus jours;
Et ma souffranche [4] est jolie;
Mais si bien ne m'alast mie
As maus c'on m'i fait [5] sentir;
Se li espoirs de goïr [6]
Ne me tenist compaignie.

Ches espoirs est mes retours [7]
Entreus que merchis detrie [8];
Là me déduis, si qu'aillours
Ne pens che le senefie [9]
C'on me salue; tel fie
Sour le point dou souvenir [10]

---

VARIANTES :

[1] Ma douce — Ms. 1109.
[2] Ma vie — Ms. 847.
[3] Sanle — Ms. 1109.
[4] Souffrance — Ibid.
[5] Mi fait — Ms. 847.
[6] Joir — Ms. 1109.
[7] Recours — Ms. 847.
[8] Mercis retrie — Ms. 1109.
[9] Ce que senefie — Ms. 847.
[10] Du souvenir — Ms. 1109.

Que de dire n'ai loisir
As gens : Diex nous bénéie [1].

Dame blanche comme flours,
Tenre [2] de cui rien délie,
Li mieudre [3] entre les meillours,
Essample [4] de courtoisie !
Diex [5] ai si très grant partie
De biens amis à vous furnir [6],
C'une autre se doit tenir
Dou [7] meneur à bien païe.

Qui ne mouveroit [8] coulours
De veoir la signerie [9]
Les maintiens [10] et les honnours
Dont vous estes enrechie [11]
Et honnerée et proisie ? [12]
Chil qui servent de mentir
Se doivent nes de l'oïr [13]
Chastoier [14] de leur folie.

---

[1] Vous bénéie — Ms. 847.
[2] Tendre — Ms. 1109.
[3] Li meudre — Ibid.
[4] Essemple — Ms. 847.
[5] Dieus — Ms. 1109.
[6] De bien mis en vos furnir — Ms. 1109 et 847.
[7] Du meneur — Ibid.
[8] Meuroit — Ms. 847.
[9] Signourie — Ms. 1109.
[10] Le mentient — Ibid.
[11] Enricie — Ibid.
[12] Prisée — Ms. 847.
[13] Nis del oir — Ms. 1109.
[14] Castier — Ibid.

CHANSONS.

Dame, si que vo valours
N'en doive estre amenriie [1],
Vous pri merchi [2] et secours,
Dont bien estes aaisie.
5 Ch'est riqueiche [3] en trésorrie
Qui ne sert fort de gésir,
Et non volés enlarguir,
Et tout adès mouteplie.

Trop est grans li dons d'amie
10 Ne pour quant je le désir
Mais on me puet retenir
Souvent de mains le moitie [4].

XVIII

QUI A DROIT VEUT AMOURS SERVIR.

Mss. 1109—847.

Qui à droit veut amours ser-vir,  Et chan-ter de joi-eus talent,  Pen-ser ne doit as maus qu'il sent,  Mais au bien qui en puet venir. Che fait cueillir Sens et bon-

---

[1] Amenuisie — Ms. 1109.
[2] Vou proi merci — Ibid.
[3] C'est rikece — Ibid.
[4] Ces quatre derniers vers ne sont pas dans le Ms. de La Vallière.

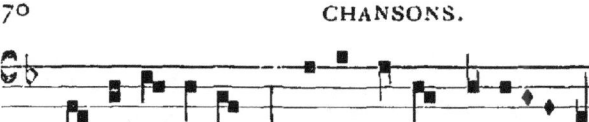

té et har-dement   Et le mauvais bon de - venir;   Car cas-cuns bée   à dé-ser - vir   Puis c'on   i tent.

TRADUCTION EN NOTATION MODERNE.

Qui à droit veut a- -mours ser - vir
Et chan - ter de joi - -eux ta - lent, Pen - ser
ne doit as maus qu'il sent, Mais au bien qui
en peut ve - - nir. Che fait cueil - - lir.
Sens et bon - té har - de - ment, Et le
mau - vais bon de- - ve - nir Car chas - cuns bée
au dé- ser - vir Puis c'on i tent.

## CHANSONS.

Texte seul.

Qui à droit veut amours servir
Et chanter de joieus [1] talent,
Penser ne doit as maus qui sent [2],
Mais au bien qui en puet venir [3].
   Che fait cueillir [4]
Sens et bonté [5] et hardement,
Et le mauvais bon [6] devenir ;
Car chascun bée au déservir [7],
   Puis c'on i tent [8],

Qui s'esmaie pour mal souffrir [9]
Ne qui prend garde [10] à son tourment [11],
Il ne puet amer longuement [12].
Mais com [13] plus pense par loisir
   A son désir,
Et plus li semble anientir [14]

---

Variantes :

[1] Goieus — Ms. 847.
[2] Qu'il sent — Ms. 1109.
[3] Mais as bien qui l'en peuent — Ms. 847.
[4] Quellir — Ms. 1109.
[5] Sens et valour — Ibid.
[6] Et les mauvais boins — Ibid.
[7] Car cascuns bée à desservir — Ibid.
[8] Puis qu'il i tent — Ms.
[9] Sentir — Ibid.
[10] Warde — Ms. 847.
[11] Torment — Ibid.
[12] Longhement — Ms. 1109.
[13] Et com — Ibid.
[14] Et plus li samble qu'il vient lent
  Ainsi fait ensemble anéantir — Ms. 1109.

## CHANSONS.

Lui et amours et dessevir [1] *(et dessevir)*
    Tout son [2] jouvent.

Par rire et par biaus dis oïr
Et par joli contènement,
Vient amours au commenchement [3],
Et ensi se veut poursievir [4]
    Et esbaudir,
Et espérer merchi [5] briement,
Encor n'i puist on avenir [6],
Ensi veut amours maintenir
    Se douche gent.

Trop font chil amant à haïr
Qui requièrent hardiement,
Ch'est de désir [7] folement
Quil ne se puéent astenir;
    Et s'au partir [8]
Sont escondit vilainement.
Or ont il deus tans [9] à souffrir,
Car chou c'on ne vaurroit oïr
    Quiert on souvent.

Pour chou fait bon [10] mains envaïr,
Car puis c'amans a hardement
De proier Dame qui s'entent

---

[1] Lui et amour et déservir — Ms. 1109.
[2] Tout en son — Ibid.
[3] Commencement — Ibid.
[4] Poursivir — Ibid.
[5] Merci — Ibid.
[6] U venir — Ibid.
[7] C'est de desirer — Ibid.
[8] Et se au partir — Ms. 847.
[9] Tost ans — Ibid.
[10] Boin — Ms. 1109.

## CHANSONS. 73

Moustre il qu'il le doive fuir;
Car descouvrir
N'oseroit son cuer nulement [1]
Fins amis, ains laist convenir
Pité qui nient ne laist périr
Qui tout li rent [2].

Robert Nasart, d'un chant furnir
Mis envers vous un plège gent.
Par amours, Sire, quitiés l'ent [4],
Car je vous vieng [5] ce chant offrir
Pour remplir [6]
Che que vous avoie en couvent [7].
Pour riens n'en vausisse mentir [8]
Qui seur tel [9] plège acroit tenir
Doit bien couvent.

## XIX

MERVEILLE EST QUEL TALENT J'AI DE CHANTER.

Mss. 1109—847.

Merveille est quel ta - lent j'ai De chanter; Car je ne puis,

---

[1] Veulement — Ms. 847.
[2] Riens — Ms. 1109.
[3] Ne rent — Ibid.
[4] Cuitiés lent — Ibid.
[5] Veul — Ibid.
[6] Raemplir — Ibid.
[7] Ce que je vous eus en couvent — Ibid.
[8] Osasse mentir — Ibid.
[9] Qui sour tel — Ibid.

74 CHANSONS.

ne ne sai Tant pen-ser Que puisse joie trouver C'on eut de moi mer-chi. On a par fausser joi-e Mais anchois m'orroie Que je vausisse a-voir joi-e Pour avoir men-ti.

TRADUCTION EN NOTATION MODERNE.

Merveille est quel ta--lent j'ai De chan--ter; Car je ne puis, ne ne sai Tant pen--ser Que puis-se joi--e trou-ver C'on eut de moi mer--chi On a par faus--ser joi--e;

# CHANSONS. 75

Mais an - chois mor - roi - - e Que je vau - sis-se a-voir joi - - e Pour a - voir men - ti.

### Texte seul.

Merveille est quel talent j'ai
De chanter [1],
Car je ne puis, ne ne sai
Tant penser
Que puisse joie trouver,
C'on eust de moi merchi [2].
On a par fausser goï;
Mais anchois morroie
Que je vausisse avoir joie
Pour avoir menti.

Jamais jour ne cesserai
D'espérer;
Merchi [3] ne sai se l'arai;
Mais anter
N'os ma Dame n'à parler,
Car je n'affierch [4] mie à li,
Et si me douch mout [5] ausi
Se je la parloie
Ne desist [6]: Va te voie
S'aim miex estre ensi.

---

Variantes :

[1] Canter — Ms. 1109.
[2] et [3] Merci — Ibid.
[4] N'affiert — Ibid.
[5] Et si me dout trop — Ibid. et 12615.
[6] Tost me disist — Ibid. — Disoit — Ms. 847.

## CHANSONS.

Se j'ai merchi [1], g'i venrai
    Par amer,
Ne jà ne la conquerrai [2]
    Par rouver.
Car me Dame voit tot cler [3]
Que je l'aim trop miex de mi [4].
Quant li plaira tost gari
    M'ara, mais se le veoie,
    Assés nul mal n'averoie
        Fors douch et joli.


Vermeille que [5] rose en mai
    Pour mirer,
Clère que solaus el rai !
    Ains lasser
Ne me poi [6] de raconter
Le sens de saison cueilli [7]
Et le bien qu'avés nourri,
    Que vos viaires otroie.
    Diex vous tenoit bien à soie
        Quant il vous furni.


Dame, je vous prierai,
    Au finer,
Que che dont sui [8] en esmai
    D'achiever

---

[1] Merci — Ms. 1109.
[2] Ne ja ne le — Ibid.
[3] Car ma Dame voit tout cler — Ibid.
[4] Que jou l'aime miex que mi — Mss. 1109 et 847.
[5] Vermeille est que — Ms. 847.
[6] Ne me peuc — Ibid.
[7] Quelli — Ms. 1109.
[8] De chu dont je sui — Ms. 1109 et 847.

CHANSONS. 77

Que vous daingniés escouter
Et chanter che chant joli [1].
Si m'arés mout enrichi
Et miex en feroie
Canchon s'à faire l'avoie,
Pour chou [2] le vous di.

XX

SANS ESPOIR D'AVOIR SECOURS DE NULUI.

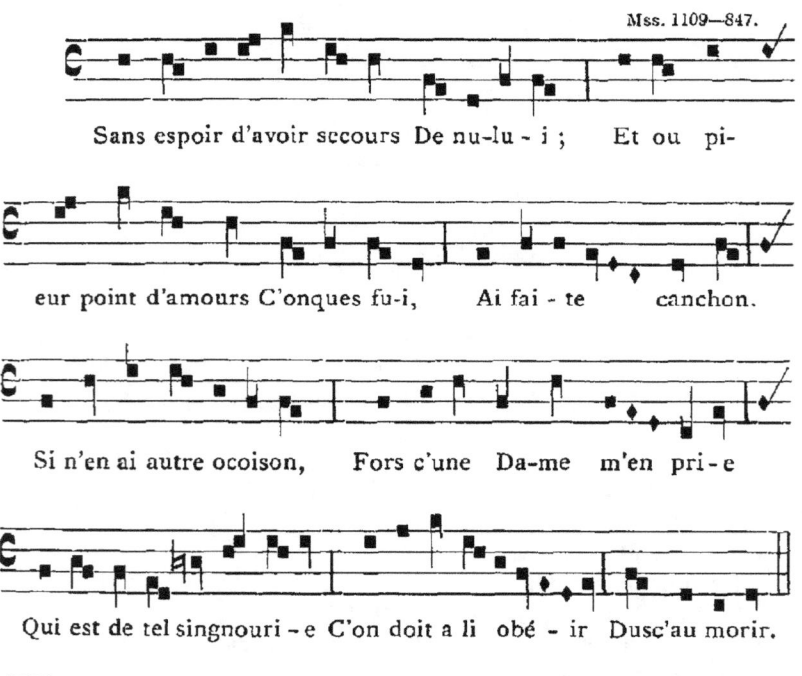

Sans espoir d'avoir secours De nu-lu-i; Et ou pi-eur point d'amours C'onques fu-i, Ai fai-te canchon. Si n'en ai autre ocoison, Fors c'une Da-me m'en pri-e Qui est de tel singnouri-e C'on doit a li obé-ir Dusc'au morir.

---

[1] Chest cant seri — Mss. 1109 et 847.
[2] Pour che — Ms. 1109.

78  CHANSONS.

TEXTE SEUL.

Sans espoir d'avoir secours
De nului,
Et ou[1] pieur point d'amours
C'onques fui[2],

---

VARIANTES :

[1] Et u — Ms. 1109.
[2] C'onkes — Ibid. — Que c'onkes — Ms. 847.

## CHANSONS.

Ai faite canchon ;
Si n'en ai autre ocoison [1]
Fors c'une Dame m'en pric,
Qui est de tel singnourie
C'on doit à li obéir
Dusc'au morir.

Et ne pourquant me dolours [2]
Muet [3] d'autrui ;
Chele est mircours [4] et flours
Entour cui
Malvais [5] cuer félon
Prendent voloir d'estre bon
S'il antent [6] se compaignie.
Je ne désir longue vie
Pour paour [7] de guerpir
Li aveir [8].

De bien n'en ai ne dochours
Fors annui [9] ;
Se franquise [10] est mes retours
Là m'apui ;
Et selonc raison
Je nel demant se moi non [11]

---

[1] Ocquoison — Ms. 1109.
[2] Ma dolours — Ibid.
[3] Vient — Ibid.
[4] Cele est mireors — Ibid.
[5] Mauvais — Ibid.
[6] S'il atendent — Ms. 847.
[7] Fors pour paour — Ms. 1109.
[8] Li a veire — Ibid.
[9] Annuis — Ibid.
[10] Sa franquise — Ibid.
[11] Se mi non — Ms. 847.

Car ele ne set [1] mie
S'ele n'en est amie
Sans plus pur m'en maintenir
Quant j'el remir [2].

Car sans me mue et colours
Quant g'i sui [3];
Et cuers me cange et vigours
Quant andui
Parlons, car le don [4]
M'emblent si vair œil larron;
Car s'ele estoit courechie [5]
Sembleroit il qu'ele rie.
Cristaus samble avoec safir
A l'entrouvrir.

Ne pour chou se je d'aillours [6]
Men chant mui [7],
De li servir à tousjours
Pas ne fui.
Mais point ne doit on
Refuser Dame de non
Riens qu'ele voeille ne die.
Pour cheli que j'ai servie [8]
Doit on chascune [9] servir
Et chier tenir.

---

[1] Ne li set — Ms. 1109.
[2] Remir — Ibid.
[3] Ge sui — Ibid.
[4] Tout — Ibid.
[5] Que sele estoit courrouchière — Ibid.
[6] Jou — Ms. 1109. — Aillour — Ms. 847.
[7] Mentant miex — Ibid.
[8] Pour celi c'on a coisie — Ms. 1109.
[9] Cascune — Ibid.

# CHANSONS. 81

## XXI

**JE NE CHANT PAS REVELEUS DE MERCHI.**

Ms. 847.

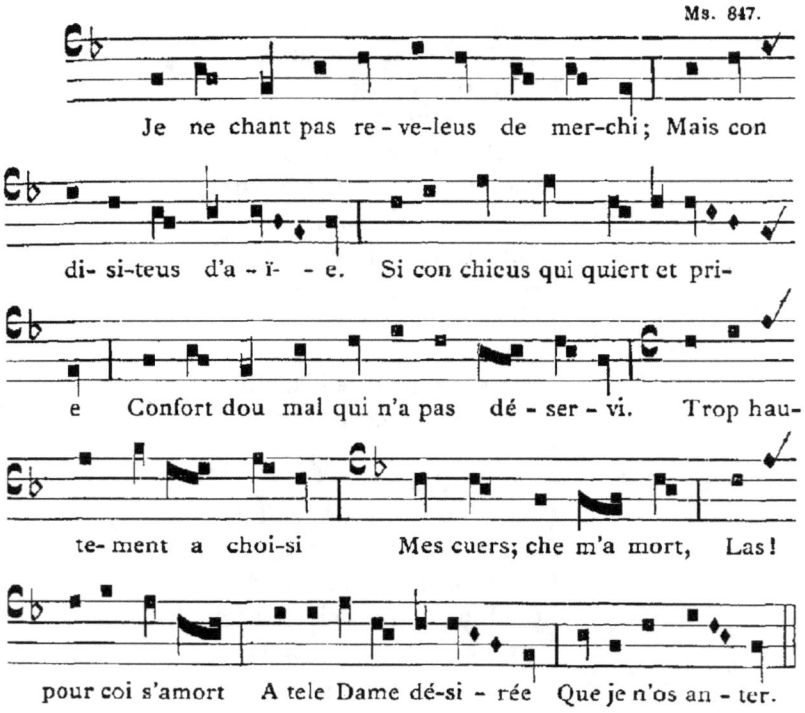

Je ne chant pas re-ve-leus de mer-chi; Mais con di-si-teus d'a-ï-e. Si con chieus qui quiert et pri-e Confort dou mal qui n'a pas dé-ser-vi. Trop hau-te-ment a choi-si Mes cuers; che m'a mort, Las! pour coi s'amort A tele Dame dé-si-rée Que je n'os an-ter.

TRADUCTION EN NOTATION MODERNE.

Je ne chant pas re-ve-leus de mer-chi Mais con dé-si-teus d'a-ï-e Si con chieus qui

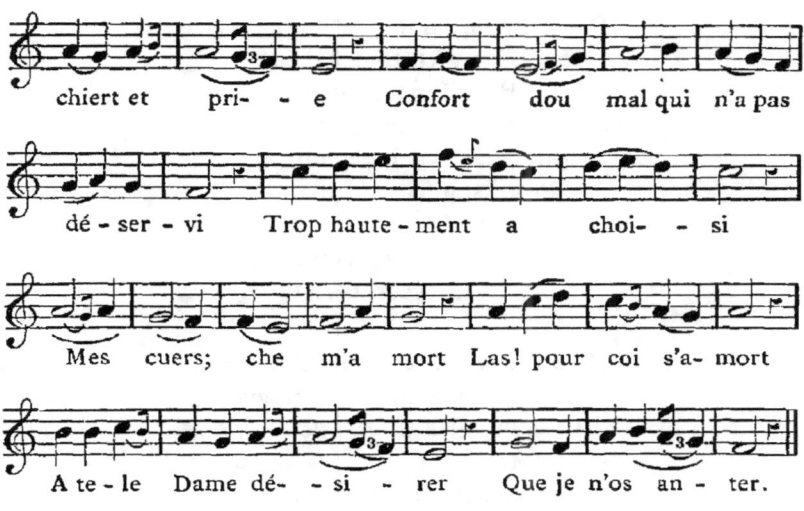

chiert et pri - e Confort dou mal qui n'a pas
dé - ser - vi Trop haute - ment a choi - si
Mes cuers; che m'a mort Las! pour coi s'a- mort
A te - le Dame dé- - si - rer Que je n'os an - ter.

TEXTE SEUL.

Je ne chant [1] pas reveleus de merchi,
Mais con désiteus [2] d'aïe,
Si con chieus [3] qui quiert et prie
Confort dou mal qui [4] n'a pas déservi.
Trop hautement a choisi [5]
Mes cuers; che [6] m'a mort.
Las! pour coi s'amort [7]
A tele Dame désirrer
Que je n'os anter.

---

VARIANTES:

[1] Je ne cant — Ms. 847.
[2] Desirous — Ibid
[3] Cil — Ibid.
[4] Kil — Ibid.
[5] Coisi — Ibid.
[6] Cou — Ibid.
[7] La mort — Ibid.

## CHANSONS.

Des outrages que font li fol hardi
Compèrent chil [1] à le fie
Qui déservi ne l'ont mie;
Dame, pour mon volentieu cuer le di,
Qui a fait esui de mi,
Pour souffrir descort
Et samblant en tort;
Car cors ne puet contrester
Où cuers veut béer [2].

Hélas! que [3] guerredon sont enrichi!
Lonc tans a que j'en mendie;
Et s'en offre le moitie
Plus c'autre ne feroit, jel sai de fi;
Car piécha que j'en [4] offri
Moi tout sans ressort,
Me Dame ara tort
S'ele laist, pour pis [5] trouver,
De [6] guerredon escaper.

Mais riquèche [7] et biautés l'avule si
Dont ele se gloirefie,
Qu'ele me gage et ouvlie [8]
Pour chou qu'ele me voit [9] parel à li
De grâce et d'amour [10] aussi.

---

[1] Cil — Ms. 847.
[2] Baer — Ibid.
[3] Helas ke — Ibid.
[4] Jou — Ibid.
[5] Sele laist c'a pris — Ibid.
[6] Ce guerredon — Ibid.
[7] Rikèce — Ibid.
[8] Humelie — Ibid.
[9] Que ne me voit — Ibid.
[10] D'onnour — Ibid.

Je sui à mau [1] port
Pour avoir déport;
Car riens [2] ne puis demander
Que veille gréer [3].

Hé! Dame, secourez mon cuer joli [4]
Qui en amer mouteplie;
Et voeilliés vo segnirie [5],
Tant que je sois aidiés, metre en oubli;
Car onques fors moi ne vi
Amer nul si fort,
Ne si outre bort;
Si m'en convient conforter
En mon espérer.

Sire d'Amiens, j'ai bien oï dire
Faic jou savoir u folie,
Qui me tieng en la baillie
D'amours, par mi le mal ke jai senti [6].

## XXII

TANT ME PLAIST VIVRE EN AMOUREUS DANGIER.

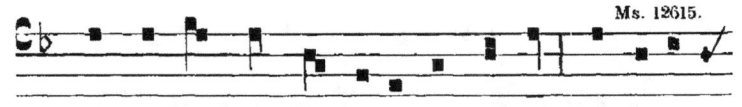

Tant me plaist vivre en amoureus dangier, Qu'à paine

---

1 Mal — Ms. 847.
2 Que rien — Ibid.
3 Graer — Ibid.
4 Secourés qui en amour monteplie — Ibid.
5 Signourie — Ibid.
6 Ms. 847. — Ces quatre derniers vers ne se trouvent pas dans le Ms. de La Vallière.

CHANSONS.

TRADUCTION EN NOTATION MODERNE.

86  CHANSONS.

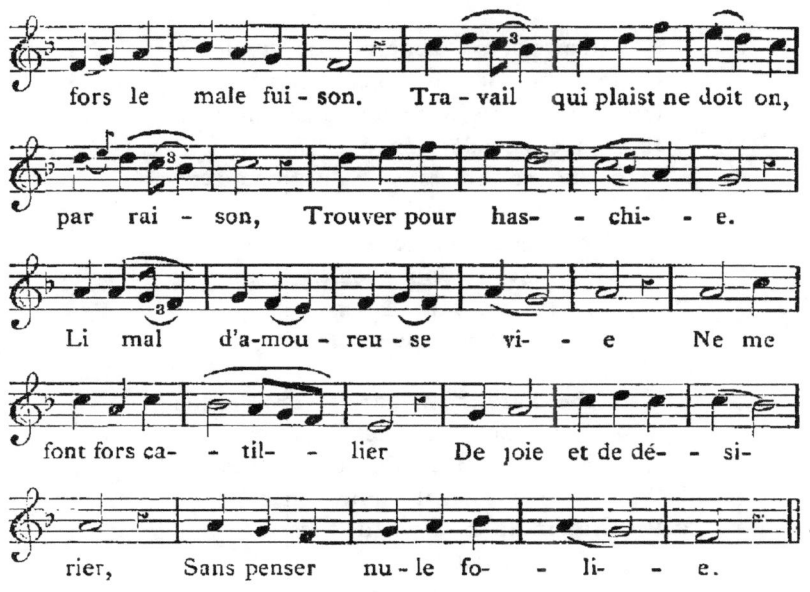

TEXTE SEUL.

Tant me plaist vivre en amoureus dangier
Qu'à paine [1] ai pensée à guerredon.
Si ne chant pas pour mes maux allégier
Car je ne [2] plains fors le male fuison.
Travail qui plaist ne doit on, par raison,
 Trouver [3] pour haschie.
 Li mal d'amoureuse vie
 Ne me font fors catillier [4].
 De joie et de désirrier [5],
 Sans penser nulle folie.

---

VARIANTES :

[1] Paines — Ms. 12615.
[2] Je n'en plains — Ibid.
[3] Conter — Ibid.
[4] Chatiller — Ibid.
[5] De joie en desirier — Ibid.

Je n'ai pooir perchevoir ne cuidier
Chele dont j'ai faite cheste canchon
Que j'osasse nes s'amour soushaidier
Je trouveroie adès son cuer félon.
Mais ele est tant sage et de grand renon
  Que sa segnerie
  Ne li laist perchevoir mie
  S'ele me het ou a chier [1];
  Ains ai un salu légier
  Pour contenanche [2] à le fie.

Et che doit bien souffire au droit jugier
A moi c'on tient en droit li pour garchon.
Il m'est avis chiex [3] qui ose assaiier
De se Dame s'il est [4] amés ou non
Pourquiert de li départir occoison [5];
  Pour chou [6] que s'il prie,
  Et chele [7] ne li otrie,
  L'espoir puet perdre ou cangier [8];
  Et s'on li veut otroier,
  Li désirs en afoiblie [9].

Pour chou se puet on bien trop avanchier [10]
Car les honnours cangent [11] l'entention.

---

[1] U a cier — Ms. 12615.
[2] Par contenance — Ibid.
[3] Avis cieus — Ibid.
[4] Se il est — Ibid.
[5] Occhoison — Ibid.
[6] Ce que — Ibid.
[7] Celle — Ibid.
[8] Changier — Ibid.
[9] Afevlie — Ibid.
[10] Avancier — Ibid.
[11] Changent — Ibid.

Premiers convoite amans le repairier;
Et quant il a de se Dame che don [1],
Puis requiert chose où il a soupechon,
   Tant qu'ele est traïe
   S'ele ne s'est bien gaitie.
   On ne set mais cui gaitier,
   Car con [2] plus treuve cuer fier
   Amans, et plus s'umelie.

Pour chou, pour li miex servir el ne quier
C'avoir sans plus l'espoir de garison;
Car se tele prouvende ai sans empirier,
Porrai longuement vivre en se prison [3];
Et se croistre daignoit me livrison [4],
   Maus [5] qu'ele me rie,
   S'en [6] aroie meilleur vie,
   Et feroit à merchier [7],
   Car grans paours m'en castie [8].

## XXIII

DAME VOS HOM VOUS ESTRINE.

1 Cel don — Ms. 12615.
2 Car com — Ibid.
3 Sa prison — Ibid.
4 Ma livroison — Ibid.
5 Viaus — Ibid.
6 J'en aroie — Ibid.
7 Et feroit a mercier
  Mais je ne li os noncier — Ibid.
8 Trop grans paours m'en chastie — Ibid.

CHANSONS. 89

canchon. Or ver-rai à vos-tre don Si cour-toi-si-e i est fi-ne. Je vous aim sans tra-ï-son A tort m'en portés cue-rine, Car con plus avés fui-son. De biauté sans tra-ï-son, Plus fors cuers s'i en - ra-chi-ne.

TRADUCTION EN NOTATION MODERNE.

Da-me, vos hom vous es-tri-ne D'une nou-vè-le can-chon. Or ver-rai à vos-tre don Si cour-toisi-e i est fi-ne. Je vous aim sans tra-ï-son. A tort m'en por-tés cue-ri-ne. Car con

plus a - vés fui - son De biau - té sans tra - ï-
son. Plus fors cuers s'i en - ra - ci - ne.

TEXTE SEUL.

Dame vos hom vous estrine [1]
D'une nouvèle canchon :
Or verrai à vostre don
Se courtoisie i est fine.
Je vous aim sans traïson
A tort m'en portés cuerine [2]
Car con plus avés fuison
De biautés sans traïson [3]
Plus fors cuers s'i enrachine.

Tel fait doit [4] une Roïne
Pardonner à un garchon,
Qu'en cuer n'a point de raison
Où amours met se saisine [5].
Jà si tost m'ameroit on
Une caitive meschine,
Maigre [6] et de male boichon,
C'une de clère fachon
Blanche [7], riant et rosine.

---

[1] Estreinne — Ms. 12615.
[2] Querine — Ms. 847.
[3] Mesprison — Ibid.
[4] Tel dou donne — Ibid.
[5] Sa saisine — Ibid.
[6] Male — Ibid.
[7] Blance — Ibid.

En vous ai mis de ravine
Cuer et cors [1] et renon.
Coi que soit de guerredon,
Je [2] n'ai mais qui pour moi fine;
Tout ai mis en abandon,
Et s'estes aillours encline,
Car je truis semblant félon,
Et œvre de Guennelon:
Autres got dont j'ai famine.

Hélas! j'ai à bonne estrine
Le cunquiet dou baston [3].
Quant je vous di abandon
De mon cuer, tout le couvine,
Pour venir à garison
Vo bouche à dire ne fine
Que jà n'aim, se mal non,
Et que tout pert mon sermon,
Bien sanlés estre devine.

Vous faites capel d'espine,
S'ostés le vermeil bouton,
Qui miex vaut esgardés mon,
Comme chiex [4] qui l'or afine
Laist l'or et retient le plonc.
Je nel di pas pour haïne
Ne pour nule soupechon,
Mais gaitiés vous dou sourgon
Que vous ni quaés souvine.

---

[1] Cuer et cors, vie et renon — Ms. 12615.
[2] Jou — Ms. 847.
[3] Le cunhier du baston — Ibid.
[4] Cel — Ibid.

Jalousie est me voisine
Par coi en nostre occoison
Me fait dire desraison
Si m'en donnés decepline.

## XXIV

MOUT PLUS SE PAINE AMOURS DE MOI ESPRENDRE.

Mss. 847—1109—12615.

Mout plus se paine amours de moi esprendre Qu'ele ne fait de mes maus al-lé-gier. Mais je ne doi mie à chou gar-de prendre, Ains doi chanter aussi c'on m'eust chier. N'est pas a-mis qui vit à soushaidier, Mais qui sert en avan-tu-re, Car amours de se na-tu-re A-trait dé-sir-rier, Espoir, pen-ser et veillier.

## CHANSONS. 93

TRADUCTION EN NOTATION MODERNE.

Mout plus se paine amours de moi es-pren-dre
Qu'ele ne fait de mes maus al-lé-gier. Mais je
ne doi mie à chou gar-de pren-dre, Ains doit chan-
ter aus-si qu'on m'eust chier. N'est pas a-mis qui vit à
soushai-dier, Mais qui sert en a-ven-tu-re,
Car amours de sa na-tu-re A-trait de-
sir-rier Espoir, pen-ser et veil-lier.

TEXTE SEUL.

Mout plus se paine amours de moi esprendre
Qu'ele ne fait [1] de mes maus allégier

---

VARIANTES :
[1] Qu'ele ne face — Mss. 12615 et 847.

94    CHANSONS.

    Mais je ne doi mie à chou [1] garde prendre,
    Ains doi chanter [2] aussi c'on m'eust chier.
    N'est pas amis qui vit à soushaidier [3],
        Mais qui sert en aventure;
        Car amours, de se nature [4],
           Atrait desirrier,
    Espoir, penser et veillier.

    Et qui tout chou [5] n'ose de cuer emprendre,
    Dignes ne puet estre d'avoir loier.
    Ains veut se Dame [6] engingnier et sousprendre,
    Dont chascune se doit [7] trop bien gaitier,
    Car le loial ne puet nule encachier [8].
        Jà tant ne li sera dure.
        Mais chiex [9] qui souffrir n'endure,
           S'il faut au priier [10],
    Aillours se voist pourcachier [11].

    Je nel di pas, Dame, pour vous aprendre,
    Car nus en vous ne saroit qu'ensengnier;
    Saige et vaillans estres [12] pour vous deffendre,
    Et bien savés connoistre un losengier.
    De vous ne se [13] convient mie esmaier;

---

[1] Ce — Ms. 1109.
[2] Canter — Ms. 847.
[3] Souhaidier — Ms. 1109.
[4] Sa nature — Ibid.
[5] Cou — Ibid.
[6] Sa Dame — Ibid.
[7] Dont cascuns se puet — Ibid.
[8] Nus encacier — Mss. 847 et 1109.
[9] Cuis — Ms. 847.
[10] A premiers — Ibid.
[11] Va pourkaicier — Mss. 1109 et 847.
[12] Estes — Ms. 847.
[13] Ne me convient — Ms. 1109.

Mais jalousie et ardure
Et che [1] que vous n'avés cure
De moi [2] avanchier
Me font merveilles cuidier.

Hélas! je ne puis mais à riens [3] entendre;
Car je vous ai amée et sans trechier [4]
Lonc tans c'onques ne m'i [5] daignastes rendre
Nes un seul ris, pour voir los tesmoignier.
Car c'on plus ai de vo secours mestier
Et plus vous en truis oscure.
Cuidiés vous, pour estre [6] sure,
Ne pour esmaier [7],
Mon cuer de vous eslongier?

On voit pour miex [8] le grant disner atendre
Souvent li rehaignet anchois mengier
S'aussi voliés, Dame, à chou descendre [9],
Et tiex heres donner pour moi aidier [10],
C'un bel samblant eusse ore au premier
De vostres [11] douche figure,
A jamais [12] a desconfiture
Si que de cangier
Ne seroie pour cuer fier.

---

[1] Et chou — Ms. 1109.
[2] De mi — Ibid.
[3] Au bien — Ibid.
[4] Trecier — Ibid.
   Ne m'en — Ibid.
[6] Paraistre — Ibid.
[7] Manechier — Ibid.
[8] Mix — Ibid.
[9] A chou entendre — Ibid.
[10] E tes eres donner de moi aidier — Ibid.
[11] Vostres — Ibid.
[12] Jamais — Ibid.

96 CHANSONS.

## XXV

POUR CHOU SI JE N'AI ESTÉ..

Ms. 847.

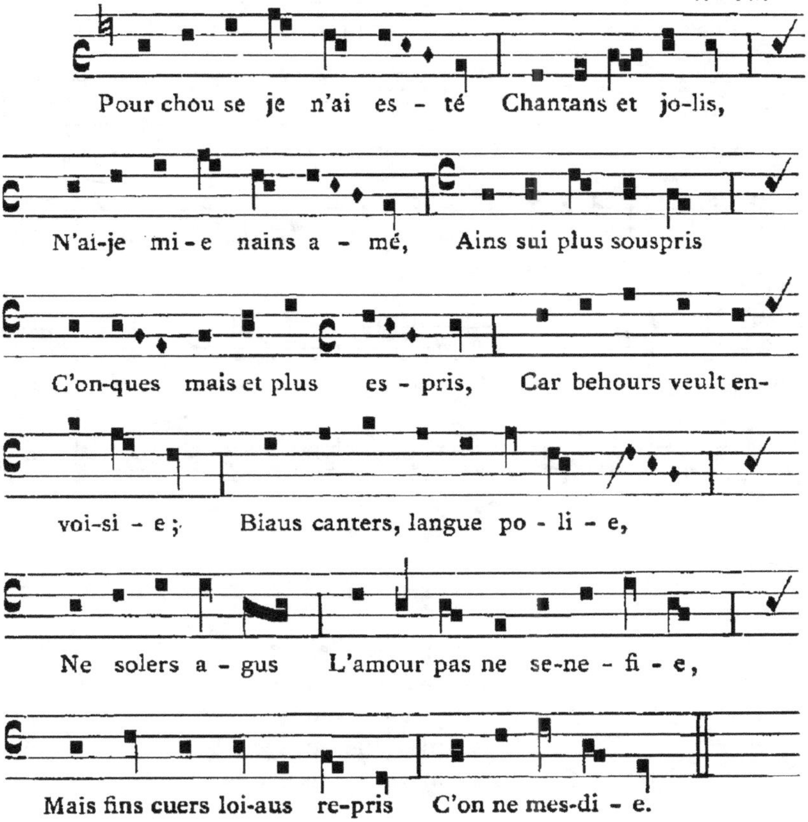

Pour chou se je n'ai es-té Chantans et jo-lis,

N'ai-je mi-e nains a-mé, Ains sui plus souspris

C'on-ques mais et plus es-pris, Car behours veult en-

voi-si-e; Biaus canters, langue po-li-e,

Ne solers a-gus L'amour pas ne se-ne-fi-e,

Mais fins cuers loi-aus re-pris C'on ne mes-di-e.

TRADUCTION EN NOTATION MODERNE.

Pour chou se je n'ai es-té Chantans

## Texte seul.

Pour chou si je n'ai [1] esté
Chantans [2] et jolis
N'ai-je mie mains amé;
Ains suis plus souspris [3]
C'onques [4] mais et plus espris [5],

---

Variantes :

[1] Pour ce jou — Ms. 847.
[2] Cantans — Ibid.
[3] Espris — Ibid.
[4] K'onques — Ibid.
[5] Souspris — Ibid.

Car behours veult [1] envoisie
Biaus canters, langue polie,
Ne solers agus,
L'amour pas ne senefie,
Mais fins cuers loiaus repus
C'on ne mesdie [2].

De tel cuer ait on pité,
Nient des soursalis.
On voit tant home effronté
En fais et en dis;
En regars et en faus ris
Est tante femme honnie,
Par coi chele qui n'a mie
Leurs assaus eus
Doit estre bien castoiie
On doit dire : Levés sus !
A tel maisnie.

Li mesdisant ont parlé
Seur [3] aucuns amis,
Que, s'il se fussent tenus
En simples abis,
Jà n'en fust issus mesdis ;
Mais, pur leur cointe veulie,
Font sage autrui de leur vie,
Tant c'on leur [4] met sus ;
Mais cors qui désirre amie
Doit estre con cos emplus,
Et li cuers rie.

---

1 Volt — Ms. 847.
2 N'en mesdie — Ibid.
3 Sor — Ibid.
4 Lor — Ibid.

# XXVI

### OR VOI-JE BIEN QU'IL SOUVIENT.

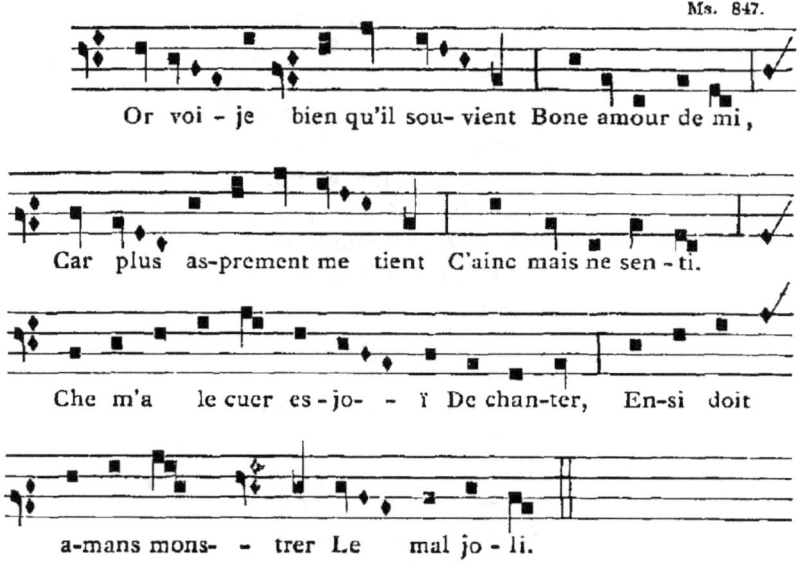

## CHANSONS.

Che m'a le cuer es-jo- ï de chan-ter. En-si doit a-mans mons- trer Le mal jo- li.

TEXTE SEUL.

Or voi-je bien [1] qu'il souvient
Bonne amour de mi,
Car plus asprement me tient
C'ainc mais ne senti.
Che [2] m'a le cuer esjoï
De chanter.
Ensi doit amans monstrer
Le mal joli.

Li souvenirs me retient
Que j'ai de cheli [3]
Dont chis [4] jolis maux me vient
Que maint ont pour li.
S'il voient chou que je vi
A l'anter,
C'on met pour li esgarder
Tout en ouvli.

Car d'un estre se maintient
Qui m'a abaubi ;

---

VARIANTES :

[1] Or voi jou — Ms. 847.
[2] C'on — Ibid.
[3] Celi — Ibid.
[4] Cis — Ibid.

Par coi je croi qu'il avient
  As autres ensi,
Car jà ne seront hardi
  De parler.
A mon cuer doi comparer
  L'autrui aussi.

Dame, se c'estoit pour nient
  Chou que jà servi [1]
Si sui-je [2] liés qu'il convient
  Que vos secours pri.
D'autre part me fait merchi [3]
  Esperer
Pité [4] qui bien set ouvrer
  Pour fin ami.

Fins cuers qui vostres devient
  N'a point meschoisi.
Mais nus ne s'i apartient ;
  Ne pourquant je di
C'umelités, sans nul fi,
  Fait sanler,
Quant amours sen veut merler,
  Chascun onni.

Chou que j'ai trop haut choisi
  Pardonner
Me veilliés, c'aine pour amer
  Tant ne souffri.

---

[1] Chu que j'ai servi — Ms. 847.
[2] Et si sui-je — Ibid.
[3] Merci — Ibid.
[4] Pitiés — Ibid.

## XXVII

### PUISQUE JE SUI DE L'AMOUROUSE LOI.

Mss. 847—12615.

Puisque je sui de l'amourou-se loi, Bien doi a-

mours en chantant es-sau-chier. En cor i a

meilleur rai-son pour coi Je doi chanter d'a-mou-rous

dé - sir - rier; Car, sans ma-ne - chier, Sui au

cuer trais et fé - rus D'un vair iex sés et a- - gus,

Rians pour miex as-sé-ner : A chou ne peut contres- ter

Haubers ni es-cus.

## CHANSONS.

TRADUCTION EN NOTATION MODERNE.

TEXTE SEUL.

Puisque je sui de l'amourouse loi,
Bien doi amours en chantant [1] essauchier.
Encor i a meilleur raison pour coi
Je doi chanter [2] d'amourous désirrier ;
  Car, sans manechier,
  Sui au cuer [3] trais et férus
  D'un vair iex [4] sés et agus,
  Rians pour miex asséner :
  A chou ne puet contrester
  Haubers ni escus [5].

Je ne sui pas pour tel caup en effroi,
Ne je n'en quier jamais assouagier ;
Car, se li maus amenuisoit en moi,
Il convenroit l'amour amenuisier,
  Et au droit jugier,
  Amours est si con li fus,
  Car de près le sent on plus
  C'on ne fait de l'eskiever [6] ;
  Et qui ne se veut brûler,
  Si se traie en sus.

Si je voeil [7] ieu donc à droit amer
Chou qui [8] me fait embraser aprochier ;

---

VARIANTES :

[1] En cantant — Ms. 847.
[2] Jou doi canter — Ibid.
[3] Sui el cors — Ibid.
[4] D'uns vair ieux — Ibid.
[5] Haubers ne escus — Ibid.
[6] C'on ne face à l'eskiever — Ibid.
[7] Si jou wel — Ibid.
[8] Je doi chou qui — Ibid.

Mais que je guarde envers me Dame foy,
Si que je fai, si me voeille [1] ele aidier.
   Jel criem courouchier [2];
   Mais ainc ne fu si repus
   Mes cuers vers li, ne si mus [3],
   Tant m'oïsse refuser,
   Que par son douc regarder
      Ne me samblast jus [4].

Ch'est li raisons par coi [5] je ne recroi
De li amer [6] ne de merchi proiier.
Quant sa bouche meniache [7] et je le voi
En départant m'en convient [8] repairrier.
   Et lues que g'i [9] suis venus
   Ele me dist : Levés sus !
   Ains que je [10] puisse parler
   N'il ne me loist escuser,
      Tant sui esperdus.

Hé ! flours del siècle où mes travaus emploie,
Amoureuse, pour cuers esléeschier
Bonne Dame, sage et de maintien coi
Essamples bons et biaus pour castoiier ! [11]
   Assés de cachier

---

[1] Si com je fai si me welle — Ms. 847.
[2] Jel criem correchier — Ibid.
[3] Vers moi ses cuers ne si mus — Ibid.
[4] Ne me samblait miex — Ibid.
[5] Por coi — Ibid.
[6] Li anter — Ibid.
[7] Sa bonté meniace — Ibid.
[8] Au départir me convient — Ibid.
[9] Que je sui — Ibid.
[10] Que jou — Ibid.
[11] Et biste pour castiier — Ibid.

106    CHANSONS.

Me poés, je suis vencus
Et du tout à vous rendus
Pour tel raenchon donner [1]
Que vous vaurres demander [2]
    Plus avant que nus.

Or soit u non retenus
Mes cans, il l'estuet raler
Là dont il mut au trouver
    Teus en est mes us [3].

## XXVIII

### GLORIEUSE VIERGE MARIE.

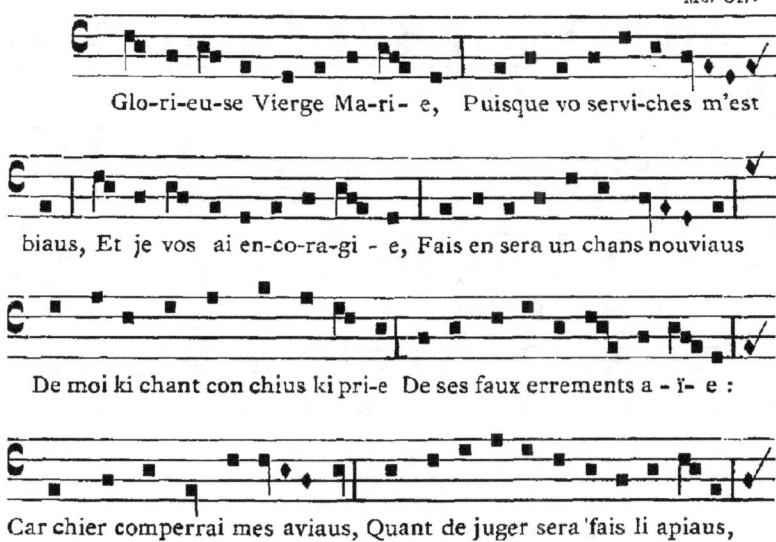

Glo-ri-eu-se Vierge Ma-ri- e, Puisque vo servi-ches m'est

biaus, Et je vos ai en-co-ra-gi - e, Fais en sera un chans nouviaus

De moi ki chant con chius ki pri-e De ses faux errements a - ï- e :

Car chier comperrai mes aviaus, Quant de juger sera 'fais li apiaus,

---

[1] Douner — Ms. 847.
[2] Que vous sarés deviser — Ibid.
[3] Ces quatre derniers vers sont dans le Ms. 847 seulement.

# CHANSONS. 107

Se d'argumens n'estes pour moi gar-ni - e.

TRADUCTION EN NOTATION MODERNE.

Glo - ri - eu - se Vierge Ma - ri - e, Puisque vo servi-ches m'est biaus, Et je vous ai en-cou-ra- gi - e, Fais en se - ra un chans nou- viaus De moi ki chant c'on chieus ki pri - e De ses faus er - re - mens a - i - e, Car chier comper-rai mes a - viaus, Quant de ju - ger se - ra fait li a- piaus, Se d'ar-gu-ments n'es - tes pour moi gar - ni - e.

TEXTE SEUL.

Glorieuse Vierge Marie [1],
Puisque vos serviches m'est biaus [2],

---

VARIANTES :
[1] Virge pucele — Ms. 1109.
[2] Biax — Ibid.

Et je vous ai encoragie,
Fais en sera uns chans nouviaus [1]
De moi qui chant con chieus [2] qui prie
De ses faus erremens aïe,
Car chier [3] comperrai mes aviaus,
Quant pour juger [4] sera fais li apiaus,
Se d'argumens n'estes pour moi garnie.

Jà n'ara nus talent quil rie,
Ne s'asseurt li jouvenchiaus
Qu'inoranche [5] n'escuse mie
Les péchiés c'on fait ès reviaus [6].
Chascuns [7] y mousterra sa vie.
Hé gentiex Dame assignirie! [8]
Soiiés couvreture et mantiaus
De moi, qui tant sui à meffaire isniaus [9],
Et ai par vanité [10] m'ame engagie.

Douche Dame, en gloire essauchie [11],
De doucheur [12] fontaine et ruissiaus,
Roïne de roial [13] lignie,
Bien vous doit souvenir de chiaus

---

[1] Cans nouviax — Ms. 1109.
[2] Cant con ciex — Ms. 847.
[3] Cier — Ms. 1109.
[4] De jugier — Ibid.
[5] K'inorance — Ms. 1109.
[6] Les pekiés c'on fait es reviaus — Ibid.
[7] Cascuns — Ibid.
[8] He gentex Dame assignourie — Ibid.
[9] Qui sui tant à meffaire isniaus — Ibid.
[10] Que ja pour vanité — Ibid.
[11] Ensauchie — Ibid.
[12] De doucour — Ms. 847.
[13] De roiaus — Ms. 1109.

## CHANSONS.

    Dont vous devés estre servie
    Que l'anemis, par trécherie [1],
    Ne soit et sire et damoisiaus [2],
Qu'il a pluiseurs envenimés quarriaus.
Dont nostre [3] gent pourtraire à mort espie.

    L'orgueil a jà traitié [4] clergie
    Et Jacobins de bons morsiaus [5],
    Car en aus règne gloutrenie [6] ;
    Mais ceus espargne de Chitiaus [7]
    Moines, abbés a trait [8] d'envie
    Et chevaliers de reuberie ;
    Prendre nous cuide par monchiaus [9]
Encore a fait pis li mauvais [10]
Car de luxure à toute gent plaïe.

    Proiiés vo douch fil qui ralie [11]
    Comme bons paistres ses aigniaus [12] ;
    Pour vous en fera grant partie,
    Car de lui fustes nés vaissiaus.
    De cheus qui vous ont courouchie [13]

---

[1] Trecerie — Ms. 1109.
[2] Ne soit d'iaus sire et damoisiaus — Ibid.
[3] Dont vostre — Ibid.
[4] Traité — Ibid.
[5] De morsiaus — Ibid.
[6] Frères menus de gloutrenie — Ibid.
[7] Mais ciaus espargne de Cistiaus — Ibid.
[8] A trais — Ibid.
[9] Monciaus — Ms. 847.
[10] Et le mauvais — Ms. 1109.
[11] Qu'il ralie — Ibid.
[12] Aignaus — Ibid.
[13] De ciaus qui vous ont correchie — Ibid.

110  CHANSONS.

Qui dolant sont de leur folie,
Doit estre vostres li fardiaus;
Soiiés leur donc fremetés et castiaus [1],
Quant anemis [2] fait seur euls s'envaïe.

XXIX

SE LI MAUS C'AMOURS ENVOIE.

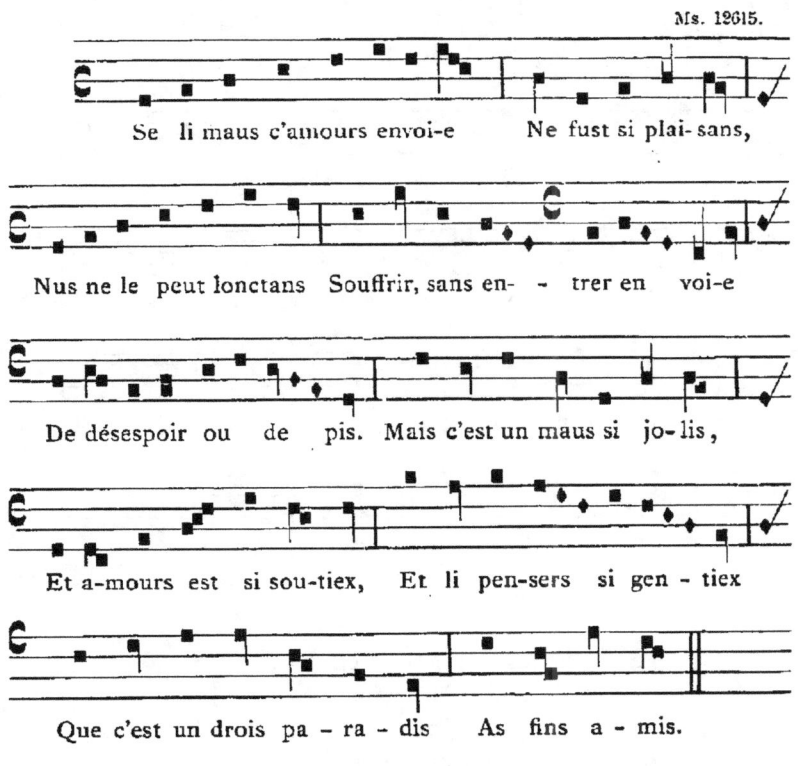

Se li maus c'amours envoi-e Ne fust si plai-sans,
Nus ne le peut lonctans Souffrir, sans en- -trer en voi-e
De désespoir ou de pis. Mais c'est un maus si jo-lis,
Et a-mours est si sou-tiex, Et li pen-sers si gen-tiex
Que c'est un drois pa-ra-dis As fins a-mis.

[1] Or leur soiez fremetés et cantans — Ms. 1109.
[2] Car l'anemi — Ibid.

## CHANSONS.

TRADUCTION EN NOTATION MODERNE.

Se li maus c'amours en-voi-e Ne fust si plai-sans, Nus ne le peut lonc-tans Souffrir, sans en-trer en voi-e De dé-ses-poir ou de pis. Mais c'est un maus si jo-lis, Et a-mours est si sou-tiex, Et li pen-sers si gen-tiex Que c'est un droi pa-ra-dis As fins a-mis.

TEXTE SEUL.

Se li maus c'amours[1] envoie
Ne fust si plaisans,
Nus ne le peust lonctans
Souffrir, sans entrer en voie

---

VARIANTES :

[1] K'amours — Ms. 847.

De désespoir ou de pis.
Mais c'est uns maus si jolis,
Et amours est si soutiex [1],
Et li pensers si gentiex [2]
Que c'est un drois paradis
　　As fins amis.

Et espéranche de joie
Qui est apparans
Et [3] débonnaires sanlaris,
Fait cuidier chascun qu'il doie [4]
Estre en pité [5] recueillis,
Si que chascuns [6] est souffis,
Et de servir volentiers
Seur l'espéranche [7] de miex
Ne nus n'est à droit espris
　　Sans tel avis.

Ne pour riens je ne querroie,
Ne ne croi c'amans
Puisse [8] estre en amour cangans,
Ne que souffranche l'effroie;
Mais qu'il ait le cuer toudis
Et l'entente au riant vis,
As dous [9] amoureux iex,
Et as maintiens seigneriex,
Au bien, au los et au pris
　　Dont il est pris.

---

[1] Est amors est si soutius — Ms. 847.
[2] Gentius — Ibid.
[3] Es — Ibid.
[4] Cascun qu'il doive — Ibid.
[5] Pitiés — Ibid.
[6] Cascuns — Ibid.
[7] Sor l'espéranche — Ibid.
[8] Puist — Ibid.
[9] Et as dous — Ibid.

## CHANSONS.

Car che [1] rapaie et ravoie
 Tous les plus souffrans;
Chou les fait estre cantans
Entrœus c'umelités proie.
 Pour eus ne jamais pourfis
 N'en venroit as soursalis
 Qui n'aiment fors à lour kiex [2],
 Mais as loiaus ententiex [3]
 A che [4] qu'il ont entrepris:
  Là n'a merchis.

 Dame, se pour voir cuidoie
  Vivre chent mile ans,
 Tout [5] ne fussiés vous vivans,
 Penser aillours ne porroie,
 Tant me senc de vous souspris
 Qu'en moi [6] n'apert fors délis
 Où mes pensers, frans et piex [7],
 Est herbegies. C'est mes diex [8],
 Et de lui morrai saisis;
  J'en sui tout fis [9].

 Hé! très dous mais et auriex [10],
 Devéées m'est li dous liex [11];
 Faites que mes cans oïs
  Y soit et dis.

---

[1] Chu — Ms. 847.
[2] C'a lor kiex — Ibid.
[3] Entretins — Ibid.
[4] Cou — Ibid.
[5] Dont — Ibid.
[6] K'en cor — Ibid.
[7] Souffrans et puis — Ibid.
[8] Dius — Ibid.
[9] De chu suis fis — Ibid.
[10] Aurius — Ibid.
[11] Lius — Ibid.

# XXX

DOUS EST LI MAUS QUI MET LE GENT EN VOIE.

Dous est li maus qui met le gent en voi-e De tout bien dire et faire et a-le-ver. Bien doit on croire en che-lui qui l'envoi-e, Et lui de cuer servir et ho-nerrer. Ch'est bou-ne amours qui me fait trou-ver, Che que fai-re ne sa-voi-e Quant li douch mal ne sentoit, Qui me fait o-re pen-ser A la sa-veu-reu-se joi-e C'on ne peut trop a-cha-ter, Ne de-sir-rer.

CHANSONS.    115

TRADUCTION EN NOTATION MODERNE.

TEXTE SEUL.

Dous est li maus qui met le gent [1] en voie
De tous biens dire et faire et alever.
Bien doit on croire en chelui [2] qui l'envoie,
Et lui [3] de cuer servir et honnerer.
Ch'est [4] bonne amours qui me fait tant trouver,
    Che que faire ne savoie [5]
    Quant le douch [6] mal ne sentoie,
    Qui me fait ore penser
    A la savereuse joie
    C'on ne puet trop achater,
      Ne désirrer.

Je [7] plaing souvent le tans que je perdoie
Anchois que je commenchasse [8] à amer;
Mais douchement [9] me conforte et ravoie,
Et plus me fait de bien faire penser [10]
Li désirriers que j'ai de recouvrer
    Le tans que perdu avoie.
    S'ai grant désir que je soie
    Teus en cuer à l'esprouver,
    Que vers bonne [11] amours me doie

---

VARIANTES:

[1] La gent — Ms. 847.
[2] Celi — Ms. 1109.
[3] Et li — Ms. 847.
[4] C'est — Ibid.
[5] Soloie — Ms. 1109.
[6] Douc — Ms. 847.
[7] Jou — Ibid.
[8] Commencasse — Ibid.
[9] Doucement — Ms. 1109.
[10] Pener — Ibid.
[11] K'envers boine — Ibid.

## CHANSONS.

Con fins amis acquitier [1]
Par bien ouvrer.

Car mi vieut li [2] tout avant trairoie
Se cuer avoie envers li de fausser;
Et d'autre part faire ne le porroie
Car me Dame [3] est tant douche [4] à resgarder,
Que mauvaistés ne porroit demourer
    En cuer d'omme qui le voie.
    Comment dont le [5] fausseroie
    Qui miex doi s'onnour [6] garder,
    En tant c'amours m'i aploie,
    Qui fait tout visse [7] eskiever
    Et redouter?

Frans cuers gentiex où [8] tous biens monteploie,
Cors singneriex [9] pour cuer faire eslever,
En vous servir nus son tans [10] mal n'emploie.
S'on ne pooit [11] autre bien conquester
Que vous veoir et merchi [12] espérer,
    Plus demander n'oseroie,
    Ne jamais ne vous diroie
    Mon cuer fors que par chanter [13],

---

[1] Aquiever — Ms. 1109.
[2] Le tout — Ibid.
[3] Ma Dame — Ibid.
[4] Douce — Ibid.
[5] Li fausseroie — Ibid.
[6] Sonnour — Ms. 847.
[7] Jusse — Ms. 1109. — Visse — Ms. 847.
[8] Gentix u — Ms. 1109.
[9] Signourix — Ibid.
[10] Sen tans — Ibid.
[11] S'on n'i — Ibid.
[12] En merci — Ibid.
[13] Canter — Ibid.

Anchois [1] morir me lairoie,
Et de merchi [2] affamer,
Par consirrer [3].

Et pour chou [4] pis avoir ne deveroie [5]
Se je ni os ne venir ni aler [6],
Car miex par droit que se hardis estoie
S'en deveroit humle pités [7] merler.
Povres honteus fait miex [8] à visiter
C'uns truans qui quiert se proie [9].
Comment hardement aroie
De mon cuer à vous monstrer,
Quant cuers et lange [10] me loie [11]
Se je le doi apparler,
Ou saluer ?

Canchons, pour t'i assener,
Di Robert Nazart et proie
Que il te veulle escouter
Et recorder [12].

---

[1] Ancois — Ms. 1109.
[2] Merci — Ibid.
[3] Consirer — Ibid.
[4] Ne pour cou — Ms. 847.
[5] N'en deveroie — Ms. 1109.
[6] Ne aller — Ibid.
[7] Humles pitiés — Ibid.
[8] Povres hontex fait mix — Ibid.
[9] Sa proie — Ibid.
[10] Alanghe — Ibid.
[11] M'aloie — Ms. 847.
[12] Ces quatre derniers vers dans le Ms. 1109 seulement.

## XXXI

###### AMOURS NE ME VEUT OÏR.

Amours ne me veut o-ïr Pour proiière ne pour quant fai-re, Ne pour loial-ment ser-vir, Ne pour douchement a-trai-re; Ams m'est si contrai-re, Et ma Dame ausi, Qu'il ne leur est nient de mi, Ne dou mal qui me font trai - re.

###### TRADUCTION EN NOTATION MODERNE.

Amours ne me veut o-ïr Pour proi-iè-re ne pour quant fai - re, Ne pour loi-al-ment ser-vir, Ne pour dou - che- - ment a - trai - re;

120                           CHANSONS.

Ains m'est si con-trai-re, Et ma Dame au-
si, Qu'il ne leur est nient de mi,
Ne dou mal que me font trai-re.

Texte seul.

 Amours ne me veut oïr
Pour proiière [1] ne pour quant [2] faire,
Ne pour loialment servir,
Ne pour douchement atraire;
 Ains m'est si contraire,
 Et ma Dame ausi,
Qu'il ne leur est nient [3] de mi,
Ne dou mal [4] que me font traire.

 Aler ni os ne venir,
Car on i het mon repaire,
Et quant je le cuit veir,
Ele m'oste [5] son viaire.
 Riens ne [6] puis estraire,

---

Variantes :

[1] Proiier — Ms. 847.
[2] Chant — Ms. 1109.
[3] Riens — Ibid.
[4] Ne du mal — Ms. 847.
[5] Monstre — Ibid.
[6] Riens n'en — Ms. 1109.

CHANSONS.

Ni salus ami
Con [1] d'espérer joie a chi
A moi quel [2] essamplaire.

Ne je n'os me [3] géhir
C'on ne puist en che meffaire [4];
Car se par moi le désir
Chi n'affiert point de salaire.
Si m'en [5] vient miex taire
Et souffrir ensi,
Tant que pités viegne en li
Qui toute cruauté [6] maire.

Et s'aim je miex [7] alanguir
Pour vous, Dame débonnaire,
Que vo serviche [8] aguerpir,
Car je ne me saroie où traire [9];
Et ore m'esclaire
Et tieng plus joli
C'onques mes cuers me guerpi [10]
Pour Dame de tel affaire.

Si convient men cors sievir [11]
Men cuer là où [12] il s'aaire

---

[1] Ni salut ami Comme — Mss. 1109 et 847.
[2] Cruel — Ms. 1109.
[3] Mie — Ibid.
[4] Comme puist en ce m'effraie — Ibid.
[5] Si me — Ibid.
[6] Cruaulté — Ibid.
[7] Jou mix — Mss. 1109 et 847.
[8] Que vostre amour — Ms. 1109.
[9] U traire — Ibid.
[10] Ce que mes cuers m'a guerpi — Ibid.
[11] Le cuer servir — Mss. 1109 et 847.
[12] Là u — Ms. 1109.

122                    CHANSONS.

Coi qu'il soit dou [1] retenir;
Et puis dont que [2] sans retraire,
Pour l'amour parfaire,
Li cuer l'ensievi [3],
Dous cuers aiés [4] ent merchi,
Ne deffaites pas le paire.

Pour ce chou que mix paire,
Cis cans k'ai furni,
A Robert Nazart l'otri,
Car cankes i dit doit plaire [5].

XXXII

DE CUER PENSIEU ET DÉSIRRANT.

Mss. 847—12615—Ms. A.

De cuer pen-sieu et dé-sirrant Vient qui bouche muet
a par-ler, Car e-le sert de chou moustrer
Que cuers voit premiers de-vi-sant. De tel semblant

[1] Quoy que soit du — Ms. 1109.
[2] Doncques — Ibid.
[3] Li cors la sieuvi — Ibid. — Suis — Ms. 847.
[4] Aiiés — Ms. 1109.
[5] Ces quatre derniers vers ne sont pas dans le Ms. de La Vallière.

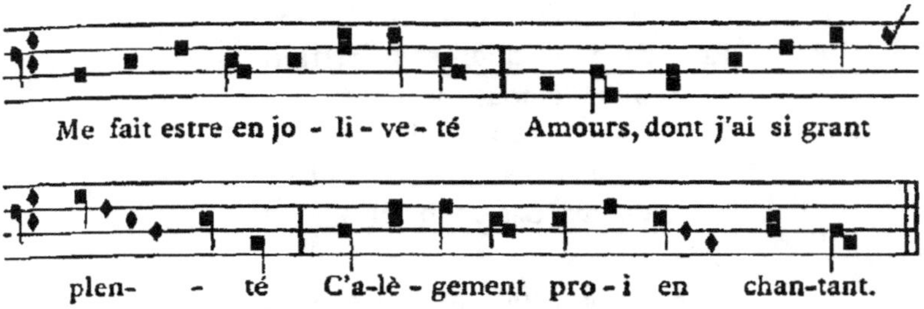

# CHANSONS. 123

Me fait estre en jo - li - ve - té  Amours, dont j'ai si grant plen- - té C'a-lè-gement pro - i en chan-tant.

### TRADUCTION EN NOTATION MODERNE.

De cuer pen - sieu et de - sir - rant
Vient qui bouche mu - et à par - ler,
Car e - le sert de chou moustrer Que cuers voit pre-miers de - vi - sant. De tel sem-blant Me fait estre en jo - li - ve - té
Amours, dont j'ai si grant plen - - té
C'a - le - ge-ment proi en chan - tant.

TEXTE SEUL.

De cuer pensieu [1] et désirrant
Vient qui bouche [2] muet à parler,
Car ele sert de chou [3] moustrer
Que cuers vait premiers devisant.
  De [4] tel semblant
Me fait estre en joliveté [5]
Amours, dont j'ai si grant plenté
C'alègement proi en chantant.

Je ne puis dire qu'en avant
Ne viegne de me Dame amer [6],
Se che n'estoit [7] fors dou penser [8];
Mais che me va mout [9] esmaiant
  C'aperchevant [10]
Me vois si de se crualté [11]:
Despoir vient que j'ai tant duré
Qui réconforte maint amant.

  Quant plus me voit me [12] Dame en grant
De li servir et hounerer,

---

VARIANTES :

[1] Pensiu — Ms. 1109. — En désiraut — Ms. A.
[2] Que bouce — Ibid.
[3] Che — Ms. 847. — Cou — Ms. A.
[4] D'itel — Ms. 1109 et Ms. A.
[5] Jolieté — Ms. 847.
[6] Ne viegne Dame amer — Ibid.
[7] Si ce n'estoit fors penser — Ibid. et Ms. A.
[8] Vers absent dans le Ms. 1109.
[9] Mais ce me vait mout — Ms. 1109. — Mais ce me va mult esmaiant — M. A.
[10] Qui percevant — Ibid.
[11] Me voit trop de sa cruauté — Ibid.
[12] Ma Dame — Ibid.

Mains douchour [1] me fait espérer,
Et plus me va contraliant.
    Damage grant.
Ne doi avoir si haut pensé :
Pité et vraie humelité
En trai plainement à garant.

Hé! douche Dame, cui j'aim tant
Que pour chascune autre ouvlier ! [2]
Gens cors faitis [3] pour esgarder,
Parés d'un regart atraiant !
    En espérant
Sans goïr ai mon tans usé ;
Par coi comparer en durté [4]
Vous puis et doi à l'aymant [5].

Pour coi me vois si dolousant ?
Trop me puis bien desconforter.
On voit maint perdre par haster
Che [6] dont goïssent li souffrant.
    Et pour itant,
Atendrai Dame vostre gré ;
Et si ne m'iert jà reprouvé
Que de cuer serve dechevant.

Hé! ma canchon vous fais présent,
Dame, or le velliés escouter,
Si qu'ele me puist raporter
De vous un resgart atraiant [7].

---

[1] Mais douchours — Mss. 12625 et 1109.
[2] Cascune autre oublier — Ms. 1109 et Ms. A.
[3] Gent cler vis — Ibid.
[4] En verte — Ms. 847. — En durre — Ms. A.
[5] Vous puis a loyal amant — Ibid.
[6] Cou — Ibid.
[7] Ces quatre derniers vers dans le Ms. 847 seulement.

## XXXIII

DE TANT COM PLUS APROIME MON PAÏS [1].

De tant com plus aproime mon païs,
Me renovèle amours plus et esprent,
Et plus me sanle en aprochant jolis,
Et plus li airs et plus truis douche gent.
  Che me tient si longuement,
   Et chou aussi,
  Qu'en souvenir i choisi
  Dames de tel honneranche
  C'un poi de le contenanche
  De me Dame en l'une vi,
   Si qu'à le saveur de li
  Me délita se samblanche.

Si fait li tigre au mireoir, quant pris
Sont li faons, et cuide proprement,
En li mirant trouver chou qu'ele a quis;
Endementières s'enfuit chieus qui les prent,
  Ne faites mie ensement,
   Dame de mi,
  Ne ne m'ouvliés aussi
  Pour me longue demouranche;
  Car ch'est en vo ramenbranche
  C'au mireoir m'entrouvli;
   Car à vous et non pas chi
  Li cuers et li espéranche.

---

[1] Cette chanson n'est pas accompagnée de musique.

## XXXIV

QUI N'A PUCHELE OU DAME AMÉE.

TRADUCTION EN NOTATION MODERNE.

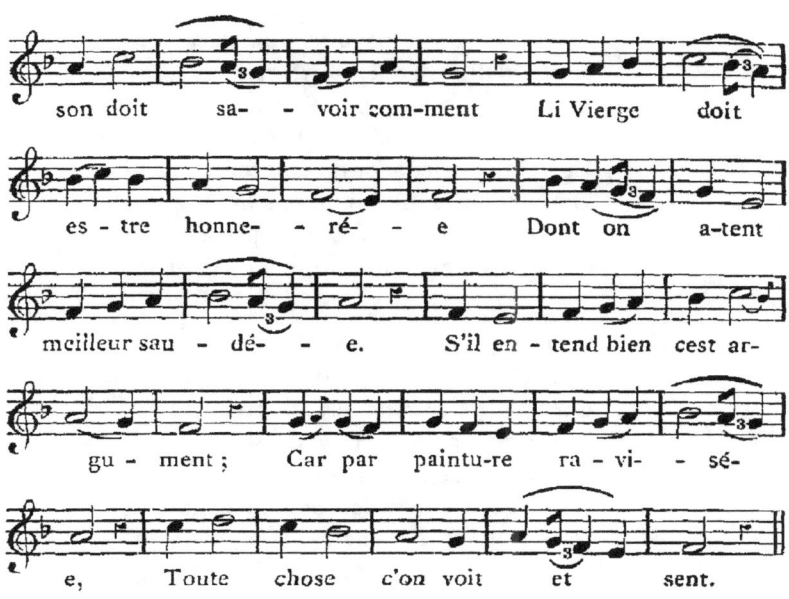

TEXTE SEUL.

Qui n'a puchele ou [1] dame amée
Où n'a fors dechevanche [2] et vent
Par raison doit savoir comment [3]
Li Vierge doit estre honnerée [4]
Dont on atent meilleur saudée.
S'il entend bien cest argument,
Car par painture est ravisée
Toute chose c'on [5] voit et sent.

VARIANTES :

[1] Qui a — Ms. 1109. — Ki a pucele u — Ms. 847.
[2] Decevance — Ibid.
[3] Couvent — Ibid.
[4] Hounerée — Ms. 1109.
[5] Chose qui — Ibid.

## CHANSONS.

On se doit plus que de riens née
Esmerveillier d'aucune gent
Qui sont en parler belement
Envers car humaine achesmée [1]
Et leur pensée l'ont trouvée [2]
De tout en tout [3] si folement
Que n'ont [4] à vous, Dame, pensée,
Qui plus bele estes que les chent [5].

Dame, par cui joie est donnée ;
A chelui [6] iretavlement
Qui par péchiet ne les despent ! [7]
Mout est l'âme bien assenée,
De racorderesse esmérée,
Pour cui vous volés douchement [8]
Proiier à vo douche portée
Qui tant vous aime coreument [9].

Certes mout doit m'ame estre irée,
Qui vaurroit vivre saintement [10]
Quant li cors à veulie tent,
Par cui deust estre sauvée.
Dame, deffaites le meslée.
Trop a li cors de hardement ;

---

[1] Ascesmee — Ms. 1109.
[2] Tournée — Ibid.
[3] Du tout en tout — Ibid.
[4] Qu'il n'ont — Ibid.
[5] Cent — Ibid.
[6] A celui — Ibid.
[7] Qui par pitie ne le despent — Ibid.
[8] Doucement — Ibid.
[9] Coralment — Ibid.
[10] Sainement — Ibid.

CHANSONS.

Li¹ cose est jà si mal alée
Que l'ame en peu d'eure se sent ²

Gentiex Roine couronnée,
Qui vostre amour donnés briement,
Merchi de mon fol errement !
Et se tart vous est reclamée,
Par vanité que j'ai antée
Et par ³ mauvais enortement,
Ne consentés, Dame doutée,
Que che soit ⁴ à mon grèvement.

Pour chou vous ai, Dame, apelée ⁵,
Que je n'atent nul sauvement
Se me ⁶ proiière est refusée
De vous où péchieres ⁷ s'atent.

---

1 La cose — Ms. 1109.
2 Peu d'eure s'en sent — Ibid.
3 U par — Ibid.
4 Que ce tout — Ibid.
5 Apielce — Ibid.
6 Se ma — Ibid.
7 U pecieres — Ibid.

# JEUX-PARTIS

# LI PARTURES ADAN

## I

ADAN S'IL ESTOIT ENSI.

Adan s'il es-toit en-si Que joi-e fu octroi-i-e
A nous dou cors de cheli Que vous volés à a-mi-e X fois
en tout votre é-a-ge, Sans plus or me fai-tes sa - ge
Se vous les prendries briement Ou aten - driés longement.

134  JEUX-PARTIS.

TEXTE SEUL.

Adan s'il estoit ensi
Que joie fust ottroiie
A vous dou cors de cheli [1]
Que [2] vous volés à amie

---

VARIANTES:

[1] Celi — Ms. 1109.
[2] Cui — Ibid.

X fois en tout vostre éage,
Sans plus, or me faites sage
Se vous les prendriez briement [1]
Ou atendriés longement [2].

Sire Jehan, bien puis chi
Viser le meilleur partie.
On doit tenir pour falli
Chelui [3] qui famine aigrie
S'il mangier [4] à presté gage.
On ne puet son avantage
Faire trop hastéement,
Dont est chieus faus [5] qui atent.

Adan, haster [6] a nuisi
Plus que souffrirs mainte [7] fie.
Chil qui d'amour ont senti
Tourneroient à folie
Vo respons et à outrage.
Chieus [8] fait plus bel vasselage
Qui joie à durée prent
Que cil qui tost le despent.

Sires, vous avez grant cri
Mais en vo sens peu [9] me fie
Quant vous voi contraire à mi.
De le souris [10] esbanie

---

[1] Briesment — Ms. 1109.
[2] Longhement — Ibid.
[3] Celui — Ibid.
[4] Maignier — Ibid.
[5] Fols — Ibid.
[6] Hasters — Ibid.
[7] A le — Ibid.
[8] Cil — Ibid.
[9] Pau — Ibid.
[10] La soeris — Ibid.

Li cas tant qu'il a damage.
Li tost prendres assouage [1],
Car en trop lonc parlement
Ne gist [2] traïson souvent.

Adan, chil [3] sont escarni,
Quant ont leur messon cueillie,
Qui tost le despendent, si
Que ne s'en sent lour maisnie
Parmi le tans ivrenage.
Fait meilleur warder le wage [4]
Sour coi [5] on atent argent
Que despendre folement.

Sires, onques ne m'a vie [6]
Li vins c'on à boire détrie,
Qui du tonnel ore issi,
Car si savereus n'est mie.
Tant sai bien de beverage [7]
Tost prendres est en usage,
Et chascuns [8] au prendre tent :
C'anchois [9] prent ne s'en repent.

Sire Audefroi, chieus [10] esrage,
Qui paiiés est, grief malage

---

[1] M'assouage — Ms. 1109.
[2] Faut — Ibid.
[3] Cil — Ibid.
[4] Milleur fait warder le wage — Ibid.
[5] De coi — Ibid.
[6] Ne malie — Ibid.
[7] Buverage — Ibid.
[8] Car cascuns — Ibid.
[9] Kancois — Ibid.
[10] Cil — Ibid.

Soustient ; ciex vit liement
Qui atent son [1] paiement.

Dragon, en tant font folage
Chil qui atendent ; tant sage [2]
C'on doit batre vistement
Le fer caut de caurre [3] esprent.

## II

### ADAN, VAURRIÉS VOUS MANOIR.

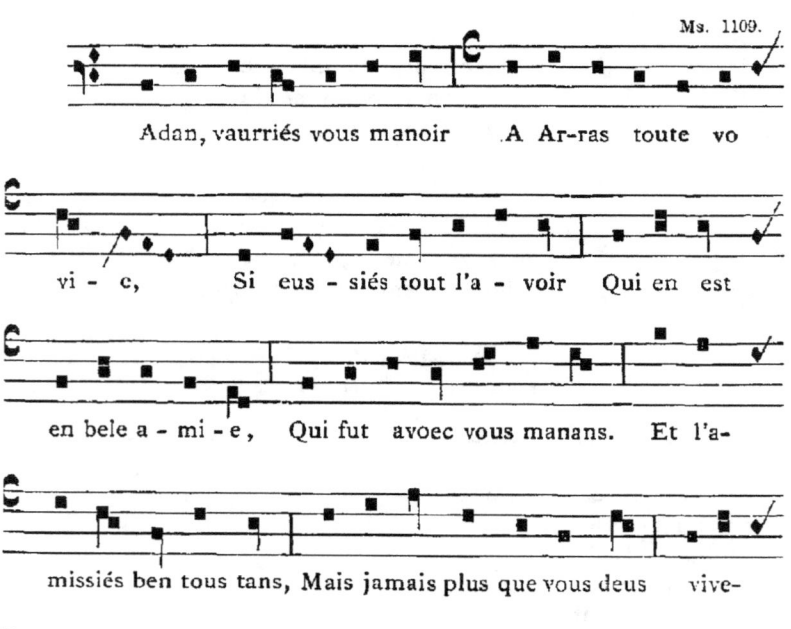

Adan, vaurriés vous manoir A Ar-ras toute vo-
vi - e, Si eus - siés tout l'a - voir Qui en est
en bele a - mi - e, Qui fut avoec vous manans. Et l'a-
missiés ben tous tans, Mais jamais plus que vous deus vive-

[1] Sen — Ms. 1109.
[2] Sai-je — Ibid.
[3] Kaut de kaure — Ibid

138  JEUX-PARTIS.

riés Ne ja-mais hors de la vi-le n'is-teriés.

TRADUCTION EN NOTATION MODERNE.

Adan, vaur-riés vous ma-noir A Arras
tou-te vo vi-e, Si eus-siés tout l'a-
voir Qui en est en bele a-mi-e, Qui fut a-
voec vous ma-nans Et l'a-mis-siés bien tous tans,
Mais jamais plus que vous deus vi-ve-riés
Ne jamais hors de le vi-le n'is-te-ri-és.

TEXTE SEUL.

Adan, vaurriez vous manoir
A Arras toute vo vie,

Si eussiés ¹ tout l'avoir
Qui ens est ² en bele amie,
Qui fust avoec vous manans
Et l'amissiés ben tous tans,
Mais jamais plus que vous deux viveriés ³
Ne jamais hors le vile n'isteriés ⁴.


Sire, tout chou voel avoir,
Sans nule autre compaignie,
Car adés, et main et soir,
Seroie sans jalousie.
Jà kiens en cuisine estant
N'iert de son per désirrans.
Mien ensient, par tel convent prendriés
L'avoir et le Dame s'alzieur estiés ⁵.


Adam, bien puet perchevoir
Hom qui cler voit, vo folie ;
Vo preu ne sariés ⁶ voloir ;
Riquèche ⁷ ne druerie
Ne vous seroit pourfitans ;
Tous seus loens seriés ⁸ restans
Et soelés com prisonniers viveriés
Et con paiens car jà messe n'oïriés.

---

### Variantes :

¹ Et s'eussiés — Ms. 1109.
² En s'est — Ibid.
³ De vous deus viverriés — Ibid.
⁴ N'istriés — Ibid.
⁵ La Dame sa vostre kix en estiés — Ibid.
⁶ Savés — Ibid.
⁷ Rikèce — Ibid.
⁸ Seriés loens manans — Ibid.

Sire Jehan, puis ier soir
Avés moult messe enchierie [1].
Trop vous eslongiés du voir.
On entre en une abbéie
5 Pour mangier [2] oes et caus flans.
Encore est déduis plus grans
D'estre d'avoir et d'amie aaisiés;
Or esgardés dont de coi vous plaidiés.

Adan, li esprohon [3] noir
10 Ne sont point de vo partie.
Moines soiés en dortoir
Aisé [4] en l'enfremerie;
Puis que tant haés les cans,
Ne doit estre cuers vaillans
D'avoir acquerre et d'amie esmaiés [5]
Puis c'aler puist par tout sains et haetiés [6].

Sire, je ne puist veoir
Tort n'aiés à ceste fie.
Quel siècle voit tant paroir
De mesdisans et d'envie
C'adès seroie doutans.
Pour ch'aim miex liés et joians
Tous cois près de ma Dame estre logiés
C'aler par tout et souvent est iriés.

Griuviler, je di k'Adans
Est faintis et recréans

---

[1] Avés vous messe encierrie — Ms. 1109.
[2] Maignier — Ibid.
[3] Espron — Ibid.
[4] Naisé — Ibid.
[5] D'amie acquerre et d'avoir esmaiés — Ibid.
[6] Hetiés — Ibid.

Qui va illeke et set [1] joians et liés
Mais chieus qui siét adès est loens sequiés [2].

Cuvelier [3], sire Jehans
Est si légiers et volans
Qu'il ne puet arester seur [4] les daintiés
Et fuir les pouretés et les griés.

## III

### ADAN, D'AMOURS VOUS DEMANT.

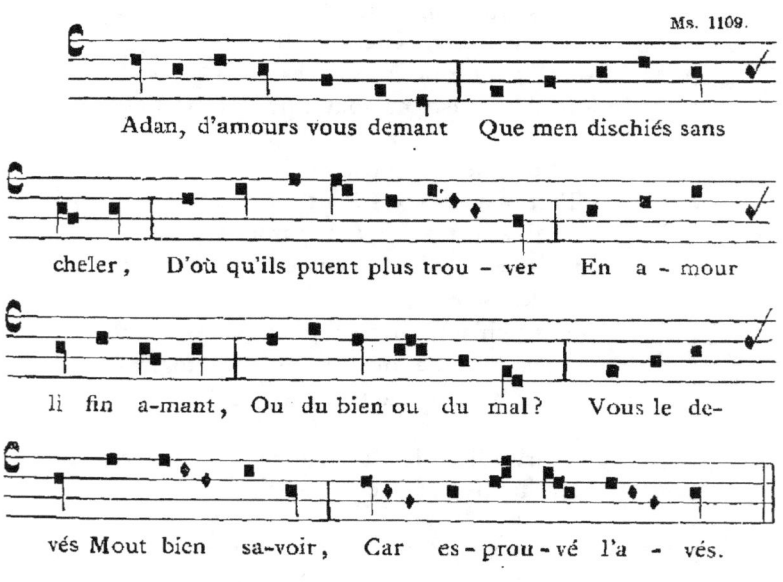

Adan, d'amours vous demant Que men dischiés sans cheler, D'où qu'ils puent plus trou-ver En a-mour li fin a-mant, Ou du bien ou du mal? Vous le de-vés Mout bien sa-voir, Car es-prou-vé l'a-vés.

[1] Sest — Ms. 1109.
[2] Cil qui siét adiès est loes seckiés — Ibid.
[3] Grieviler — Ibid.
[4] Veust arester sour — Ibid.

## JEUX-PARTIS.

### Traduction en notation moderne.

A - dan, d'a - mours vous de - mant Que mon dé- chiés sans cé - ler, D'où qu'il pue-ent plus trou- ver En a - mour li fin a - mant, Ou du bien ou du mal? Vous le de - vés Mout bien sa- voir, car es - prou - vé l'a - vés.

### Texte seul.

Adan, d'amour vous demant
Que m'en dichiés, sans cheler [1],
D'où qu'il pueent plus trouver
En amour li fin amant,
Ou du bien ou du mal [2]? Vous le devés
Mout bien savoir, car esprouvé l'avés.

---

Variantes :
[1] Que me dites sans celer — Ms. 1109.
[2] U de bien u de mal — Ibid.

## JEUX-PARTIS.

Sire, je voi l'un dolant,
Lautre lié de bien amer ;
Mais je ne m'en doi blasmer,
Car j'en go, et ne pourquant [1],
Comment que faite en soit me volontés [2],
Li maus plus que li biens i est trouvés.

Adan, à guise d'enfant
Me respondés, c'est tout cler.
On i [3] puet tant endurer
De maus, che sevent aucquant [4]
C'uns tous seus biens n'estaigne les griés
C'on a senti, li biens pert plus assés.

Sire, amans en soeffre [5] tant,
C'on en voit maint despérer,
Trop chier voit on [6] compérer
Déduit et riquièche [7] grant.
Et d'autre part chascuns n'est pas amés
Qui a les biens d'amour chier compérés.

Adan, tout li maus souffrans [8]
Dou pis c'amours set donner
N'en veulent mie saner,
Dont est il bien apparant
Que li biens est assés plus drus semés,
Car maus qui plaist ne doit estre contés.

---

[1] J'en goch, mais ne pourquant — Ms. 1109.
[2] Coment que soit faite me volenté — Ibid.
[3] On n'i — Ibid.
[4] Auquant — Ibid.
[5] I soefre — Ibid.
[6] Puet on — Ibid.
[7] Rikèce — Ibid.
[8] Plus souffrant — Ibid.

## JEUX-PARTIS.

Sire, amour trouvai quisant,
Quant je le soloie anter,
En villier, en desirer,
En penser, et en doutant;
Mais point n'estes d'amour bien embrasés
Pour chou ni cuidiés point tant de durtés [1]

Ferri, on trueve lisant
Que tant de mal n'a pas li condampnés
C'on a de joie ichil [2] qui est sauvés.

Grieviler, en acquérant
Est chascuns plus traveilliés et penés [3]
Qu'il ne soit au despendre reposés.

---

### IV

SIRE JEHAN, AINC NE FUSTES PARTIS.

Ms. 1109.

Si-re Jehan, ainc ne fus-tes partis, Ne de-

mandés d'amour con si, je croi, D'omme qui jà s'en alast es-

condis. Or me sachiés dont a di-re quant doi Ont tant amée

---

[1] De duretés — Ms. 1109.
[2] Comme de joie a cil — Ibid.
[3] Assés et lenés — Ibid.

# JEUX-PARTIS.

u-ne Dame proisi - e, Que li uns d'amer li prie, L'uns en ri-

baut, li autres sans dausnois, Li quiex aime en meilleur foy.

TRADUCTION EN NOTATION MODERNE.

Sire Je - han, ainc ne fus- - tes par - tis,

Ne de - man - dés d'a - mour, si con je crois

D'omme qui jà en a - last es - con - dis. Or me

sa - chiés dont à dire, quant doi Ont

tant a - mée une Da - me proi - si - e, Que li uns

d'a-mer li pri - e, L'uns en ri - baut, li au-

tres sans dausnoy Li quiex ai - me en meilleur foy.

## TEXTE SEUL.

Sire Jehan, ainc ne fustes partis
Ne demandés d'amour, si con je croi [1],
D'omme qui jà s'en alast escondis;
Or me sachiés dont à dire quant doi
Ont tant amée une Dame proisie,
 Que li uns [2] d'amer li prie,
L'uns en ribaut, li autres sans dausnoy [3];
 Li quiex aime en meillieur foy?

Adan, bien sui de respondre garnis.
Nus n'en ira jà escondis de moi,
Se il me part. Sachiés qu'il m'est avis
Que d'ueus [4] aime trop miex, ensi le voi [5],
Qui cois se tient vers li quant le proie,
 Car amours veut et otroie
Le coi tenir; d'uex en set miex sen roi
 Qui en pensant se tient coi.

Sire Jehan, de chou ne sui pas fis.
Souvent par fausseté maintient on soi
Couvertement et pour estre avant mis.
Mais raison a qui bien aime par loi [6],
Dalès se Dame en jouant [7] s'esbanie:
 Car tés maintiens s'en fie
L'abondanche dou cuer, à chou m'otroie
 N'amours n'a de taisir loi.

---

VARIANTES :

1 Voi — Ms. 1109.
2 Cascuns — Ibid.
3 Dosnoi — Ibid.
4 Cil — Ibid.
5 Croi — Ibid.
6 Pour coi — Ibid.
7 Friant — Ibid.

Adan sachiés que j'ai le meilleur pris,
Car, en amour, ne doit avoir desroi.
Il n'a si fin amant, dusqu'à Paris,
Qui ne senlast musars en son riboi;
Car amours het tout outrage et folie.
    Chiens [1] esragiés, coi c'on die,
Ne fera jà lonc font, je vous castoi
    De trop riber outre moi.

Sire Jehan, au riboi me sui mis;
Et ne pourquant de vous le contraire oi.
Chieus qui devant se Dame est amis
Iert comparens, puisque faire le doi,
Au clerc couvert de fause ypocrisie,
    Tant qu'il [2] vient à canesie,
Et dont est plains d'outrage [3] et de buffoi;
    Par quoi simplèche [4] renoi.

Adan, amans doit estre si faitis
C'on ne le voie onques en mauvais ploi.
Uns fins cremans est prisiés tous dis
Que li parlans [5]: uns en vaut miex que troi.
Jà soursalis n'iert de si grant prisie
    Comme apensés [6] à le fie.
Piert on par chou, je sai bien, et par coi
    Simplèce vaut miex d'effroi.

Soustenu ai, Sire, à droit me partie.
    A un clerc [7] plein de veulie

---

[1] Kiens — Ms. 1109.
[2] Qui — Ibib.
[3] De plait — Ibid.
[4] Simplèce renvoi — Ibid.
[5] Ke li batis — Ibid.
[6] Com apensées — Ibid.
[7] Cuer — Ibid.

148    JEUX-PARTIS.

Pour mains de mal qu'à un coilart [1] m'aproi
Di je voir [2], Sire, Audefroi.

Dragon, ribers démonstre moquerie.
Li pensans ne se faint mie.
Dames sont si batues à le roi
Des ribaus qu'il i ont poi.

V

ADAN, SE VOUS AMIÉS BIEN LOYALMENT.

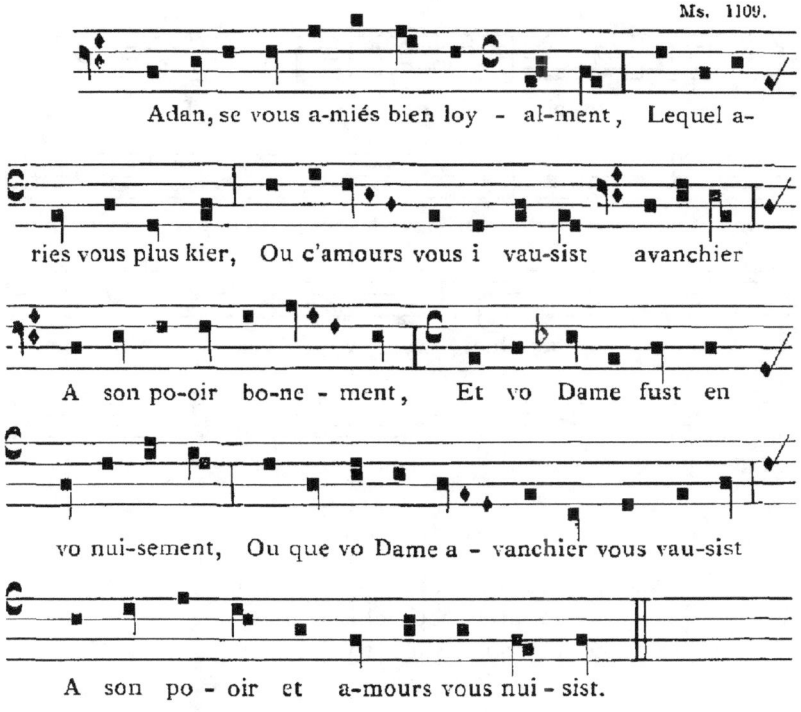

Adan, se vous a-miés bien loy - al-ment, Lequel a-
ries vous plus kier, Ou c'amours vous i vau-sist avanchier
A son po-oir bo-ne - ment, Et vo Dame fust en
vo nui-sement, Ou que vo Dame a - vanchier vous vau-sist
A son po - oir et a-mours vous nui - sist.

[1] K'en quoillart — Ms. 1109.
[2] Ai-je droit — Ibid.

## JEUX-PARTIS.

TRADUCTION EN NOTATION MODERNE.

TEXTE SEUL.

Adan, se vous amiés bien loyalment,
Lequel ariés vous plus kier,
Ou c'amour, vous i vausist avanchier [1]
A son pooir bonnement,

---

VARIANTES :

[1] Avancier — Ms. 1109.

Et vo Dame fust en vo [1] nuisement,
Ou que vo Dame avanchier [2] vous vausist,
A son pooir, et amours vous nuisist.

 Sire, amours prent en mon avanchement [3],
  Car, s'ele me veut aidier,
Chele que j'am [4] ne me puet empirier,
  Et jà [5] n'averoit talent
Si curieus d'estre en mon grèvement,
C'amours en autre ploi ne le meïst [6]
Et que par forche amer ne le feist [7]

 Adan, amours n'a sens n'entendement,
  Parler ne set ne plaidier,
N'ele ne puet ami assouagier,
  Se chele ne si asent
A cui li fais de le besoingne [8] apent.
Mais quant chele en cui le besongne gist [9]
Veut, qui [10] qu'en poist, son ami enricist [11].

 Ainc mais ne vous oï si folement
  Sire, parler ne jugier.
On met l'escaudé doit, pour alégier,
  Vers le fu ; car autrement
Sen daurroit on, sachiés, plus longuement.

---

1 Son nuisement — Ms. 1109.
2 Avancier — Ibid.
3 Avancement — Ibid.
4 Cele qui jaim — Ibid.
5 Ne ja — Ibid.
6 Mesist — Ibid.
7 Ne me fesest — Ibid.
8 Besoigne — Ibid.
9 Cele a li besoigne — Ibid.
10 Cui — Ibid.
11 Enrichist — Ibid.

## JEUX-PARTIS.

Comment arai secours, se d'amour n'ist,
Qui désirier et amer le me fist?

  Adan, vous m'avés fait un argument
   De nient, pour mi assaier [1].
  Maistres ne puet aprentich avoier [2],
   Pour batre fort et souvent [3],
De si adont que li cuers s'i astent [4]
Castois n'est preus [5] se cuers n'i obéist :
Amours commenche [6] et Dame parfurnist.

  Sire, amours set assés plus soutieusement [7]
   Les siens batre et castoier ;
  Car chieus cui ele akeut [8] à guerroier,
   Errant cuer et cors li rent.
Sachiés [9] c'est pour folie ou pour argent
S'amours de cuer de feme se partist,
Et puis au requérant ne contredist.

   Grieviler, amours esprent,
Ne [10] plus avant ses pooirs ne s'estent.
Dame aime adès [11] quant il li abélist,
Nient autrement, Adans [12] ne set qu'il dist.

---

[1] Assaiier — Ms. 1109.
[2] Avoiier — Ibid.
[3] Ne souvent — Ibid.
[4] Ses cuers si entent — Ibid
[5] Preis — Ibid.
[6] Commande — Ibid.
[7] Soutieument — Ibid.
[8] Cel qui ele acuelle — Ibid.
[9] Saciés — Ibid.
[10] Mais — Ibid.
[11] Dame aime a dies — Ibid.
[12] Nient autrement Adans — Ibid.

152    JEUX-PARTIS.

Ferri, tout certainement,
Sire Jehans a trop fol ensient
Qui gage chou de quoi li biens nourist.
S'amours i nuist, nule riens ne souffist [1].

## VI

ADAN, A MOI RESPONDÉS.

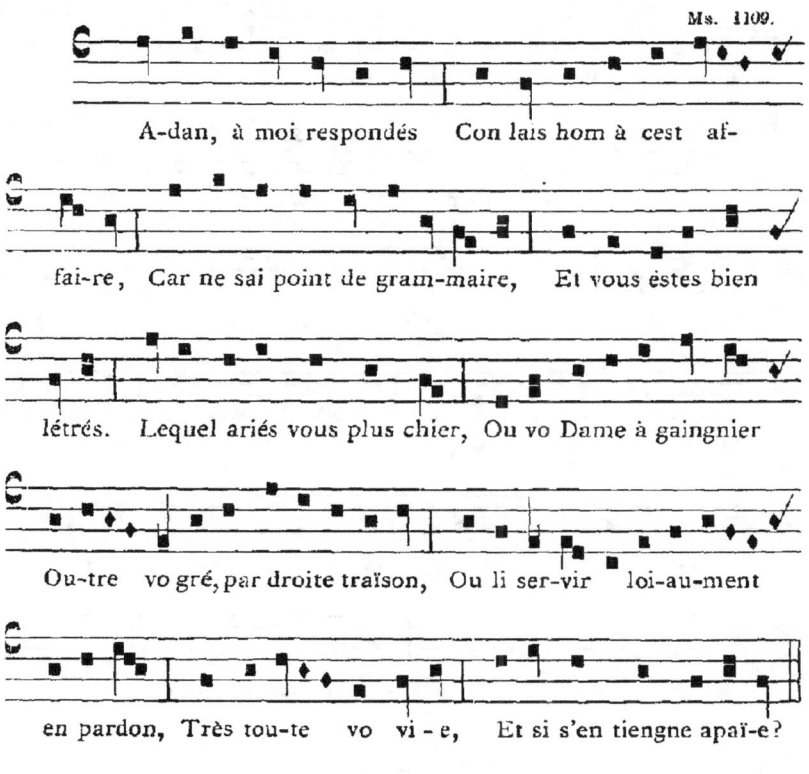

A-dan, à moi respondés Con lais hom à cest af-faire, Car ne sai point de gram-maire, Et vous estes bien létrés. Lequel ariés vous plus chier, Ou vo Dame à gaingnier Ou-tre vo gré, par droite traïson, Ou li ser-vir loi-au-ment en pardon, Très tou-te vo vi-e, Et si s'en tiengne apaï-e?

[1] Les quatre derniers vers ne se trouvent pas dans le Ms. de La Vallière.

## JEUX-PARTIS.

### Traduction en notation moderne.

A - dan, à moi res - pon - dés Con lais hom à cest af - fai - re, Car ne sai point de gram - mai - re, Et vous es - tes bien lé - trés. Le-quel a - riés vous plus chier, Ou vo Dame à gain - gnier, Ou - tre vo gré par droite tra - ï - son, Ou li ser - vir loi-au-ment en par - don, Très tou - te vo vi - e, Et si s'en tiengne a - pa - ï - e?

### Texte seul.

Adan, à moi respondés
Con lais hom à cest affaire,

Car ne sai point de gramaire,
Et vous estes bien létrés.
Lequel arriés ¹ vous plus chier,
Ou vo Dame à gaingnier ²
Outre vo gré ³, par droite traïson,
Ou li servir loiaument en pardon
Très toute vo vie
Et si s'en tiengne apaïe.

Sire, on voit les plus senés
A le fois ⁴ traïson faire
Pour riquèche à eux atraire.
Que me pourfite li grés
De me Dame ⁵, au droit jugier,
Qui m'ara fait traveillier,
Tout mon vivant, sans autre guerredon,
A ses autres biens voeil avoir parchon ;
Se n'i faurrai mie,
Se le truis appareillie.

Adan, jamais ne prendés
Cose où traïson repaire,
Car ⁶ tous fins cuers doit desplaire.
Certes che me semble assés
Quant on set ⁷ tant exploitier
C'on set se Dame apaier ⁸,

---

VARIANTES :

¹ Avés — Ms. 1109.
² Gaaignier — Ibid.
³ Outre son gré — Ibid.
⁴ A le fols — Ibid.
⁵ De celi — Ibid.
⁶ K'a — Ibid.
⁷ On puet — Ibid.
⁸ Con puet sa Dame paiier — Ibid.

Par li servir en droite ¹ entention.
En li servir, conquérir ² ne puet on
    Si grant singnourie,
    Et si l'a on couracchie ³.

    Sire, en chou que dit avés
    En vous a foivle ⁴ contraire.
    Comment puet li hom meffaire
    Qui à pâture ⁵ est menés,
    De deus maus s'il laist glachier ⁶
    Le pieur pour li aidier ⁷?
Dou mains mauvais, sans accomplir mon bon,
Ne porroie finer se par mort non.
    Miex vient querre aïe
    C'atendre si grief haschie.

    Adan, fort me trouverés
    Et deffensavle adversaire ⁸
    Car au pieur vous voi traire,
    Pour chou que trop goulousés
    Chou qui ne nous a mestier ⁹.
    On doit savoir sans cuidier
Que loiautés est de fine boichon,
Et traïson de trop vilain renon ;
    Par coi chascuns prie
    Que traïson soit honnie.

---

¹ En boine — Ms. 1109.
² En le traïr conquerere — Ibid.
³ Courecie — Ibid.
⁴ A foible — Ibid.
⁵ Parture — Ibid.
⁶ Glacier que piour puet lui aidier — Ibid.
⁷ Ce vers est supprimé dans le Ms. 1109.
⁸ Aversaire — Ms. 1109.
⁹ Conqueste n'a mestier — Ibid.

Sires, chis cas est prouvés
Que traïson ne doit plaire;
Mais ma Dame est débonnaire,
Par coi, se je suis outrés,
Par forche et désirrier [1]
Si l'en cuit jou apaier [2].
A sen [3] besoing fait on bien mesproison
Sour cuidance de pais et de pardon.
Grans pais, coi c'on die,
Gist en grant guerre [4] à le fie.

Ferri, bon [5] se fait gaitier
De commenchier outrage ne tenchon
Sour l'espoir de venir à raenchon.
Li faus [6] se cointie
Dont li sages se castie.

Grieviler, ne doi cachier
Vers ma Dame simplèche ne raison
Car volentiers tient femme à compaignon,
Tant l'ai assaié, chelui
Qui bien le manie [7].

---

[1] Par force de desirrer — Ms. 1109.
[2] Jen qui je bien a paier — Ibid.
[3] A son besoing — Ibid.
[4] Were — Ibid.
[5] Boin — Ibid.
[6] Li fols — Ibid.
[7] Manie — Ibid.

## VII

ADAN, QUI AROIT AMÉE.

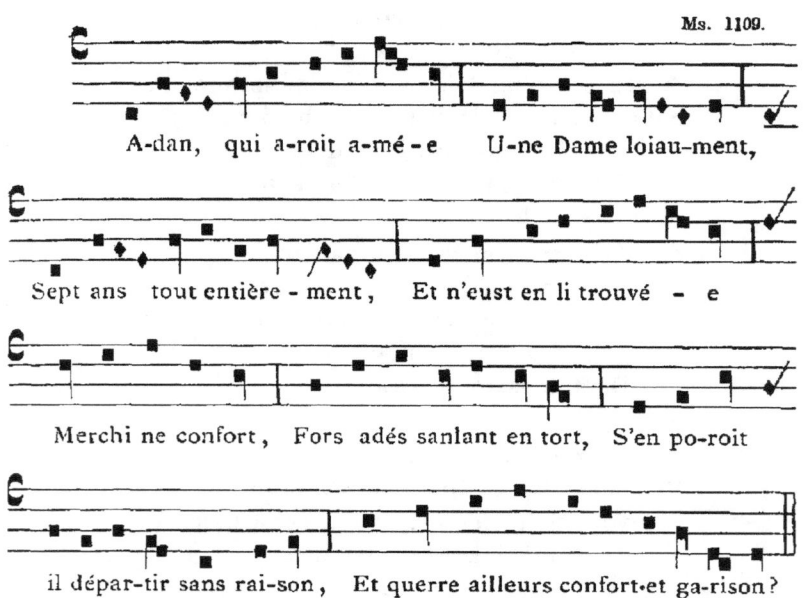

A-dan, qui a-roit a-mé-e U-ne Dame loiau-ment,
Sept ans tout entière-ment, Et n'eust en li trouvé - e
Merchi ne confort, Fors adés sanlant en tort, S'en po-roit
il dépar-tir sans rai-son, Et querre ailleurs confort et ga-rison?

TRADUCTION EN NOTATION MODERNE.

A - dan, qui a-roit a - mé - e
U - ne Da-me loi-au - ment Sept ans
tout en-tiè-re-ment, Et n'eust en li trou - vé-

e Mer-chi ne con-fort, Fors a-dès san-lant en tort, S'en por-roit il dé-par-tir sans rai-son, Et quer-re ailleurs confort et ga-ri-son?

TEXTE SEUL.

Adan, qui aroit amée
Une Dame loiaument
VII ans tout entièrement [1],
Et n'eust en li trouvée
Merchi ne confort,
Fors adès sanlant en tort,
S'en porroit il départir par raison [2]
Et querre ailleurs confort et guarison [3]?

Sire, pour folie bée
Jones [4] hom qui bien s'entent [5]
A feme si longuement
Puisqu'il en a tel saudée.
Ortie [6] qui mort
Sachiés [7] tempre s'i amort.

---

VARIANTES:

[1] Entirement — Ms. 1109.
[2] Sans raison — Ibid.
[3] Garison — Ibid.
[4] Jouenes — Ibid.
[5] Se sent — Ibid.
[6] Oertie — Ibid.
[7] Saciés — Ibid.

Quel espoir de s'amour avoir puet on,
Puisquen VII ans n'en fait démonstrison?

  Adan, ch'est chose passée [1],
  Chiex [2] qui à amer emprent
  N'est mie preus, s'il n'atent
  Que merchi [3] soit meurée.
   Faus [4] est et s'a tort
  Qui s'en part pour desconfort [5] ;
Car bien doit Dame ains c'otroit si haut don
Prouver lonc tans se bien l'emploie ou non [6].

  Vous parlés à le volée,
  Sire, car Dame [7] a briement,
  Quant il [8] li vient à talent,
  Sans assai s'amour donnée [9],
   Pour avoir déport,
  Non pas pour estre en descort
VI ans ne VII, s'anchois [10] n'a guerredon,
Perquerre [11] aillours se puet sans mesprison.

  Adan, amours fu trouvée
  Pour servir outréement
  Sans fin, mais peu s'i entent [12]
  Vos cuers jonèche [13] l'i vée ;

---

[1] Cest cose passé — Ms. 1109.
[2] Cil — Ibid.
[3] Merchis — Ibid.
[4] Fols — Ibid.
[5] Par deconfort — Ibid.
[6] U non — Ibid.
[7] Feme — Ibid.
[8] Que — Ibid.
[9] Dounée — Ibid.
[10] K'anchois — Ibid.
[11] Pour querre — Ibid.
[12] Pau si entent — Ibid.
[13] Jouence — Ibid.

Dou chemin se tort [1]
Qui s'en part [2] devant le mort ;
Son loier pert qui ne sert dusqu'en son [3]
Par bien servir eurent [4] li saint pardon.

Sire, ame est par [5] chou sauvée
Que sains esperis [6] l'esprent,
Qui le conforte souvent
Ains que du cors soit sévrée.
Quant par son acort
Dame fait son ami fort
Et vertueu d'un regart de boichon,
Adont doit il manoir en sa prison.

Ferri, Adans dort.
On doit amer outre bort,
Coi c'on i truist plaisanche ou soupechon [7],
Car en amour n'a point de muison [8].

Dragon, à mal port
Arrive qui sans ressort
Se veut tenir à Dame à cuer félon;
Son preu défuit pour se destruction [9].

---

[1] Du kemin — Ms. 1109.
[2] Qui se part — Ibid.
[3] Dusken son — Ibid.
[4] En rent — Ibid.
[5] Pour chou — Ibid.
[6] Que li sains espris — Ibid.
[7] Plaisance u soupeçon — Ibid.
[8] De nuuson — Ibid.
[9] Destruisson — Ibid.

## VIII

### ADAN, VOUS DEVÉS SAVOIR.

Adan, vous de-vés savoir Canque il esquiet en amour ;
Or me dites donc voir, Dou quel doit plus grant paour
A-voir fins a-mis, ou d'estre escondis, Quant à se Dame
pro-ï-e, Ou quant il a fait a-mi-e. Dou reperdre
en au-cun tans Or n'en soi-és pas men-tans.

TRADUCTION EN NOTATION MODERNE.

A-dan, vous devés sa-voir Canque il es-
quiet en a-mour; Or me di-tes donques

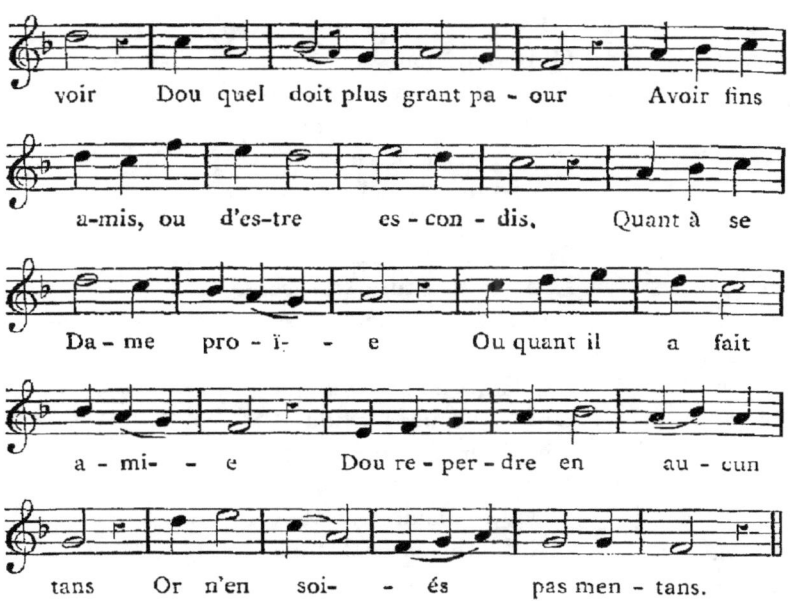

TEXTE SEUL.

Adan, vous devés savoir
Canque il esquiet [1] en amour;
Or me dites donques voir
Dou quel doit plus grant paour
Avoir fins amis,
Ou d'estre escondis,
Quant a se Dame proïe [2],
Ou quant il a fait amie
Dou reperdre [3] en aucun tans.
Or n'en soiés pas mentans.

VARIANTES :

1 Eskiet — Ms. 1109.
2 Proiie — Ibid.
3 Du reprendre — Ibid.

Sire, amans prie [1] en espoir
Qui aura [2] joie et retour,
Dont doit, par droiture, avoir
Li amés doute gringnour;
    Car il a apris
    Soulas et délis.
Si aroit pis le moitie
S'on li toloit chele [3] vie
Dont li aventure est grans,
Car cuers de femme est cangans.

Adan, chieus [4] n'a que doloir
Qui a d'amie l'onnour [5],
Ains doit en joie manoir.
Bien est en seûre tour
    Qui plaide saisis,
    Et chieus [6] desconfis
Qui crient c'on ne l'escondie;
Car s'ele s'amour otrie [7],
Et du perdre est puis doutans [8],
Dont est [9] il doubles dolans

Sire, adès, par estouvoir [10],
Volés avoir le meillour [11],

---

[1] Proie — Ms. 1109.
[2] Qu'il aura — Ibid.
[3] Cele — Ibid.
[4] Cis — Ibid.
[5] L'ounour — Ibid.
[6] Cil — Ibid.
[7] Car se ele li otrie — Ibid.
[8] Est si doutans — Ibid.
[9] Ert — Ibid.
[10] Estavoir — Ibid.
[11] Millour — Ibid.

Chieus [1] qui a à perdre avoir,
Confort d'amie [2] et douchour,
Doit cremir tous dis
Plus que li mendis,
Pour chou c'à perdre n'a mie [3].
Aussi n'a amans qui prie,
Car ne puet estre perdans
D'amour si nen est [4] tenans.

Adan, qui terre ou manoir
Requiert en court de Seignour,
Il se doit plus douter voir,
Entreus [5] qu'il atent le jour
Que drois soit oïs [6],
Que quant ens est mis
De reperdre [7], se demie
A de sens ne de voisdie.
Povres doit estre esmaians
Et riches [8] fiers et joians.

Sire, on afaite un ostoir [9],
Et puis fait il mauvais tour [10] :
Se j'ai Dame à mon voloir
N'en doi doute avoir menour.
Tant sont de mesdis
Que nus estre fis

---

[1] Cil — Ms. 1109.
[2] Confort amis — Ibid.
[3] K'a perdre n'a mie — Ibid.
[4] Fu tenans — Ibid.
[5] Entrues — Ibid.
[6] En soit dis — Ibid.
[7] Du reperdre — Ibid.
[8] Et rices — Ibid.
[9] Sire, un affaitier ostoir — Ibid.
[10] Voit on faire un mauvais tour — Ibid.

## JEUX-PARTIS.

Ne doit en sa Singnerie [1],
Car anchois [2] a on envie
Au jour d'ui seur [3] les poissans
C'on n'ait seur les mendians.

Ferri, cuers falis est en lui et pau sé fie
Rices qui plus apaurie;
Li diseteus requérans
En péril est droit Tristans.

Bien voel que Ferris face que plus se gramie
Cil qui pert se manandie
Et que ne fait li vaillans
Au don dont est désirans [4].

---

## IX

ADAN, MOUT FU ARISTOTE SACHANS.

Adan, mout fu Aris-to-te sachans Et si fut il par

amours tes me- nés Qu'en cele fu comme chevau ferrans.

Et chevauchiés en-si que vous savés, Pour cheli que il vo-loit

---

[1] Ne doist estre en sa signourie — Ms. 1109.
[2] Car ancois — Ibid.
[3] Sour — Ibid.
[4] Ms. 1109. — Ces huit derniers vers ne sont pas dans le Ms. de La Vallière.

166  JEUX-PARTIS.

TRADUCTION EN NOTATION MODERNE.

estre a-tour-nés en-se-ment De vo
Da-me se vous te-nist cou-vent.

TEXTE SEUL.

Adan, mout fu Aristotes sachans [1]
Et si fu il par amours tes menés
Qu'en seles fu comme chevaus ferrans [2]
Et chevauchiés [3] ensi que vous savés
Pour cheli que il voloit à amie [4],
Qui en le fin couvent ne li tint mie.
Vaurriés vous estre atournés ensement
De vo Dame, se [5] vous tenist couvent.

Sire, qui prent as fais des souffisans
Essample et cuer n'en [6] doit estre blasmés.
Aristostes fu de moi plus vaillans
En renommée, en scienche [7], en bontés ;
Et quant il ot le [8] plaisanche acomplie
De sa Dame, en ot [9] il mie aïe.

---

VARIANTES :

[1] Aristoces boins cler — Ms. 1109.
[2] Cevaus ferrans — Ibid.
[3] Et cevaucies — Ibid.
[4] De celi cui il voloit amie — Ibid.
[5] Si — Ibid.
[6] Ne doit — Ibid.
[7] Science — Ibid.
[8] Il eut la plaisance — Ibid.
[9] Dame n'en eut — Ibid.

Dont doi-je bien faire tel hardement,
Qui mains vail et s'arai alègement.

　Adan, or estes vous trop esmaians
Et peu en vo scienche [1] vous fiés,
Qui vorriés estre à tel honte escaans
Que chevauchiés fussiés [2] pour estre amés.
Moult en avés abaissié clergie;
Mais je sai bien peresche vous maistrie [3]
Pour esquiever li paine c'on ensent [4]
Au déservir volés goïr vieument.

　Sire, Jehan, chieus [5] qui est désirans
A paine cuide jà estre seelés [6].
Parmi tous prieus doit faire fins amans
A se Dame toutes ses volentés
On ne le doit pas tenir à folie [7]
Car biens d'amours est de tel signerie [8]
C'on n'i puet emploier mauvaisement
Honte à souffrir diffame ne tourment.

　Adan, jamais ne soiés connissans
Que vous soiés à tel honte livrés,
C'on vous chevaut. Chest bien chose apparans
Que autrement vous désirrer n'osés
Que vous aiés soulas ne druerie.
Bon en fait en secré souffrir haschie,
Mais nus n'en doit souffrir apertement
Blasme commun, car amours le deffent.

---

[1] Vaillance — Ms. 1109.
[2] Que cevauciés fuissiés — Ibid.
[3] Mais ce fait perece qui vous maistrie — Ibid.
[4] Pour eskiuver le paine que on sent — Ibid.
[5] Cil — Ibid.
[6] A paine cuide estre a tans saoulés — Ibid.
[7] Non ne li doit pas tourner à folie — Ibid.
[8] Sont de tel signourie — Ibid.

JEUX-PARTIS.

Sire, voire, mais, se g'i sui fallans,
A me Dame g'ière désespérés.
Je voi que cuers de feme est si cangans
Que li loiaus est souvent refusés,
Et chieus qui sert amans par trécherie
A de se Dame honnour et compaignie ;
Par coi je douch che péril seulement [1]
Que je servi eusse pour noient.

Evrart [2], avoirs mal aquis apovrie.
Mais biens d'amours à droit pris monteplie.
On doit d'amour goïr secréement ;
Et qui ne le fait ensi il mesprent.

Ferri, faus est chieus [3] qui son preu détrie,
A cui on offre à faire courtoisie,
Pour peu de honte avoir, s'il ne le prent ;
Car qui premiers choisist ne s'entreprent [4].

X

ADAN AMIS, JE VOUS DIS UNE FOIS.

A-dan amis, je vous dis u-ne fois Vous et mais-tre Jehan de Marli, Que ja-mais ne par-tiroi-e, Mais tenir

---

[1] Je douc pour cest péril seulement — Ms. 1109.
[2] Ferri — Ibid.
[3] Drogon, fols en cil — Ibid.
[4] Coisit ne s'en repent — Ibid.

### Texte seul.

Adan amis, je vous dis une fois,
Vous et maistre Jehan de Marli,
    Que jamais ne partiroie,
    Mais tenir ne m'en porroie.
Qui fait mieus, ou chieus qui atent merchi,
En bien servant, I an ou deus ou trois,
    Ou chieus qui loeus merchi proie?

Sire, d'amant est mout grans estrelois
Qui prie loeus c'amours la assailli,
    Aussi c'uns courliex sur voie.
    Chieus fait miex qui s'umeloie,
Et sueffre et crient estre escondis de li,
Et est en bon espoir humles et cois,
    Et prent chou c'amours envoie.

Adan, che me sanles povres esplois
De lonc tans servir ains c'on ait jehi
    Ses maus, car ichil fausvoie,
    Qui n'ose assaier se goie,
Anchois qu'il ait trop en pardon servi;
Et, si li fault, moult sen daura, chest drois,
    Mais d'autre amour se pourvoie.

Sire, qui veut estre sire de lois,
Anchois qu'il ait d'autre scienche oï,
    Mout petit i mouteploie.
    [1] . . . . . . . . .
Qui merchi proie ains qu'il l'ait déservi
Car il doit son bienfait monstrer anchois
    Qu'il prie, s'il veut c'on le croie.

---

[1] Il manque ici un vers dans le manuscrit.

Adan, tous tans parlés vous en clergois,
Et clerc et lai sont en amour onni ;
　　Il ni keurt c'unne monnoie,
　　Cest jeus de boute en coroie ;
C'aussi bien sont li tardieu escarni
Que li hastieu, par coi chelui mains prois
　　Qui plus longuement foloie.

Sire, con plus aroie esté destrois
Et désirrans merchi, sachiés de fi,
　　Plus grant plaisanche averoie
　　En s'amour, s'après l'avoie.
On pris tost feme de vilain cri.
Qui tost requiert, il n'est dont pas courtois,
　　Et fol est qui li otroie.

　　Dragon, Adan peu kerroie.
Il meismes fist ensi que je di ;
Il requist tost : lues fu fais li otrois.
　　Bien l'en vint, or le renoie.

## XI

### ADAN AMIS, MOUT SAVÉS BIEN VO ROI.

Ms. 1109.

Adan a-mis, mout savés bien vo roi D'amour servir,

selonc chou que j'entend. Or me dites par a-mis-tés de coi

Vous le servés, ne por coi, ne coment. J'ai bien mestier

JEUX-PARTIS. 173

TRADUCTION EN NOTATION MODERNE.

TEXTE SEUL.

Adan amis, mout savés bien vo roi
D'amour servir, selonc chou que j'entend,
Or me dites, par amisté de coi
Vous le servés, ne pour coi, ne comment [1];
J'ai bien mestier de vo enseignement [2],
 Car je n'en sai mie
 Le maintien ne le maistrie.
S'el voeil savoir de vous, aprendés m'ent.

Sire Jehan, mout bien savoir le doi;
Je serch amours du cuer [3] premièrement,
Et pour avoir amie, che sont [4] li doi,
Et si le sert [5] en chantant liement,
En désirrant en bel contènement.
 Ché vous senefie [6]
 Comment j'ai amours servie.
Or avés des trois choses jugement.

Adan, tout chou que dire vous en oi
Sai jou piécha, et tout [7] si faitement
Sert jou amours, et de plus, car tout coi [8]
Me tieng en loiauté parfaitement.
Ne de cangier n'ai pooir ne talent
 Cheli c'ai choisie [9].

---

VARIANTES :
[1] Et comment — Ms. 1109.
[2] Vostre ensignement — Ibid.
[3] De cuer — Ibid.
[4] Et pour amie avoir ce sont — Ibid.
[5] Et si li sert — Ibid.
[6] Ce vous senefie — Ibid.
[7] Et tot — Ibid.
[8] Car tres tout coi — Ibid.
[9] Coisie — Ibid.

## JEUX-PARTIS.

  Se vous plus à l'autre fie
Ne me moustrés, je n'aprendrai noient.

 Sire, on ne puet amour servir sans foi;
Chil n'aime pas qui aime faintement [1].
Dont n'avés vous riens ajousté [2] sour moi;
J'avoie avant tout contenu briement.
Moustrer ne puis, quanques il i apent,
  C'amours me tarie,
  Et tant me diversefie
Que j'en diroie articles plus de chent [3].

 Adan, de sens grant défaute en vous voi,
Com plus i a d'articles plus en sent
Chieus qui d'amour maint ou cuer du tournoi
Li tariers mie ne le deffent,
Ne li diversités, ains les aprent.
  Mais par légerie,
  N'en avés apris demie;
G'irai conseil [4] querre à plus sage gent.

 Sire, le favle oïr volés [5] je croi
Dou rouge cokelet, mais [6] nequedent
Jou le dirai pour vous oster d'esfroi.
Je serche [7] amours en proiant humlement,
En veillant, en pensant à li souvent
  En espoir d'aïe.
  Se che [8] ne vous rassasie,
Encor orrés plus de mon errement.

---

[1] Cil ne sert pas qui aime faussement — Ms. 1109.
[2] Adjointe — Ibid.
[3] Plus de cent — Ibid.
[4] Consel — Ibid.
[5] Voles oir — Ibid.
[6] Et nequedent — Ibid.
[7] Je sers — Ibid.
[8] Se ce — Ibid.

Adan, or estes vous en meilleur ploi,
Mais n'el [1] prent mie encore en paiement.
Nostre respons à Lambert Ferri proi
Qu'il estudit [2] bien et soigneusement
Se vous en avés fait souffisaument
  Saine vo [3] partie ;
  Le vérité [4] vous en die ;
Je l'en querrai, car bien sai qu'il s'entent.

Sire Jehan, encor pas ne recroi,
Ains vous tenisse assés à parlement
Se vous ne vous en feussiés mis seur moi.
Je m'i metrai aussi, car autrement
Ne vous porroie [5] oster legièrement
  De vo enrendie [6].
  Vous esmutes ceste aillie,
Mais trop vous en partés honteusement.

Adan, non fai ; vous distes estreloi.
Je vous tenisse a jeu bien [7] longuement,
Mais jou le lais, pour chou que vous perchoi
Si non sachant, que de chou me repent
Que j'ai vo sens prisié si longuement [8].
  S'en iert [9] amenrie
  Me parole [10] et mains prisié,
Car vous parlés d'amour trop jonement.

---

[1] Mais ne — Ms. 1109.
[2] Qui esterdie — Ibid..
[3] Vostre — Ibid.
[4] La vérité — Ibid.
[5] Proie — Ibid.
[6] De vostre esredie — Ibid.
[7] Ju mout — Ibid.
[8] Faitement — Ibid.
[9] S'en ert — Ibid.
[10] Ma parole — Ibid.

Sire, autre gent que li jone n'ont loi
De servir amour ne de parler ent,
Car maint jone [1] escolier, à chou m'apoi,
Sont plus agu de faire un argument
C'uns anchiens ne soit, que de jouvent [2]
  L'estude a laissie.
 Vous devés avoir guerpie
Amours; pour chou parlés si rudement [3].

Adan, chil [4] qui sont batu à le roi,
Se vardent miex [5] de fol enbatement
Que li niais; bien sai que je foloi,
Qui vous demant sens ni [6] apensement.
Je maing par sens en amour fermement,
  Vous par daserie,
 Si que [7] li vens qui balie,
Et trop me [8] respondés bochuement.

Sire, devoir vous m'umeli et souploi,
Et vous me rampronés vilainnement [9].
Vaincre cuidiés par tenche [10] et par anoi,
Pour miex [11] couvrir vo rude entendement.
Pour chou s'aucuns son contraire desment
  Et dist vilenie,

---

[1] Et maint jouene — Ms. 1109.
[2] Qui tres jouvent — Ibid.
[3] Cruelment — Ibid.
[4] Cil — Ibid.
[5] Se gardent mix — Ibid.
[6] Ne — Ibid.
[7] Si com — Ibid.
[8] En — Ibid.
[9] Vilainement — Ibid.
[10] Par tence — Ibid.
[11] Mix — Ibid.

N'a il mie desrainie [1]
Se cause, sil ne le prueve [2] en présent.

Adan, par outrage ne par buffoi
Ne vaint on pas se cause voirement [3],
Mais par raison, par sens et par castoi.
Pour chou vous proi tout débonnairement [4]
Que vous sentés [5] d'amours plus vivement.
Vo testes aguisie [6]
Respondit miex le moitie [7]
Se sentissiés con ses pooirs s'estent.

Sire, encore alés vous au marescoi;
Bien me paiés [8] de trufes et de vent
Quant vous dites que je sens d'amour poi,
Car pour amours je sai [9] certainement
Ne guerpiriés à pièche vo argent [10].
Che fai jou. Clergie
D'amour doit [11] savoir le vie,
Se nus le set, pour sentir asprement.

Adan, par Dieu, au hanap où je boi
Ne porriés vous boire nulement [12].

---

[1] Sa cause desrainsnie — Ms. 1109.
[2] Proeve — Ibid.
[3] Vaingne on pas cause voirement — Ibid.
[4] Vous pruis tout déboinairement — Ibid.
[5] Que pau sentés — Ibid.
[6] Aghuisie — Ibid.
[7] En respondit le moitié — Ibid.
[8] Paissiés — Ibid.
[9] Jel sai — Ibid.
[10] A pièce vostre argent — Ibid.
[11] Dou — Ibid.
[12] D'amours ne porriés nullement — Ibid.

Vous en sentés en joie et en dosnoi,
Et jou en ire et cruel tourment [1].
Se vous avés, pour amour, folement
   L'escole voidie [2],
  Vos sens point ne monteplie :
Que je cuidoie [3] isnel, or le truis lent.

 Sire, en servant amours, mout mieus emploi [4]
Que se je fusse escoliers seulement ;
Et pour itant [5], se l'escole renoi,
Ch'est pour moi employer plus hautement.
Et vous dites que j'uevre [6] sotement,
   Qui l'ai eslongie.
  Ne doit dire tel folie
Hom qui connoit qu'il aime loiaument.

 Adan, de vous vauroie faire un roy,
Ne riens n'ai dit pour vostre empirement
Mais trop vous eslongiés, par saint Eloy,
De le matière [7], et, cest mien ensient,
Par jonèche n'avés pas cruellement [8]
   Amour assaillie.
  Chil ont [9] autrement sentie,
Qui sèvent d'ore et dou [10] viés testament.

---

[1] En ire et en cruel torment — Ms. 1109.
[2] Vuidie — Ibid.
[3] Cui je cuidoi — Ibid.
[4] Mix m'emploi — Ibid.
[5] Et ne quant — Ibid.
[6] Que j'oevre — Ibid.
[7] Matere — Ibid.
[8] Par jouenèce n'avés pas correument — Ibid.
[9] Cil l'ont — Ibid.
[10] Du — Ibid.

Sire, adès fait bon [1] laissier l'esbanoi,
Entreus [2] qu'il est biaus et sans mautalent.
Je vous pardoins le honte et le desroi
Que sans raison m'avés fait [3], par couvent
Qu'encore un hom ou deus soingneusement [4]
    Prendons [5] sans boisdie ;
    Ferris le me loe et prie
Que [6] nous avons pris au commenchement.

Adam, mout bien me plaist, et si l'otroi
Qu'à vous ne voeil riote ne content [7];
Mais bien en pais en Signeur [8] Audefroi
Men mech; or peust bien curieusement
Se vous avés [9] respondu passanment.
    S'il le vous grascie,
    Me teste en iert [10] apaisie,
Et se che non, je voeil que il l'ament.

Autrui que vous [11], dame de Danemoi
N'i voeil avoir pour mi nomméement.
Or serés [12] vous en jugement tout troi,
Vous, Audefroi et Ferris ensement [13].

---

[1] Boin — Ms. 1109.
[2] Entroes — Ibid.
[3] Dit — Ibid.
[4] Communaument — Ibid.
[5] Prengons — Ibid.
[6] Cui — Ibid.
[7] K'a vous ne voeil iote ne tenchon — Ibid.
[8] Mais puis est bien en Signour — Ibid.
[9] M'avés — Ibid.
[10] En est — Ibid.
[11] N'autre de vous — Ibid.
[12] Or irés — Ibid.
[13] Seulement — Ibid.

JEUX-PARTIS.                                    181

J'ai, selonc che que bone amours s'estent [1],
    Verité jugie :
    Dame, or soiés en m'aïe,
Se vous veés que raisons le consent.

## XII

COMPAINS JEHAN, UN DON VOUS VOEL PARTIR.

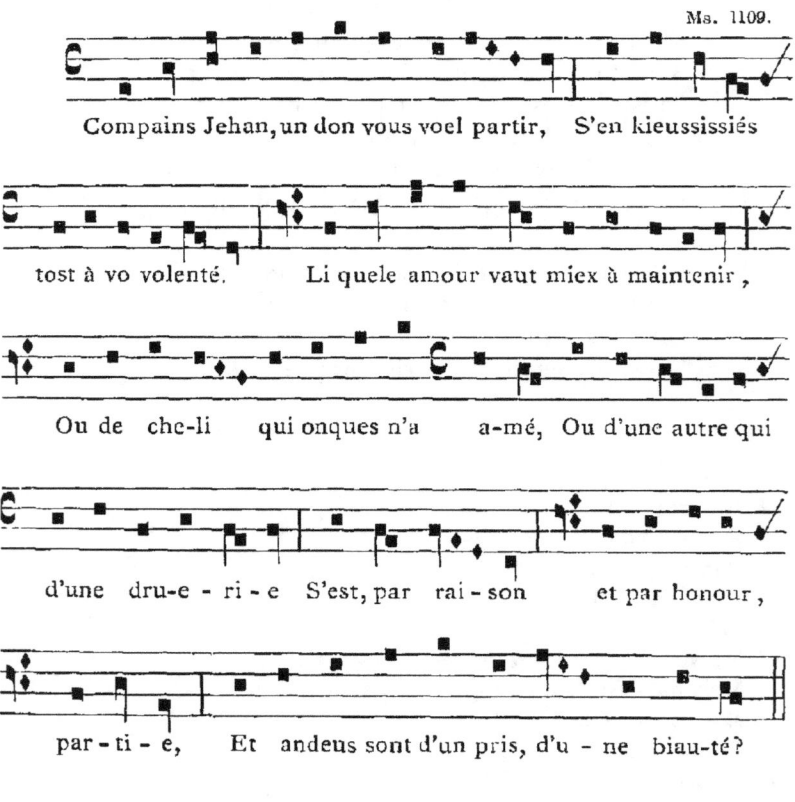

Compains Jehan, un don vous voel partir, S'en kieussissiés tost à vo volenté. Li quele amour vaut miex à maintenir, Ou de che-li qui onques n'a a-mé, Ou d'une autre qui d'une dru-e-ri-e S'est, par rai-son et par honour, par-ti-e, Et andeus sont d'un pris, d'u-ne biau-té?

---

[1] Chou que boine amours m'esprent — Ms. 1109.

182    JEUX-PARTIS.

TRADUCTION EN NOTATION MODERNE.

Compains Je-han, un don vous voel par-tir, S'en kieussis - siés tost à vo vo-len-té. Li quele a-mours vaut miex à main-te-nir, Ou de che-li que on-ques n'a a-mé, Ou d'une au-tre qui d'u-ne dru-e-ri-e S'est, par rai-son et par honnour, par-ti-e, Et an deus sont d'un pris, d'u-ne biau-té?

TEXTE SEUL.

Compains Jehan, un don [1] vous voel partir,
S'en kieusissiés tost à vo volenté [2].

---

VARIANTES :

[1] Gieu — Ms. 1109.
[2] Si coisissiez à vostre volenté — Ibid.

Li quele amours vaut miex[1] à maintenir,
Ou de cheli que onques[2] n'a amé,
Ou d'une autre qui d'une druerie
S'est, par raison et par honnour[3], partie,
Et[4] andeus sont d'un pris, d'une biauté[5]?

Adan, je mech en cheli[6] mon désir
Qui bien d'amour a seu et prouvé.
S'ele ot ami qui bien le sot servir[7],
Je senc mon cuer si ferm en loiauté,
C'aussi et miex[8] sera de moi servie.
S'il fu faintis, à moi n'avenra mie,
Par tant porroi mieus déservir son grés[9].

Sire Jehan[10], selonc le mien plaisir,
Prendre au meilleur savés mal assener[11].
On dist qu'envis[12] puet on son cuer partir
De là où s'est[13] premièrement donnés.
Partant aim miex que chele[14] soit m'amie
Qui à premiers s'est à moi otroïe,
Et tous amans a pour[15] moi refusé.

---

[1] Mix — Ms. 1109.
[2] U de celi qui onkes — Ibid.
[3] Houneur — Ibid.
[4] Mais — Ibid.
[5] Bonté — Ibid.
[6] Celi — Ibid.
[7] Sele ot amours qui bien sot deservir — Ibid.
[8] U mix — Ibid.
[9] Gré — Ibid.
[10] Sire compains — Ibid.
[11] Convient autre ton jugement livrer — Ibid.
[12] Que mix — Ibid.
[13] U est — Ibid.
[14] Pour chou aime mix que cele — Ibid.
[15] Soit pour — Ibid.

Adan, je di, et se ni puis faillir [1],
Qu'à le meilleur des deus ai assené [2];
Car s'il l'estuet ore à moi obéir [3],
De tant a plus et apris et usé
A faire honneur et sens et courtoisie;
Et quant d'amour est bien ensignerie [4],
Tant rent plus tost au vrai ami [5] bonté.

Sire, assés miex vous deveriés tenir
A che qui tantes fois est esprouvé [6].
Vous savés bien c'on voit si retenir
Feme tout chou où sen cuer a enté [7],
Que le saveur à nul jour n'en ouvlie [8].
Pour chou aim miex feme en mon sens nourie
Que s'ele eust à autre [9] escole esté.

## XIII

ADAN, SI SOIT QUE ME FEME AIMÉS TANT.

Ms. 1109.

Adan, si soit que me feme amés tant C'on puet amer, et

---

[1] Fallir — Ms. 1109.
[2] M'ai assené — Ibid.
[3] Car s'il estuet à amour obéir — Ibid.
[4] Et tant plus est d'amour plus ensignie — Ibid.
[5] Amant — Ibid.
[6] A cou qui est tante fois esprouvé — Ibid.
[7] Le nouvel pot pour keuli n'a entré — Ibid.
[8] Oublie — Ibid.
[9] Que chou k'ele ait à autre — Ibid.

JEUX-PARTIS.            185

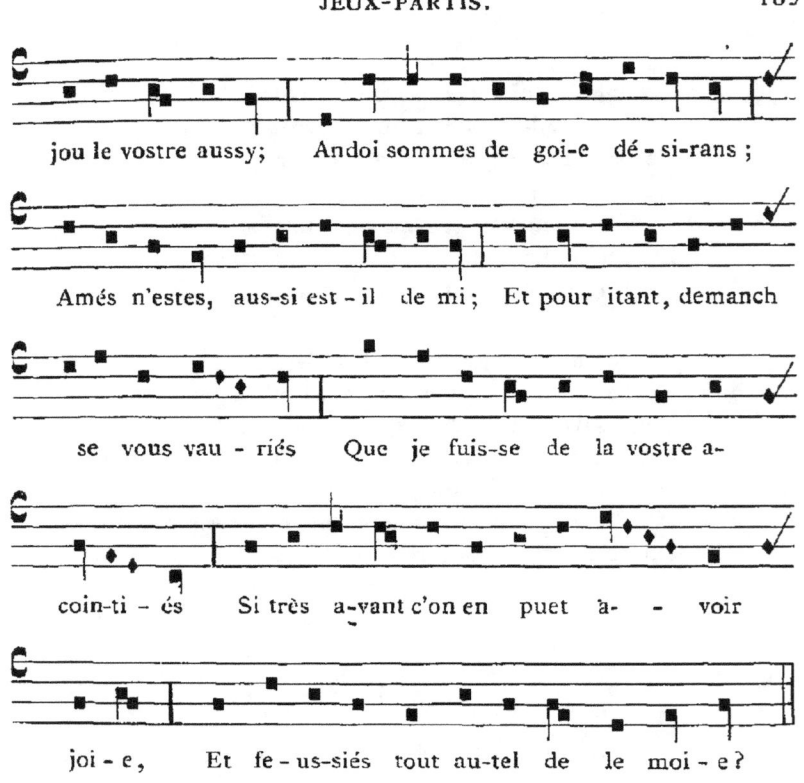

jou le vostre aussy; Andoi sommes de goi-e dé-si-rans;

Amés n'estes, aus-si est-il de mi; Et pour itant, demanch

se vous vau-riés Que je fuis-se de la vostre a-

coin-ti-és Si très a-vant c'on en puet a- - voir

joi-e, Et fe-us-siés tout au-tel de le moi-e?

TRADUCTION EN NOTATION MODERNE.

A-dan, si soit que me feme a-més tant

C'on puet a-mer, et jou le vos-tre aus-sy;

An-doi som-mes de goi-e dé-si-rans;

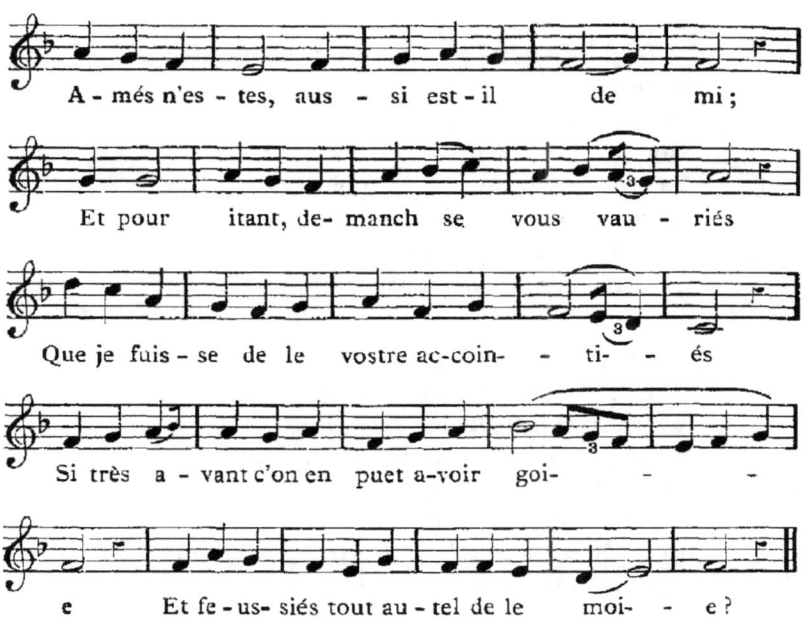

TEXTE SEUL.

Adan, si soit que me feme amés tant
C'on puet amer, et jou le vostre aussi ;
Andoi sommes de goie désirans ;
Amés n'estes, aussi est il de mi [1] ;
Et pour itant, demanch se vous vaurriés
Que je fuisse de la vostre acointiés [2],
Si très avant c'on en puet avoir goie
Et feussiés tout autel de le moie [3] ?

VARIANTES :
[1] Amés n'estes autel di jou de mi — Ms. 1109.
[2] De vo feme acointiés — Ibid.
[3] Et fussiés autretel de la moie — Ibid.

Rogier, metés vo tôt en plache avant,
Adonc sarai se j'ai le jeu parti [1].
Se vo feme cuidasse aussi vaillant [2]
Con le moie, j'eusse tost choisi.
Se pour vo feme ensi le moie aviés,
Encontre dis un tout seul meteriés,
Et cat en sac à vous acateroie,
Se sans assai tel escange prendroie [3].

Adan, vers moi alés débat cachant.
A deus Dames sommes [4] andoi amis,
Et vous m'alés de tot aatissant.
Vous ne savés quant je vo femme vi,
Je vous demant le voie dont issiés,
Et, par orgueil, d'un autre m'arainiés [5].
Et pour vous di c'amans [6] trop se desroi
Qui ne s'assent à che c'amours envoie.

Rogier, d'amours ne savés tant ne quant.
Se j'aim vo feme, il n'affiert point pour li
Que vous aiés le moie en vo commant [7],
Ne point amours ne le commande ensi,
Et qui le fait mout en est avilliés.
Je ne sui pas sans che faire esmaiés,
Se l'aim et serf de cuer, que [8] je ne doie
Avoir merchi; mais vo cuers faut et ploie.

---

[1] Le ju parti — Ms. 1109.
[2] Cuidiés aussi plaisant — Ibid.
[3] Prenoie — Ibid.
[4] Soumes — Ibid.
[5] M'arainsniés — Ibid.
[6] Que cil — Ibid.
[7] Que vous aiés me feme à vo commant — Ibid.
[8] Se l'aim de cuer et sers que — Ibid.

Adan, non fait; ains vous va cuers faillant
Quant refusés le déduit de merchi,
Pour vo feme que vous alés doutant
A vo sanlant sans amour; pour che di
Que vous estes de sens amenuisiés.
S'en me vie m'escaoit tes marchiés [1]
Que vous gagiés, certes trop faus [2] seroie
Se mon désir pour mon ami laissoie.

Rogier, chil sont musart et non sachant [3]
Qui pour un seul goïr sont si hardi
Qu'il emprendent honte et damage grant.
Prendés che bon marcié [4], car j'en di fi,
Miex ameroie adès estre entrepiés
Qu'estre [5] en amour par tel cose essauchiés ;
Et contre amour de vo feme gorroie,
Car che seroit marchiés que je feroie.

Adan, pourfit de damage cuidiés.
Li espreviers [6] est trop mal affaitiés
Qui refuse, quant il a fain [7], se proie :
Tesmoigniés le, sires de le Tieuloie [8]

Ferri, amours Dame est courte et briés
Mais sen baron sert feme en tous meschiés.
Seroie je donc faus, se je laissoie [9]
Me feme à che que tost reperderoie ?

---

[1] S'en ma vie m'eskaoit cex markiés — Ms. 1109.
[2] Fols — Ibid.
[3] Pau saccant — Ibid.
[4] Markiés — Ibid.
[5] K'estre — Ibid.
[6] Esperviers — Ibid.
[7] Quant plus a fain — Ibid.
[8] Tesmoigniés nient, sires de le Tuiloie — Ibid.
[9] Seroie jou donc fols, se je cangoie — Ibid.

## JEUX-PARTIS.

## XIV

### ADAN, LI QUELS DOIT MIEX TROVER MERCHI.

Adan, li quels doit miex trover merchi En se Dame, au
di-re voir, Ou chieux qui va toujours parler à li, Là où il
puet veoir, Jà tant n'i a-ra de gent, Pour le grand
amour qui sent, Ou chieus qui se lairroit anchois mo-rir
Que il lais-sast per-che-voir son dé-sir?

TRADUCTION EN NOTATION MODERNE.

A-dan, li quels doit miex trou-ver mer-chi
En se Dame, au di-re voir, Ou chieux qui va

190                JEUX-PARTIS.

toujours parler à li, Là où il puet veoir, Jà tant n'i ara de gent, Pour le grand amour qui sent, Ou chieus qui se lairroit anchois morir Que il laissast perchevoir son désir?

TEXTE SEUL.

Adan, li quels doit miex [1] trouver merchi
 En se Dame [2], au dire voir,
Ou chieus [3] qui va tousjours parler à li
 Où il le puet veoir [4],
 Jà tant n'i ara de gent,
 Pour le grant amour qui [5] sent,
Ou chieus [6] qui se lairroit anchois mourir
Que il laissast perchevoir [7] son désir?

---

  VARIANTES :
 1 Li ques doit mix — Ms. 1109.
 2 En sa Dame — Ibid.
 3 U cil — Ibid.
 4 La u il la puet veoir — Ibid.
 5 Car le grant amour qu'il sent — Ibid.
 6 U chius — Ibid.
 7 Perchoivre — Ibid.

Sire Jehan Bretel, je responc chi :
Sachiés [1] bien font leur devoir
En poursievant [2] leur Dames fin ami,
Et si doivent miex avoir
Confort et alègement
Que chil qui n'ont hardement
D'anter cheles dont il vœulent goïr [3];
Car de petit d'amour [4] vienent taisir.

Adan, de chou largement vous desdi.
Chieus qui ne s'ose mouvoir,
N'à li parler, pour eschiever [5] le cri,
Et si sert [6] en bon espoir,
Désert [7] miex bien que li chent,
Car chieus monstre apertement,
Qui trop s'enbat, qui oseroit tollir
Se Dame honneur pour son bon acomplir.

Sire, d'amours avés mout poi senti ;
Par chou le puet on veoir [8],
Que chou [9] c'amant sont de parler hardi
Puet on l'amour perchevoir [10].
Car au grant fu qui esprent
Convient il allègement [11].

---

[1] Saciés — Ms. 1109.
[2] Poursivant — Ibid.
[3] D'amer celes dont il voelent joir — Ibid.
[4] Car de petite amour — Ibid.
[5] Eskiever — Ibid.
[6] Et il sert — Ibid.
[7] Dessert — Ibid.
[8] Savoir — Ibid.
[9] K'en ce — Ibid.
[10] Percevoir — Ibid.
[11] Espargement — Ibid.

Parole doit, pour le cuer esclarchir [1],
C'est certes cose, parmi le bouche issir [2]

Adan, mout miex [3] se tient Diex aservi
    D'un moine au caperon noir [4]
Quant il aoure en lieu coi et seri [5],
    Que s'il faisoit aparoir
    S'orison trop baudement.
    Amours veut [6] faire ensement :
Loial honteus doit amie enrichir,
Et loial baut eskiever sans mérir.

Sire Jehan, à chou que j'ai oï [7]
    Faites vo sens peu paroir [8]
Car puis c'amours a cuers d'amant saisi
    Mesure ni puet manoir.
    Car che [9] c'on ne voit souvent
    Et c'on aime loiaument [10]
Ceurt tost chascuns, quant il i puet venir [11],
Et perèche fait maint home apovrir.

Ferri, jugiés nous briement. Je di
    Qu'en amours mesprent
Qui luffres est. Chascuns [12] doit garandir
L'onneur se Dame et mesdisans cremir.

---

[1] Plus esclarcir — Ms. 1109.
[2] En liu de femeril par bouce ouvrir — Ibid.
[3] Adan trop mix — Ibid.
[4] Del moune au caperon noir — Ibid.
[5] Quant il aoure en secré liu seri — Ibid.
[6] Doit — Ibid.
[7] K'ai chi oi — Ibid.
[8] Vo sens faites pau paroir — Ibid.
[9] Chou — Ibid.
[10] Durement — Ibid.
[11] Keurt tost cascuns quant on i puet venir — Ibid.
[12] Est cascuns — Ibid.

## JEUX-PARTIS.

Dragon, faus [1] est qui atent ;
On doit jéhir son talent,
Si c'autres n'i puist à tans seurvenir [2],
Et che qu'il a espargnié enveïr [3].

## XV

ASSIGNÉS CHI, GRIVILER, JUGEMENT.

As-si-gnés chi, Gri-vi-ler, jugement : Ou quel puet miex chieus se paine emploi-er, Qui amours veut par parole essauchier, Ou en che-lui qui ai-me loiaument, Pour ce qu'il n'ait vo-len-té ni ta-lent De soy can-gier, Ou en che-lui qui ai-me faus-se-ment pour ra-voi-er.

[1] Fols — Ms. 1109.
[2] Sourvenir — Ibid.
[3] Envair — Ibid.

## JEUX-PARTIS.

TRADUCTION EN NOTATION MODERNE.

As - si - gnés chi, Gri-vi - ler, ju - ge-ment:
Ou quel puet miex chieus se pai-ne em - - ploi - er,
Qui a - mours veut par pa-role es - sau - chier,
Ou en che-lui qui ai - me loi - au - ment, Pour che
qu'il n'ait vo-lon-té ni ta - lent De soy
can - gier, Ou en che - lui qui ai - me
faus - - se-ment, Pour ra - voi - - er.

TEXTE SEUL.

Assignés chi, Griviler, jugement :
Ou quel puet miex chieus se paine employer,
Qui amours veut par parole essauchier,
Ou en chelui qui aime loiaument

Pour che qu'il n'ait volenté ne talent
De soy cangier,
Ou en chelui qui aime faussement,
Pour ravoier.

Adan, de che vous jugerai briement.
En un loial a peu à preéchier;
Et ensement qui est en bon sentier
Peu fait qui dist : Alés seurement.
Chieus fait trop miex qui se paine despent
Au losengier,
Tant qu'il l'ait fait à amer loiaument
Acoragier.

Jehan de Griviler, seur fondement
Foivle et mauvais fait mal édéfier.
Laissiés le faus amant à justichier
Si vous tenés à chelui qui ne ment;
Con voit par défaute d'ensengnement
Maint desvoier,
Et mainte tour qui n'a retènement
Adamagier.

Adan, sachiés que mal ot qui n'entent,
Et mal entent c'on ne puet conseillier.
Chiex fait trop mains qui loe un bon ouvrier
Que ne fait chieus qui à ouvrer l'aprent.
Qui chou ne set ne voit pas clèrement
Pour droit jugier,
N'il n'est pas plains de bon entendement,
Au mien cuidier.

Jehan, chelui resanlés proprement
Qui le grant faix prent, si laist le légier.
Li hom qui veut le grant fait encarchier
Le pieur prent en son maniement.

Et si dist-on partout communément
  Que de bruhier
Ne porroit nus, tant ouvrast soutieuement
  Faire esprevier.


  Adan, sera chis escris longement.
Mout savés bien de vostre tort plaidier ;
Hom soelés n'a mestier de mengier ;
Laissiés chelui qui aime fermement,
Si conseilliés de fol errement.
      Le mal parlier :
On doit vitaille à familleuse gent
  Appareillier.


  Jehan, se vous ne posés autrement,
Che c'avés dit vous convient renoier.
On doit anchois l'estaulle vérillier
Que li chevaus soit perdus nichement :
Pour che convient il avoir garnissement.
      Mais qui trechier
Veut, il ne fait de bon preéchement
  El que moquier.


  Adan, tout faus sont li vostre argument.
On puet mout bien pécheour radréchier,
Quant on le veut estruieir et ensengnier,
Et faire encor ovrer plus saintement
Que ne fait chieus qui vit onniement
  Sans folier.
Preus est qui fait povre commenchement
  Monteplier.

## XVI

### AVOIR CUIDAI ENGANÉ LI MARCHIÉ.

Ms. 1109. — Ms. de Cambrai.

A-voir cui-dai en-ga-né li marchié, Quant convoitai

be-le Dame jo-li-e ; Et tant pourquis qu'ele m'eut o-troié

Qu'elle m'amoit et me fist courtoi-si - e. Mais li marchiés m'a

trop miex engané, Car en li n'a ne foi ne loi-au-té, Ains l'a

cas-cuns à son tour gaaingnié. A-dan ai jou perdu ou gaaingnié?

TRADUCTION EN NOTATION MODERNE.

Avoir cui - dai en-ga-né li mar- chié, Quant con-

voi - tai be-le Da - me jo - li - e ; Et tant pour

# JEUX-PARTIS.

quis qu'ele m'eut o-troi-é Qu'ele m'ai-moit et me fist cour-toi-si-e. Mais li marchié m'a trop miex enga-né, Car en li n'a ne foi ne loi-au-té, Ains l'a chas-cuns à son tour gaain-gné. A-dan, ai jou per-du ou gaai-gné?

TEXTE SEUL

Avoir cuidai engané le marchié,
Quant convoitai bele Dame jolie [1];
Et tant pourquis qu'ele m'eut otroié
Qu'elle m'amoit et me fist courtoisie.
Mais li marchiés m'a trop miex engané,
Car en li n'a ne foi ne loiauté,
Ains l'a chascuns à son tour gaaingnié.
Adan, ai jou perdu ou gaaignié?

Sire Jehan, bien avés esploitié,
Se de vo Dame avés joie acomplie

---

VARIANTES :

[1] Dame et jolie — Ms. 1109.

Comment qu'ele ait cuer et cors entechié [1]
D'atraire à li cheus [2] dont ele est proïe,
Le cuer en avés vous sans faille iré [3];
Mais puis c'avés son déduit désirré,
Et bonnement s'est à vous obligie,
Vo travail tieng à mout bien emploié [4].

Adan, povrement avés soutillié
Se je conquis, che fu bachelerie [5];
Et quant j'euc [6] par bel servir desrainié,
Che que je vaut [7], et fui en segnerie,
Adont oï je [8] à perdre à grant plenté [9].
Quant je perdi ce que j'euc [10] conquesté
Je sai pour voir qu'ele m'eut le moitié [11],
Plus que reconforté, adamagié [12].

Sire Jehan, de nient avés plaidié,
Car se jai une Dame convoitie
Qui m'a selonc mon désir apaié,
S'après le voi [13] d'aucun visse entechie,

---

[1] Entecié — Ms. 1109.
[2] Chiaus — Ibid.
[3] Et le cuer en avés sans faille ire — Ibid.
[4] Je tien vo travail a bien emploié — Ibid.
[5] Bacelerie — Ibid.
[6] J'euch — Ibid.
[7] Chou que je vauch — Ibid.
[8] Adont eut jou — Ibid.
[9] Grant planté — Ibid.
[10] Chou que j'euch — Ibid.
[11] Par son meffait elle m'eut la moitié — Ibid.
[12] A damagé — Ibid.
[13] Le truis — Ibid.

Mout tost a raison déduit ouvlié [1],
Car on n'est pas, sachiés, si [2] escaufé
De tenir bele Dame compaignie
C'on est d'un sien [3] lait visse refroidie.

Adan, bien d'amour sont mal emploié
En chelui qui légièrement ouvlie [4].
Se j'ai grant bien en me Dame [5] cuidie,
Et lui en bonne entention servie,
Tant qu'ele m'a par amours fait bonté,
S'après en li perchois desloiauté,
Me joie faut et mes deus monteplie,
Et con plus vail, plus me tient aquoissie.

Sire Jehan, chieus qui a assaié
Des biens d'amours doit faire chière lie,
Et après che, quant se sent engingnié
Et que sa Dame est à autrui amie,
S'adont s'en part, dont a il bien [6] prouvé
Que chieus a plus de biens en li trouvé [7]
Que du mauvais, et bien ne senefie
Che quil n'a pas son serviche laissie

Ferri, tant sont fin ami auvulé [8]
Que chascuns maint en le caitiveté
Plus volentiers qu'en son preu; ch'est folie [9].
Faire l'estuet, car amours l'a jugie.

---

[1] Desir oublie — Ms. 1109.
[2] Sacies tant — Ibid.
[3] Du sien — Ibid.
[4] Oublie — Ibid.
[5] Ma Dame — Ibid.
[6] S'en part dont il est bien — Ibid.
[7] Que cel a plus en li de biens trouvé — Ibid.
[8] Amant avulé — Ibid.
[9] C'est folie — Ibid.

## XVII

**ADEST DIES HEC TERTIA.**

Adest di-es hec ter-ti-a Passi redempto-ris,
Qua sur-re-xit ca-ro pi-a; Et si vobis o- -ris
Non suffi - cit tes-ti-mo-ni-um, Ecce locus, su-da-ri-um,
La-pis, signum fo- -ris : Hic sepul-tus et oc-cul-tus
e-rat fons dulco - ris. Al-le- - -
- - - - - lu-ia!

TRADUCTION EN NOTATION MODERNE.

A-dest di - es hec ter-

### Texte seul.

Adest dies hec tertia
   Passi redemptoris,
Qua surrexit caro pia;
  Et si vobis oris
Non sufficit testimonium,
Ecce locus, sudarium,
   Lapis, signum foris.
    Hic sepultus
    Et occultus
  Erat fons dulcoris.
     Alleluia!

# RONDEAUX

# LI RONDEL ADAN

### I

JE MUIR D'AMOURETES.

Je muir, je muir d'a-mou-re-te. Las ai-mi !

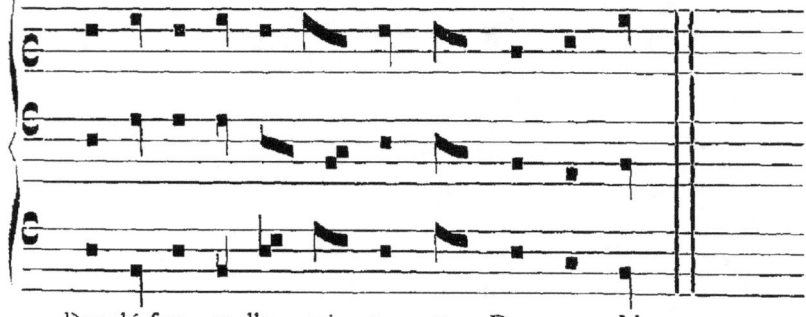

Par dé-fau-te d'a-mi-e-te De mer-chi.

## RONDEAUX.

**TRADUCTION EN NOTATION MODERNE.**

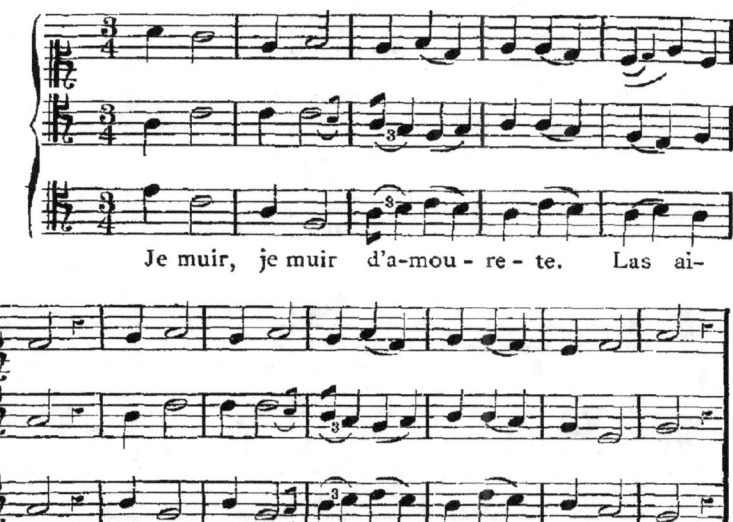

Je muir, je muir d'a-mou-re-te. Las ai-mi! Par dé-fau-te d'a-mi-e-te De mer-chi.

**TEXTE SEUL.**

Je muir, je muir d'amourete
Las aimi !
Par défaute d'amiete
De merchi.

A premiers le vi douchete
Je muir, je muir, etc.

D'une atraiant manièrete
Adont le vi ;
Et puis le truis si fièrete,
Quant li pri [1].

---

VARIANTE :
[1] Kant li pri — Ms. de Cambrai.

# RONDEAUX.

Je muir, je muir d'amourete
　　Las aimi
Par défaute d'amiete
　　De merchi.

---

## II

### LI DOUS REGARS DE MA DAME.

Li dous re-gars de ma Da - me  Me fait es-pérer mer-chi.

TRADUCTION EN NOTATION MODERNE.

Li　dous　re - gars　de　ma　Da-

---

[1] Dans le Ms. de Cambrai la musique de ce rondeau est totalement différente.

me　　Me fait　es - pé-'  - rer mer - chi.

TEXTE SEUL.

Li dous regars de ma Dame
Me fait espérer merchi;
Diex gart son gent cor de blasme.
Li dous regars de ma Dame.

Je ne vi onques par m'ame
Dame plus plaisant de li.

Li dous regars de ma Dame
Me fait espérer merchi.

---

## III

### HAREU LI MAUS D'AMER.

Ha - reu　li　maus d'a - mer　M'o-chist.

---

[1] Pour les variantes, voir « Histoire de l'harmonie au moyen âge », pl. xxxi et traduction, p. xxxv.

## RONDEAUX.

### Traduction en notation moderne.

Ho - reu li maus d'a - mour M'ochist.

### Texte seul.

Hareu li maus d'amer
  M'ochist ;
Il me fait désirer.
Hareu li maus d'amer.

Par un douch regarder
  Me prist.
Hareu li maus d'amer
  M'ochist.

---

### IV

#### FINES AMOURETES AI.

Fi- nes amou-re-tes ai ; Dieu si ne sai Quand les

---

[1] Pour les variantes, voir « Hist. de l'harm. », pl. xxxi et trad. p. xxxv.

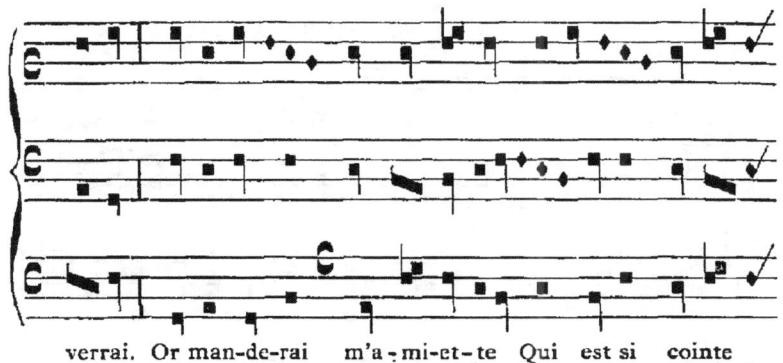

verrai. Or man-de-rai m'a-mi-et-te Qui est si cointe

et si jo-liette Et s'est savérousete, C'astenir ne m'en

po - rai. Fi - nes a - mou-re-tes ai, Dieu si, etc.

## RONDEAUX.

**Traduction en notation moderne.**

TEXTE SEUL.

Fines amouretes ai,
Dieus ! si ne sai
Quant les verrai.

Or manderai mamiete
Qui est cointe et joliete
Et s'est si savérousete
C'astenir ne m'en porrai.
    Fines amouretes ai, etc.

Et s'ele est de moi enchainte
Tost devenra pale et teinte ;
S'il en est esclandèle et plainte
Déshonnerée l'arai.
    Fines amouretes ai, etc.

## RONDEAUX.                                                            215

Miex vaut que je m'en astiengne,
Pour li joli me tiengne,
Et que de li me souviengne;
Car s'onnour le garderai.
  Fines amouretes ai, etc.

V

A DIEU COMANT AMOURETES.

A Dieu co-mant amoure-tes, Car je m'en

vois sous - pi - rant En terre es - trange.

216   RONDEAUX.

TRADUCTION EN NOTATION MODERNE.

A Dieu co-mant a-mou-retes, Car je m'en vois Sous-pi-rant en terre es-tran-ge.

TEXTE SEUL.

A Dieu comant amouretes,
Car je m'en vois
Souspirant en tere estrange.

Dolans lairai les douchetes,
Et mout destrois.
A Dieu comant amouretes.

J'en feroie roïnetes,
S'estoie roys.
Comant que la chose empraigne.
A Dieu comant amouretes,
Car je m'en vois
Souspirant en tere estrange.

## RONDEAUX.

### VI

**FI MARIS DE VOSTRE AMOUR.**

Fi maris de vostre amour, Car j'ai a-mi biaus et de noble atour.

TRADUCTION EN NOTATION MODERNE.

Fi ma- - ris de vostre a - mour, Car

j'ai a - mi biaus et de noble a - tour.

## RONDEAUX.

**Texte seul.**

Fi maris de vostre amour,
Car j'ai ami
Biaus et de noble atour.
Fi maris de vostre amour.

Il me sert et nuit et jour.
Pour che l'aim chi.
Fi maris de vostre amour, etc.

## VII

### DAME OR SUI TRAÏS.

Dame or sui tra - ïs Par l'o - coi - son
De vos iex qui sont Pri-vé lar - ron.

## RONDEAUX. 219

TRADUCTION EN NOTATION MODERNE.

TEXTE SEUL.

Dame, or sui traïs
Par l'ocoison
De vos iex qui sont
Privé laron.
Et par vo douch ris.
Dame or sui traïs, etc.

220                    RONDEAUX.

Car il est assis
   Sur cuer félon
Dont j'apel vo vis
   De traïson.
Dame, or sui traïs, etc.

---

## VIII

AMOURS ET MA DAME AUSSI.

Amours et ma Dame aus-si, Jointes mains vous proi merchi.

TRADUCTION EN NOTATION MODERNE.

A-mours    et   ma   Dame aus- -si,

Join - tes   mains  vous   proi  mer- - chi.

TEXTE SEUL.

Amours et ma Dame aussi,
Jointes mains vous proi merchi.
Votre grant biauté mar vi
 Amours et ma Dame aussi.

Jointes mains vous proi merchi.
 Se n'avés pité de mi
Votres grant biautés mar vi
 Amours et ma Dame aussi, etc.

## IX

OR EST BAIARS EN LA PASTURE.

Or est Bai-ars en li pas-tu-re, Hure,

222                    RONDEAUX.

des deus piés def - fé - rés  Il por - te souef lamblure.

TRADUCTION EN NOTATION MODERNE.

Or   est   ba- - iars   en   la   pas- - tu - re   Hu-re   Des   deus   pies   def- - fe - res   Des

deus    pies    def-    fé-    rés.

TEXTE SEUL.

Or est Baiars en la pasture
Hure,
Des deus piés defférés.
Des deus piés defférés,
Il porte souef l'ambleure;
Or est Baiars en la pasture.

Avoir li ferai couverture,
Hure,
Au repairier des prés.
Au repairier des prés
Or est Baiars en la pasture,
Des deus piés defférrés.

## X

A JOINTES MAINS VOUS PROI.

A jointes mains vous proi Douce   Dame merchi   Liés sui quant.

## RONDEAUX.

TRADUCTION EN NOTATION MODERNE.

TEXTE SEUL.

A jointes mains vous proi,
Douche Dame, merchi.
Liés sui quant je vous voi.

A jointes mains vous proi,
Avés merchi de moi,
Dame, je vous en pri.
A jointes mains vous proi,
Douche Dame, merchi.

# RONDEAUX.

## XI

### HÉ DIEX ! QUANT VERRAI.

Hé Diex! quant ver - rai Che - li que j'aim.

TRADUCTION EN NOTATION MODERNE.

Hé Diex! quant ver - rai Che- - li que j'aim.

TEXTE SEUL.

Hé Diex ! quant verrai
   Cheli que j'aim.
Certes je ne sai.
Hé Diex ! quant verrai.

226　　　　　　RONDEAUX.

> De vir son cor gai
> Muir tout de faim.
> Hé Diex ! quant verrai
> Cheli que j'aim.

---

## XII

### DIEX COMENT PORROIE.

Diex co - ment por - roi - e　Sans che - li

du - rer　Qui me tient en joi - e.

## RONDEAUX.

**TRADUCTION EN NOTATION MODERNE.**

Diex co - ment por - roi - e  Sans che-li du - rer  Qui me tient en joi - e.

**TEXTE SEUL.**

Diex, coment porroie
Sans cheli durer
Qui me tient en joie?
Elle est simple et coie,
Diex coment porroie, etc.

Ne m'en partiroie
Pour les iex crever,
Se s'amours n'avoie.
Diex, coment porroie
Sans cheli durer
Qui me tient en joie.

## XIII

TROP DÉSIR A VEOIR.

Trop dé- - sir a veoir Che que j'aim.

TRADUCTION EN NOTATION MODERNE.

Trop dé- - sir a veoir Che que j'aim.

TEXTE SEUL.

Trop désir a veoir
Ce que j'aim.
Ne m'en puis remouvoir.
Trop désir a veoir

## RONDEAUX.

Et au main et au soir
Me complains.
Trop désir a veoir
Ce que j'aim.

---

## XIV

### BOINE AMOURETE.

Boine a - mou - re - te   Me   tient   gai.

TRADUCTION EN NOTATION MODERNE.

Boine a - mou - re - te   Me   tient   gai.

## RONDEAUX.

**TEXTE SEUL**

Boine amourete
Me tient gai,
Ma compaignete;
Boine amourete,
Ma cançonnete
Vous dirai.
Boine amourete
Me tient gai.

---

## XV

**TANT CON JE VIVRAI.**

# RONDEAUX.

### Traduction en notation moderne.

232       RONDEAUX.

TEXTE SEUL.

Tant con je vivrai
N'amerai
Autrui que vous.
Jà n'en partirai,
Tant con je vivrai.
Ains vous servirai
Loiaument mis m'i sui tous.
Tant con je vivrai
N'amerai
Autrui que vous.

XVI

DIEX SOIT EN CHESTE MAISON.

Diex soit en ches-te maison, Et bien et joie à fuison

No si-res no-ueus Nous envoie à ses amis; Ch'est as

RONDEAUX. 233

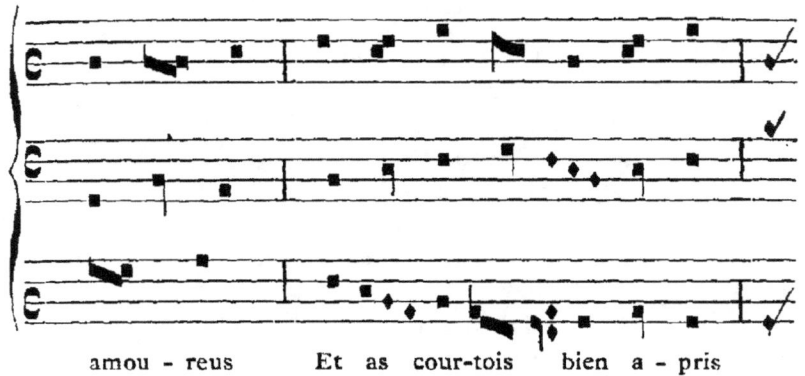

amou - reus  Et as cour-tois  bien a - pris

Pour a - voir des pa - rei - sis  A no - hé - li - son.

TRADUCTION EN NOTATION MODERNE.

Diex soit  en ches - te mai - son  Et biens

RONDEAUX.

sis A no- - hé - li - - son.

Texte seul.

Diex soit en cheste maison
Et biens et goie à fuison

No sires noeus
Nous envoie à ses amis ;
Ch'est as amoureus
Et as courtois bien apris,
Pour avoir des pareisis
A nohélison.
Diex soit en cheste maison,
Et biens et goie à fuison.

Nos sires est teus
Qu'il prieroit à envis ;
Mais as frans honteus
Nous a en son lieu tramis,
Qui sommes de ses nouris
Et si enfançon.
Diex soit en cheste maison
Et biens et goie à fuison.

# MOTETS

# LI MOTET ADAN

## I

1. A DIEU COMMANT. — 2. ADAN SE SONT LOÉ. — 3. SUPER TE.

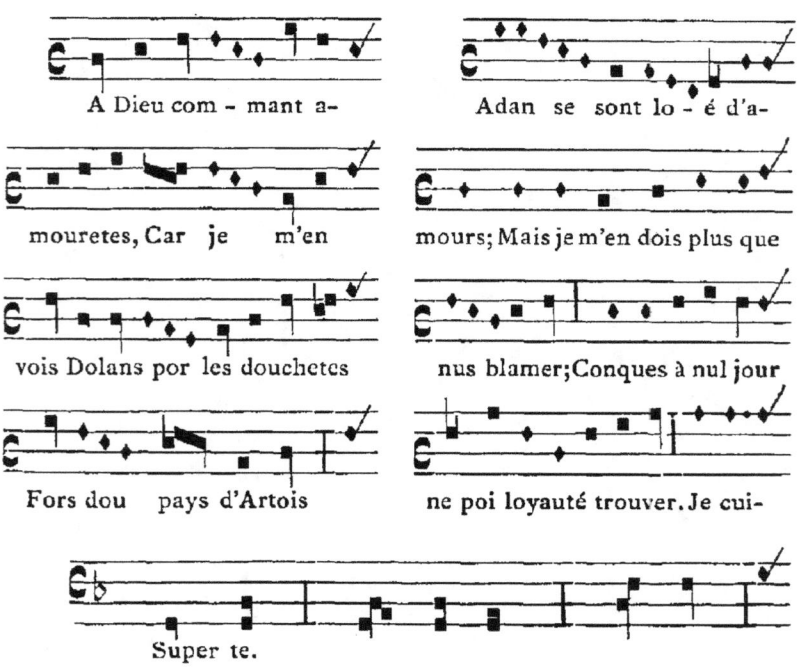

A Dieu com - mant a-mouretes, Car je m'en vois Dolans por les douchetes Fors dou pays d'Artois

Adan se sont lo - é d'a-mours; Mais je m'en dois plus que nus blamer; Conques à nul jour ne poi loyauté trouver. Je cui-

Super te.

240  MOTETS.

Chi est si mus et destrois ;

Pour che que li bourgeois

Ont es-té si fourme-nés

Qu'il ne quiert drois ne lois.

Gros tournois Ont a-nu-

lé, contes et rois Jus-tiches

et pré-las , tant de fois

Que main-te be-le com-

dai au premiers Avoir ami-e

par loiaument ouvrer. Mais gi

peusse longuement baer ; Car

quant je miex aimai, Plus me con-

vient maux endurer. Nonques cele

que j'amoie, Ne mi vaut monstrer

Sanlant où je me dusse conforter

Ne merchi espérer. Tout ades

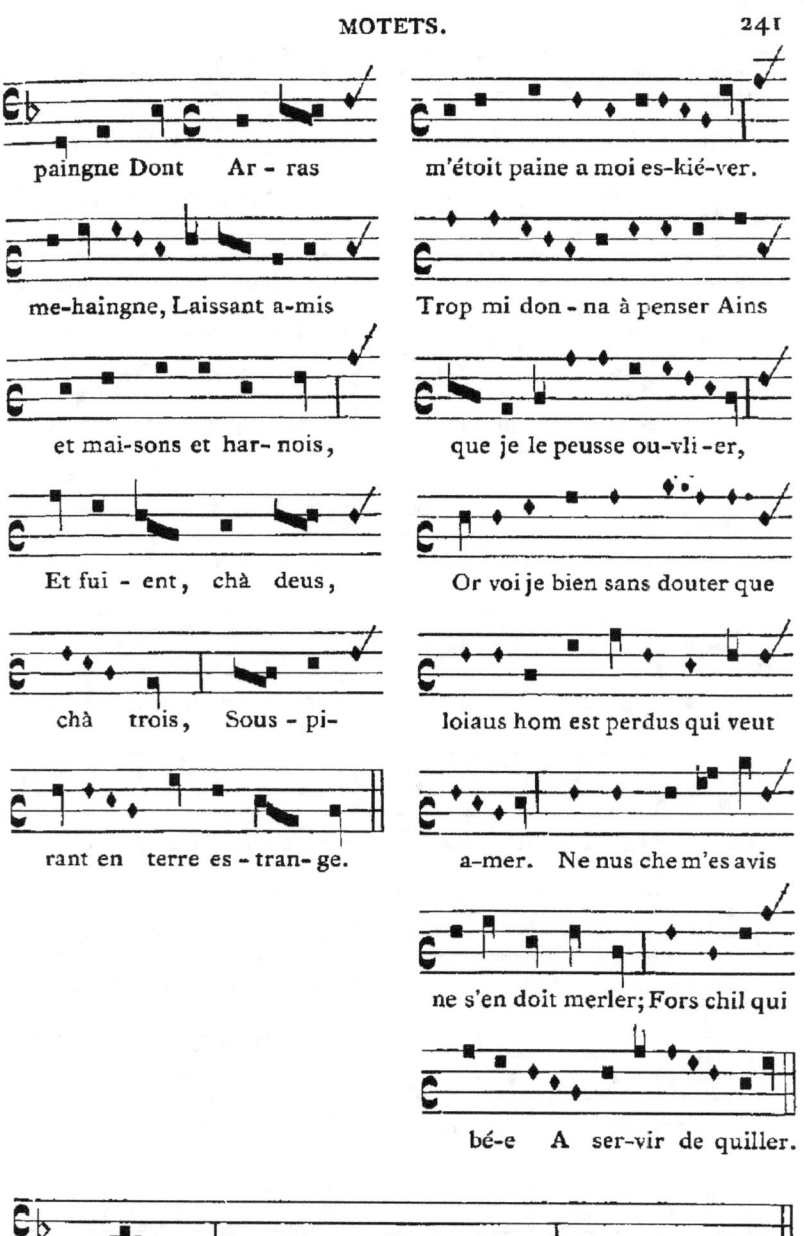

## MOTETS.

### Traduction en notation moderne.

MOTETS. 243

244 MOTETS.

Texte seul.

1.

A Dieu comant amouretes;
Car je m'en vois
Dolans par les douchetes,
Fors dou douc païs d'Artois,
Chi est si mus et destrois;
Pour che que li bourgois
Ont esté si fourmenés
Qu'il ne queurt drois ne lois.
Gros tournois
Ont anulés
Contes et rois,
Justiches et prélas, tant de fois,
Que mainte bele compaingne
Dont Arras mehaingne,
Laissent amis, et maisons et harnois,
Et fuient, chà deus, chà trois,
Souspirant en terre estrange.

2.

Adam, se sont loé d'amours;
Mais je m'en doi plus que nus blasmer.
Conques a nul jour
N'i poi loiauté trouver

246      MOTETS.

> Je cuidai au premiers
> Avoir amie par loiaument ouvrer ;
> Mais g'i peusse longuement baer ;
> Car quant je miex amai
> Plus me convient maus endurer.
> Nonques chele que j'amoie,
> Ne mi vaut monstrer
> Sanlant où je me deusse conforter
> Ne merchi espérer.
> Tant adès m'estoit peine à moi eskiever.
> Trop mi dona à penser
> Ains que je le peusse ouvlier.
> Or vois je bien sans douter
> Que loiaus hom est perdus qui veut amer.
> Ne nus che m'est vis ne s'en doit merler ;
> Fors chil qui bee
> A servir de guiller.

3.

Super te.

———

I I

1. DE MA DAME. — 2. DIEX COMENT. — 3. OMNES.

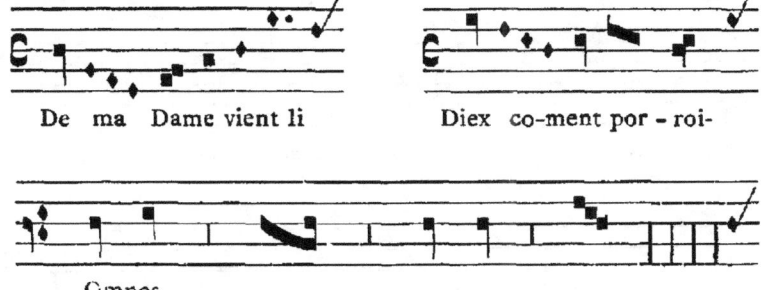

De ma Dame vient li    Diex co-ment por-roi-

Omnes.

MOTETS. 247

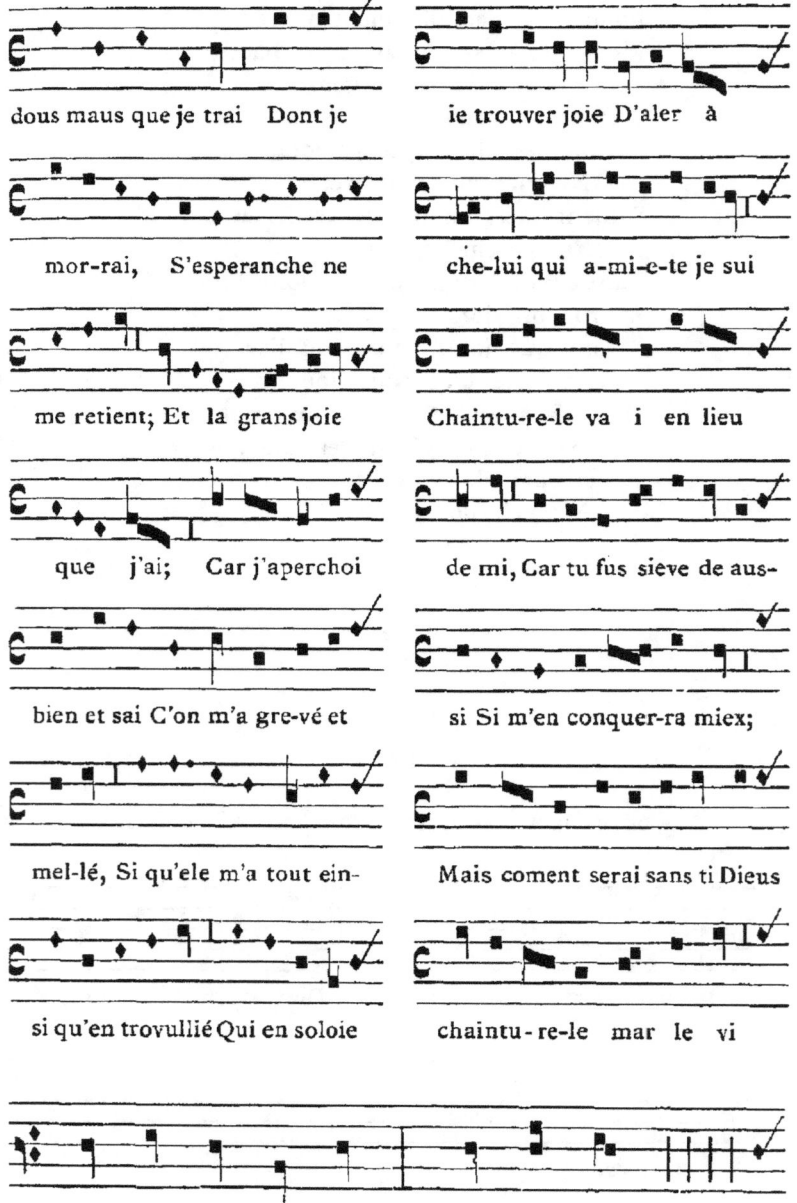

dous maus que je trai Dont je  ie trouver joie D'aler à
mor-rai, S'esperanche ne  che-lui qui a-mi-e-te je sui
me retient; Et la grans joie  Chaintu-re-le va i en lieu
que j'ai; Car j'aperchoi  de mi, Car tu fus sieve de aus-
bien et sai C'on m'a gre-vé et  si Si m'en conquer-ra miex;
mel-lé, Si qu'ele m'a tout ein-  Mais coment serai sans ti Dieus
si qu'en trovullié Qui en soloie  chaintu-re-le mar le vi

248  MOTETS.

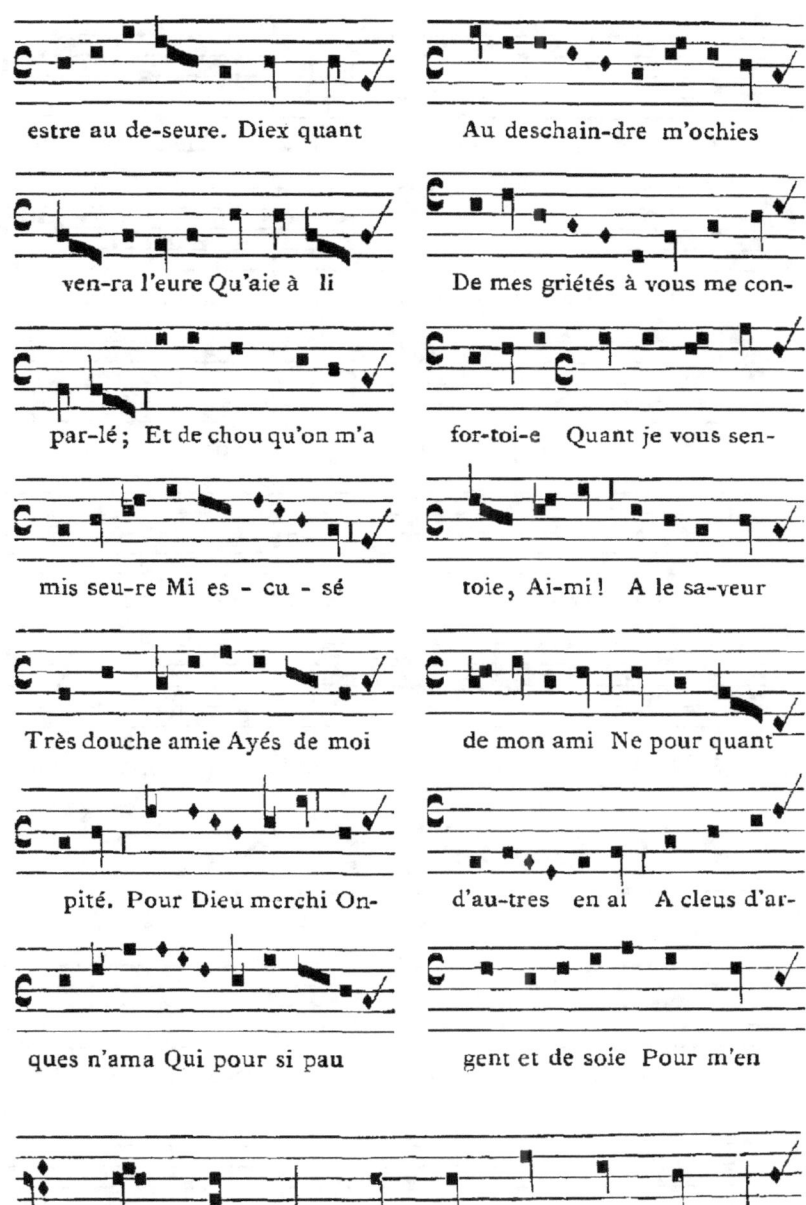

## MOTETS. 249

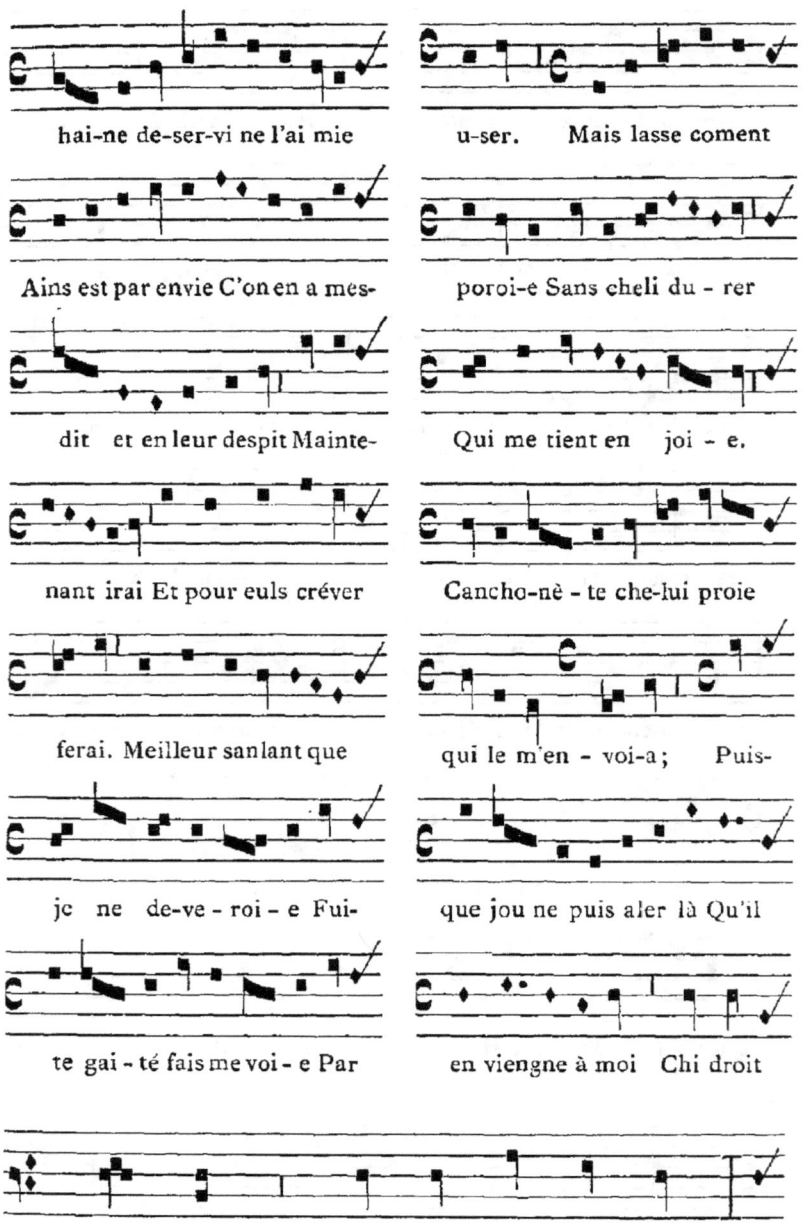

hai-ne de-ser-vi ne l'ai mie

Ains est par envie C'on en a mes-

dit et en leur despit Mainte-

nant irai Et pour euls créver

ferai. Meilleur sanlant que

je ne de-ve-roi-e Fui-

te gai-té fais me voi-e Par

u-ser.    Mais lasse coment

poroi-e Sans cheli du-rer

Qui me tient en joi-e.

Cancho-nè-te che-lui proie

qui le m'en-voi-a; Puis-

que jou ne puis aler là Qu'il

en viengne à moi Chi droit

250    MOTETS.

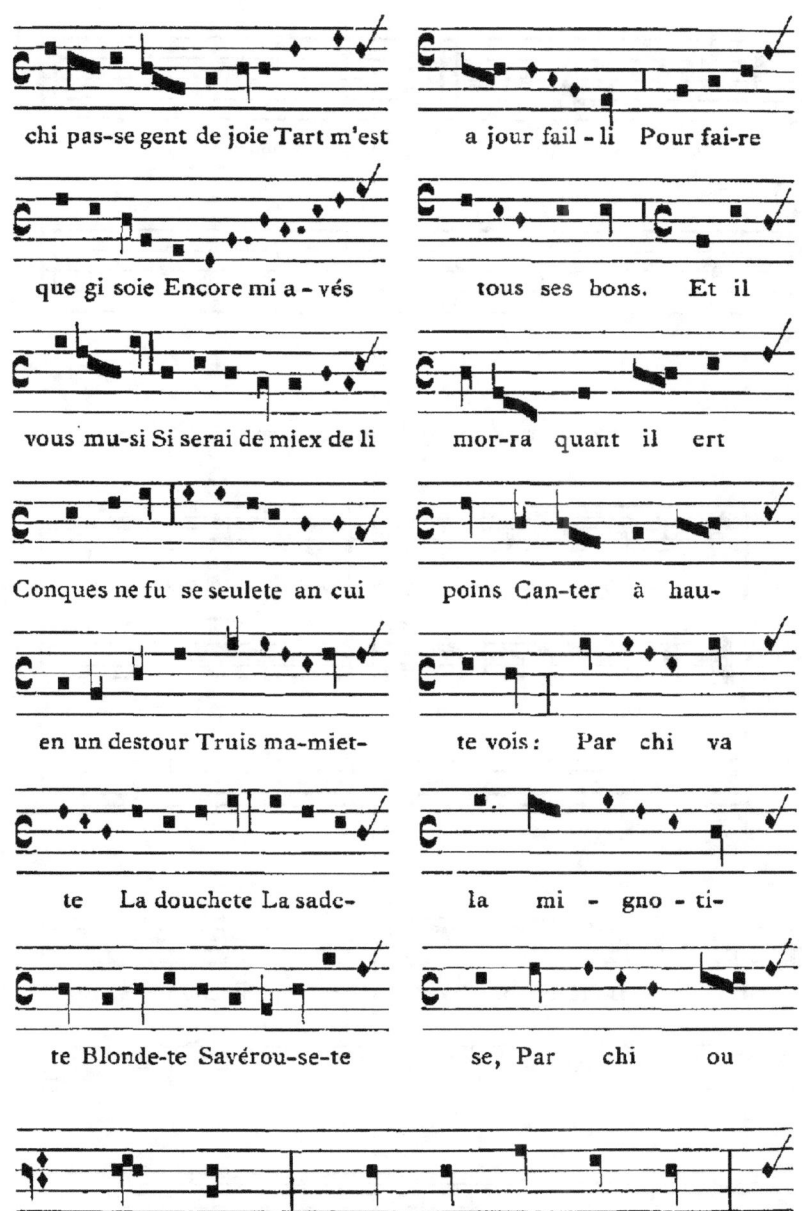

MOTETS. 251

Que Diex doint bonjour.    je vois.

TRADUCTION EN NOTATION MODERNE.

De ma Da-me vient Il dous maus que je
Diex co-ment por - - roi-
Omnes.

trai  Dont je mor - rai  S'es-peranche ne me re-
je trouver joi-e  D'a-ler à ce-

MOTETS.                              255

TEXTE SEUL.

1.

De ma Dame vient
Li dous maus que je trai
Dont je morrai
S'esperanche ne me retient.

Et la grans joie que j'ai.
Car j'aperchoi bien et sai
C'on m'a grevé et mellé,
Si qu'elle m'a tout ensi qu'entrouvllié
Qui en soloie estre au deseure.
  Diex, quant venra l'eure
  Qu'aie a li parlé,
Et de chou qu'on m'a mis seure
   Mi escusé !
   Très douche amie,
  Ayés de moi pité,
   Pour Dieu merchi !
  Onques n'ama qui
Pour si pau haïne déservi.
   Ne l'ai mie,
  Ains est par envie
  C'on en a mesdist,
  Et en leur despit
   Maintenant irai,
Et pour euls crever, ferai
Meilleur sanlant que je ne deveroie.
Finte gaité, fais me voie !
Par chi passe gent de joie ;
Tart m'est que g'i soie ;
Encore m'i avez vous musi.
Si serai-je miex de li
C'onques ne fui, se seulete
Ancui en un destour
   Truis m'amiete,
   La douchete,
   La sadete,
   Blondete,
   Saverousete,
Que Diex doint bonjour.

2.

    Diex coment porroie
      Trover joie
     D'aler, a celi
    Cui amiete je sui,
    Chainturele, va i
     En lieu de mi,
Car tu fus sieve aussi.
Si m'en conquerra miex.
Mais comment serai sans ti ?
Dieus, chainturele mar vous vi
  Au deschaindre m'ochiés
De mes griétes à vous me confortoie,
    Quant je vous sentoie
       Aimi !
A le saveur de mon ami.
Ne pour quant d'autres en ai
A cleus d'argent et de soie
    Pour m'en user ;
Mais lasse ! comment porroie
    Sans cheli durer
     Qui me tient en joie ?
Canchonete chelui proie
    Qui le m'envoia
Puisque jou ne puis aler là
Qu'il enviengne à moi
Chi droit, à jour failli,
Pour faire tous ses bons
Et il m'orra quant il ert poins
   Canter à haute vois :
Par chi va la mignotise
   Par chi ou je vois

3.

Omnes.

---

## III

1. ENTRE ADAM ET HANIKIEL. — 2. CHIEF BIENSÉANT. — 3. APTATUR.

Ms. de Montpellier.

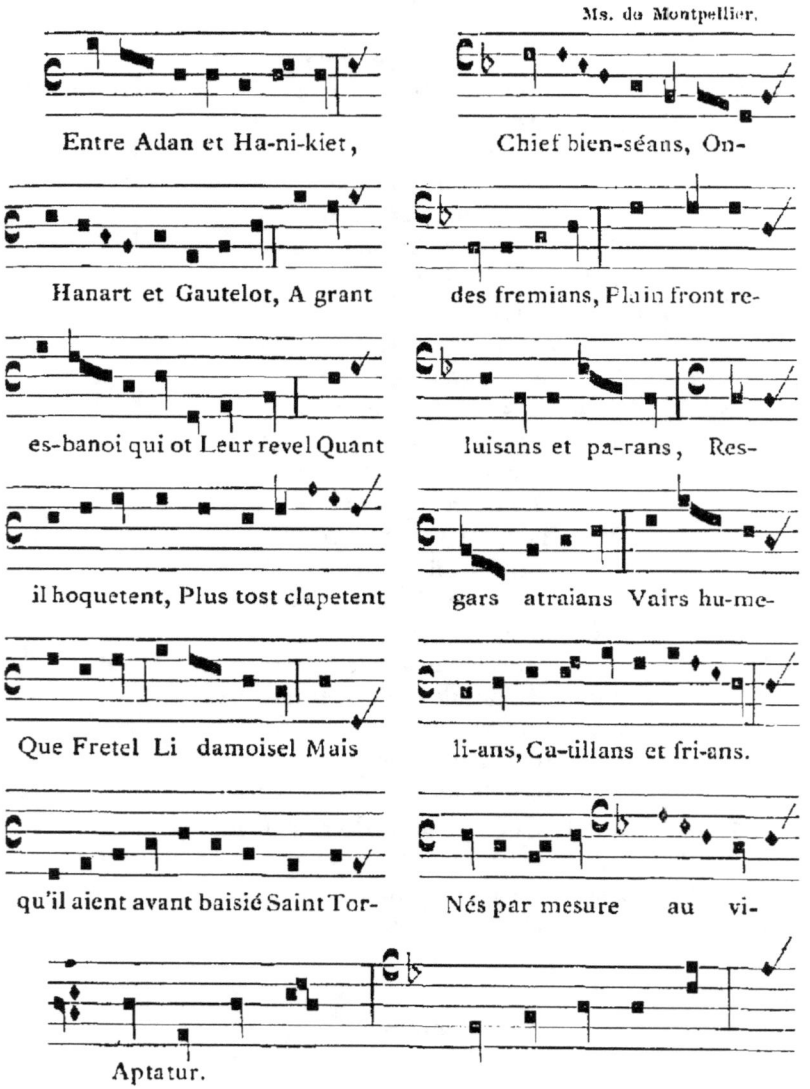

Entre Adan et Ha-ni-kiet, Hanart et Gautelot, A grant es-banoi qui ot Leur revel Quant il hoquetent, Plus tost clapetent Que Fretel Li damoisel Mais qu'il aient avant baisié Saint Tor-

Chief bien-séans, On- des fremians, Plain front re- luisans et pa-rans, Res- gars atraians Vairs hu-me- li-ans, Ca-tillans et fri-ans. Nés par mesure au vi-

Aptatur.

260  MOTETS.

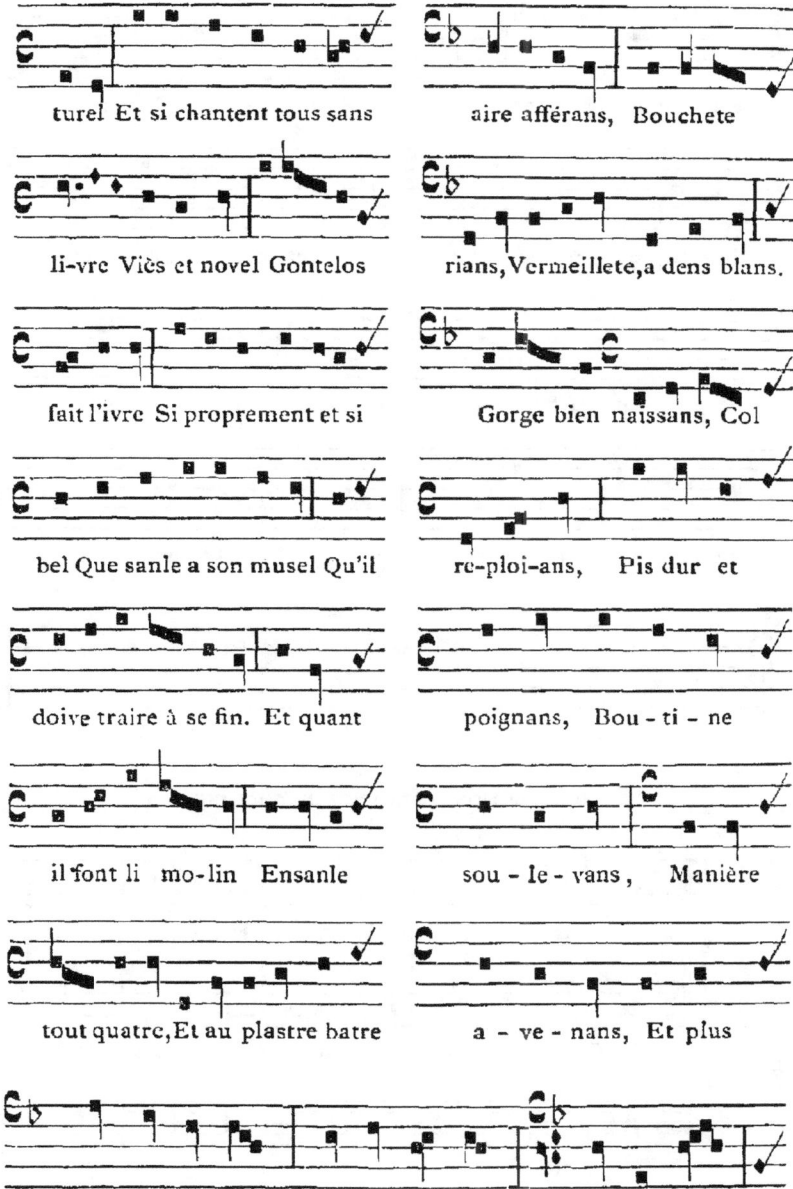

MOTETS. 261

En ho-que-tant Sont si sé- li re - ma - nans
duisant, Si gai, si joiant Ont fait tant den-
Et si riant Chil iiij en- chans Que pris est
fant Que nu - le gent tant. A - dans.

TRADUCTION EN NOTATION MODERNE.

Entre A - dan et Ha - ni- - kiet
Chief bien - sé - ans, On - des fré-
Aptatur.

264  MOTETS.

TEXTE SEUL.

1.

Entre Adan et Hanikiel,
Hancart et Gautelot,
A grant esbanoi qui ot
　　Leur revel.
Quant il hoquetent,
Plus tost clapetent
　　Que Fretel
　　Li damoisel
Mais qu'il aient avant baisié
　　Saint Torturel.
Et si chantent tout sans livre
　　Viès et nouvel.
Gautelos fait l'ivre
Si proprement et si bel
Que sanle à son muisel
Qu'il doive traire à se fin.
Et quant il font li molin
Ensamle tout quatre,
Et au plastre batre
　　En hoquetant
Sont si séduisant,
Si gai, si joiant
　　Et si riant

Chil iiij enfant
Que nule gent tant.

### 2.

Chief bienséans,
Ondes frémians,
Plains frons reluisans et parans,
Resgars atraians,
Vairs humelians,
Catillans et frians;
Nés par mesure au viaire afferans,
Bouchete rians,
Vermeillette à dens blans;
Gorge bien naissans,
Col reploians,
Pis durs et poignans,
Boutine souslevans,
Maniere avenans,
Et plus li remanans
Ont fait tant denchans
Que pris est Adans.

### 3.

Aptatur.

---

## IV

1. J'OS BIEN MAMIE. — 2. JE N'OS A MA MIE. — 3. SECULUM.

J'os bien à m'amie par-   Je n'os à ma mie a-ler

Seculum.

MOTETS. 267

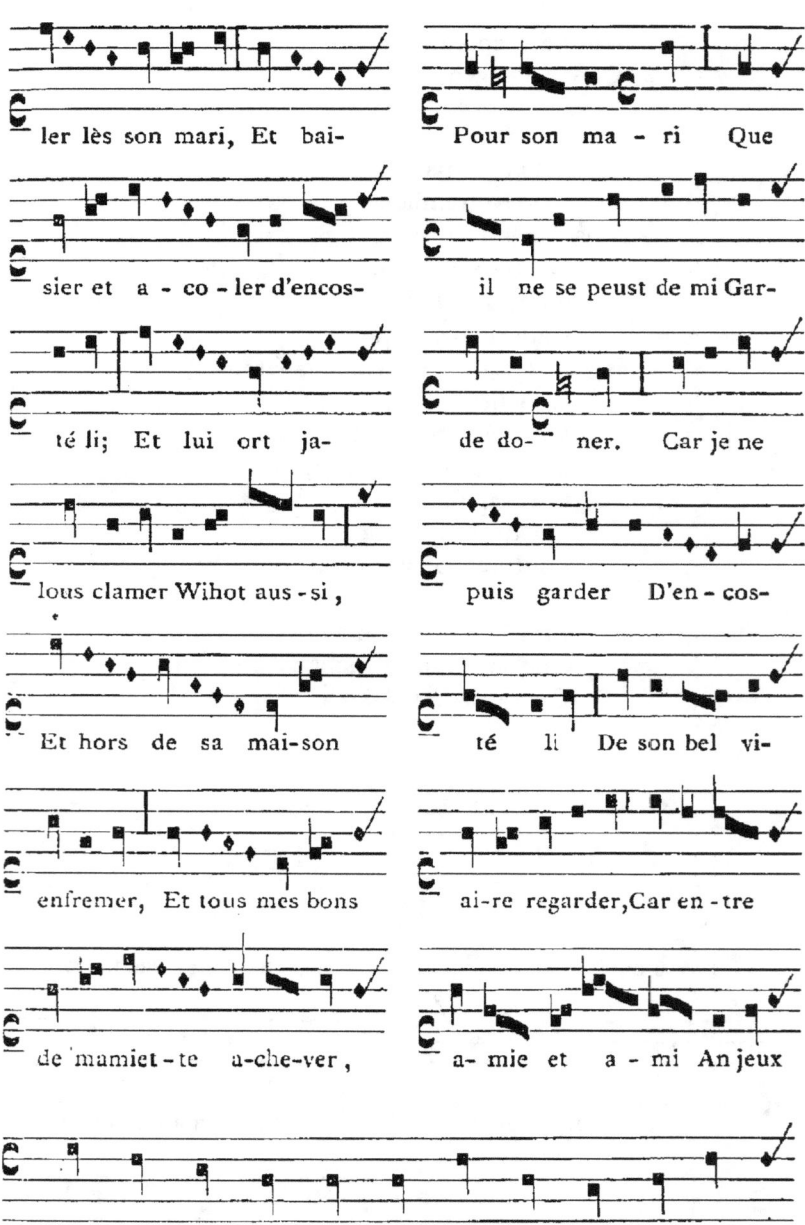

ler lès son mari, Et bai-
sier et a-co-ler d'encos-
té li; Et lui ort ja-
lous clamer Wihot aus-si,
Et hors de sa mai-son
enfremer, Et tous mes bons
de mamiet-te a-che-ver,

Pour son ma-ri Que
il ne se peust de mi Gar-
de do-ner. Car je ne
puis garder D'en-cos-
té li De son bel vi-
ai-re regarder, Car en-tre
a-mie et a-mi An jeux

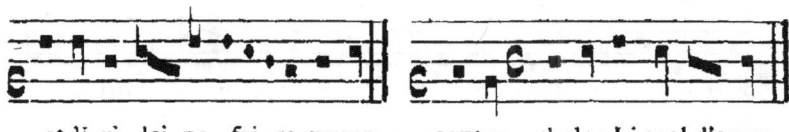

### Traduction en notation moderne.

MOTETS. 269

TEXTE SEUL.

1.

J'os bien à m'amie parler
Lès son mari,
Et baisier et acoler
D'encosté li ;
Et lui ort jalous clamer
Wihot aussi,
Et hors de sa maison enfremer,
Et tous mes bons de mamiette achever,
Et li vilains faire muser

2.

Je n'os à ma mie aler
Pour son mari
Que il ne se peust de mi
Garde doner.
Car je ne me puist garder
D'encosté li
De son bel viaire regarder.
Car entre amie et ami
An jeux sont à cheler
Li mal d'amer.

3.

Seculum.

## MOTETS.

### V

1. J'AI ADÈS D'AMOURS CHANTÉ. — 2. OMNES.

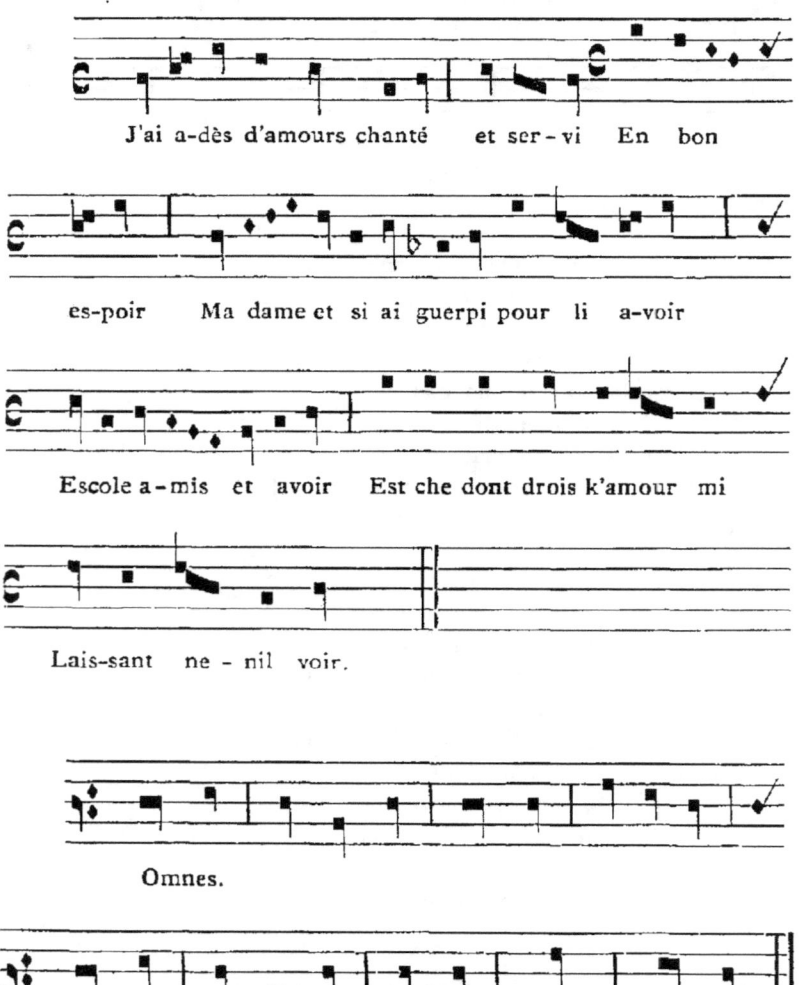

J'ai a-dès d'amours chanté et ser-vi En bon

es-poir Ma dame et si ai guerpi pour li a-voir

Escole a-mis et avoir Est che dont drois k'amour mi

Lais-sant ne - nil voir.

Omnes.

272  MOTETS.

TRADUCTION EN NOTATION MODERNE.

J'ai a - dès d'a-mours chan-té et ser-vi En

Omnes.

bon es - poir Ma Dame, et si ai guer-pi Pour

li a - voir Es-cole, a - mis et a-voir

Est che dont drois k'a - mours mi Laissant ne - nil voir.

TEXTE SEUL.

1.

J'ai adès d'amours chanté et servi
En bon espoir
Ma dame, et si ai guerpi
Pour li avoir
Escole, amis et avoir
Est che dont drois k'amours mi
Laissant nenil voir.

2.

Omnes.

# LE CONGÉ

# C'EST LI CONGIÉ ADAN D'ARRAS

Ms. de la Vallière, N° 81. B. Imp. aujourd'hui Fonds Fr. 25566, f° 57 v.

1. Comment que men tans aie usé
M'a me conscienche acusé,
Et toudis loé le meillour,
Et tant le m'a dit et rusé
Que j'ai tout soulas refusé
Pour tendre à venir à honnour;
Mais le tans que j'ai perdu plour,
Las dont j'ai despendu le fleur
Au siècle qui m'a amusé.
Mais cha fait forche de Signeur
Dont chascuns amans de l'erreur
Me doit tenir pour escusé.

2. Arras, Arras, vile de plait,
Et de haine et de detrait,
Qui soliés estre si nobile,
On va disant qu'on vous refait :
Mais se Diex le bien n'i retrait,
Je ne voi qui vous reconcile,
On i aime trop crois et pile,
Chascuns fut berte en ceste vile,

Au point qu'on estoit à le mait
Adieu de fois plus de cent mile,
Ailleurs vois oïr l'Evangile,
Car chi fors mentir on ne fait.

3. Encor soit Arras fourmenês,
Si a il des bons reniés.
A cui je voeil prendre congiet,
Qui mains grans reviaus ont menés
Et souvent biaus mengiers donnés,
Dont li usages bien deschiet :
Car on i a si près faukiet
C'on leur a tout caupé le piet
Seur coi leur deduis ert fondés :
Chil ont fait grant mortel pechiet
Qui tant ont a rive sakiet
Que tes viviers est esseués.

4. Puisque che vient au congié prendre,
Je doi premièrement descendre
A cheus que plus à envis lais :
Aler voeil mon tans miex despendre,
Nature n'est mais en moi tendre
Pour faire cans, ne sons, ne lais,
Li an acourchent mes eslais :
De che feroie bien relais
Que je soloie plus chier vendre ;
Trop ai esté entre les lais
Dont mes damages i est lais,
Miex vient avoir apres c'aprendre.

5. Adieu, Amours, tres douche vie,
Li plus joieuse et li plus lie
Qui puist estre fors paradis,
Vous m'avés bien fait en partie,
Se vous m'ostates de clergie,
Je l'ai par vous ores repris,

Car j'ai en vous le voloir pris
Que je racate los et pris,
Que par vous perdu je n'ai mie;
Ains ai en vo serviche apris,
Car j'estois nus et despris
Avant de toute courtesie.

6. Bele très douche amie chière
Je ne puis faire bele chière
Car plus dolant de vous me part
Que de rien que je laisse arriere,
De mon cuer seres trésorière,
Et li cors ira d'autre part
Aprendre et querre engien et art,
De miex valoir si arés 'part
Que miex vaurrai, mieudres vous iere,
Pour miex fructefier plus tart,
De si au tierc an, ou au quart,
Laist on bien se terre à gaskière.

7. Congié demant de cuer dolant
Au meilleur et au plus vaillant
D'Arras et tout le plus loial,
Symon Esturion avant,
Sage debonnaire et souffrant,
Large en ostel, preu au cheval,
Compaignon liet et libéral,
Sans mesdit, sans fiel et sans mal,
Biau parlier, honneste et riant,
Et si aime d'amour coral :
Je ne sais home chi aval
Que femes doivent aimer tant.

8. Bien doi avoir en remembranche
Deus freres en cui j'ai fianche,
Signeur Baude, et signeur Robert
Le Normant, car ils m'ont d'enfanche

Nourri et fait mainte honnestanche,
Et si li cors ne le dessert,
Li cuers a tel cose s'aert,
Que, se Dieu plaist, meri leur iert,
Se Diex adreche m'esperanche,
Leur huis m'ont été bien ouvert.
Cuers que tel compaigne pert,
Doit bien plourer le dessevranche.

9.  Bien est drois, puisque je m'en vois,
Que congie prengne as Pouchinois,
Noméement à l'aisné frère,
C'est signeur Jakemon Ançois
Que ne sanle mie bourgois
A se taule, mais emperere.
Je l'ai trouvé au besoing père,
Car il mut parole et matière,
C'on m'aidast au partir d'Artois.
Or pren cuer en le gent avere,
J'ai esté vers au primes père,
Dou fruit n'aront fors li courtois.

10. Sires Pierres Pouchins, biaus sire,
Je ne doi mie estre sans ire,
Quant de vous partir me convient:
Tant m'avés fait, Diex le vous mire,
C'au départir mes cuers souspire
Toutes les fois qu'il m'en souvient.
La vile est bien alée a nient
De coi cités bone devient,
Pour vo venue, bien l'os dire,
Plus que pour hom que s'i tient.
Pour avoir chascun que là vient
Faistes vo serjant estre au piere.

11. Puis c'aler doi hors de men lieu
Haniel Robert Nasart, adieu,

## LE CONGÉ.

Giles li père Jehans Joie,
Au jouster n'enes mie eskieu,
De bos avés fait maint alieu,
Et maint biau drap d'or et de soie,
Mis en feste : las, or est coie
Le bone vile ou je véoie
Chascun d'onneur faire taskieu.
Encore me sanle il que je voie
Que le airs arde et reflamboie
De vos festes et de vo gieu.

12. Bien doi parler entre les bons
De Colart Nasart qui est loins,
Bons et nés courtois et gentiex
Seur tous jones, grasce li doins,
Encor ne li soit il besoin :
Car s'il estoit à plus deschiex,
Si sanle il estre d'un roi fiex,
Et vient si bien qu'il ne peut miex,
Pour estre de valeur au loins
Emploiier son tans li doinst Diex
Si bien qu'il en soit prisies viex,
Du jour est li vespre tesmoins.

13. A tous ceux d'Arras en le fin
Pren congié pour che que mains fin
Ne me cuident de cuer vers eux ;
Mais il i a maint faux devin
Qui ont parlé de men couvin,
Dont je ferai chascun hontex ;
Car je ne serai mie tex
Qu'il m'ont jugié a leur osteux,
Quand il parloient apres vin,
Ains cueillerai cuer despiteus,
Et serai fors et vertueus,
Et drois, quant il gerront souvin.

Chi fine li congiés Adan.

# LE ROI DE SICILE

FRAGMENT DE POÈME

# C'EST DU ROI DE SEZILE

Ms. Fr. 25566 (anc. La Val. 81).

On doit plaindre, et s'est hontes à tous bons trouveours,
Quant bonne matère est ordenée à rebours;
Car qui miex set, plus doit metre paine et secours
A che bien ordener qui miex doit estre encours,
Ne chiex ne meffait mie qui les vers fait meillours,
Mais chiex qui les emprent et si n'en set les tours.
Che fu damages grans, nichetés et folours,
Se si bele matère où jà iert mes retours
Demouroit si qu'ele est mau rimée à tous jours.
Li matère est de Dieu et d'armes et d'amours,
Et du plus noble prinche en prouesche et en mours
Qui onques endossast chevaleureus atours,
N'à qui onques en terre avenist grainde honnours,
Que Diex et hardemens et sa roiaus vigours
Li fisent conquester par prouesche en estours.
C'est dou bon roy Charlon, le seigneur des seignours,
Par cui li drois estas de le foi est ressours,
Qui fu roys de Sézile et de Puille et d'aillours,
Et de royal lignie ensieut les anchissours
Et de chevalerie est chiex et dieus et flours.

D'autre part fu valours en cestui bien assise,
Car nature i fu toute à son poovoir esquise,
En biauté et en forche, en gentil taille alise,
Lui quart de frères fu, drois est que les descrise :

Li uns fu Loeys, li roys de Saint-Denise,
Chiex qui tant essaucha et ama sainte Eglise,
Par cui fu Damiete as Sarrasins conquise;
Et li bons quoins d'Artois qui fu à chele prise,
Et li quoins de Poitiers et chis qui les ravise,
Les seurmontoit de non et de fait et d'emprise.
Mar virent mescréant lui ne se vaillandie;
Car de ses anemis ne se mist mie en mise,
N'il n'en prist raenchon, ains les mist à yuise,
Si com vous m'orrés dire ains que je gaires lise.
Li hardemens de lui se gent muet et atise,
Si qu'il ne puet en aus demourer couardise.
De canques il ot empris ot-il victoire aquise,
N'onques de lui ne fist nus plus bele devise,
Car le vertu du cors ot toute en armes mise,
Et le cuer en largueche, en Dieu et en franquise.


Et avoec che qu'il eut cuer et cors de vassal
Ne vit onques de lui nus prinche plus loial,
Ne compaignon aussi de lui plus général,
Ne qui plus honnerast dames d'amour coral,
Et bien en mainte marche i parut chi aval.
Pour eles escilla chevaus, pourpoint, chendal:
Bachelerie est bien depuis muée en mal.
C'est mais tout reuberie; il n'ont point d'apoial:
Mais s'encore fust Charles en Franche le roial
Encore trouvast-on Rolant et Parcheval.
Tel gent ot avoec lui pour bien tenir estal,
Nos bons roys de Sézile en maint estour mortal,
Car par le hardement séur et natural
Fu chascuns Oliviers et séurs au cheval.
Teus hom doit tenir terre et règne empeiral:
Nient plus ne doutoit chaus que s'il fust de métail:
Et l'espée en ses puins fait valoir Durendal.
Chiex seus fu Diex en terre, il n'eut nul principal,
Mais par s'umelité furent tout parigal.

Or avés se proueche en général oïe :
Chi après vous sera clèremect desploïe
Et depuis qu'il fu nés en orde poursievie
Se loenge est si bele et si autorisie
Qu'ele doit vilain cuer purgier de vilenie,
Et d'armes esmouvoir toute chevalerie,
Et de joie eslever cuer d'amant et d'amie.
Ne sai quel ménestrel l'avoient depêchie,
Mais jou ADANS D'ARRAS l'ai à point radrechie,
Et, pour chou c'on ne soit de moi en daserie,
On m'apele bochu, mais je ne le sui mie.
Deus fust se ceste estoire éust esté périe,
Car peine i est si bien et si biel emploïe
Et me créanche est tele, et pour che je m'afie
Que pour l'amour du Roy m'en iert Diex en aïe,
Car il l'ama et fist tant pour lui en sa vie
Que je croi qu'il plaist Dieu que je l'ai commenchie;
Et d'autre part j'ai si ceste oevre encoragie
Que je croi qui m'en cuer fenderoit à moitie
Du bon prinche i veroit le figure entaillie.

Li mainés fiex leur père fu Charles le gentiex,
Mais aussi proprement comme mais et avriex
Entre les autres mois est biaus et dous et piex,
Fu Charles li plus gens et li plus signeriex.
Tout furent filz de roy, mais Charles le fu miex,
Car au jour qui fu nés estoit le poestiex
Li pères dou roiaume et sacrés et esliex :
Che n'iert-il quant il eut ses .iij. primerains fiex.
Or dirai de s'enfanche, il en est chi bien liex.
Enfès fu bien veignans, gratieus et soutiex,
En doctrine entendans, de meffaire doutiex,
Servichaules, rians, de servir volentiex ;
As chiens et as oisiaus par nature ententiex,
Et pour chou n'estoit-il des dames mie eskiex,
Ains l'en metoit amours des plus beles à kiex.
Ains qu'il fust eslevés ne que il fust parcriex

Portoit-il hardement en vairs amoureus iex,
Ft anchois qu'il fust nés le saintefia Diex,
Car au naitre aporta le crois roial con chiex
Qui seroit roys du mont après le roy des chiex.

Com plus vint en avant, plus crut se renommée,
Et parole est tantost en divers lieux volée.
S'avint que en Provenche ert li nouvele alée
Tant que chele l'oï qu'il eut puis espousée
Qui demoisele estoit et hoirs de la contrée,
Car par loy revient là li hoirs à la maisnée,
Li bons freres Charlon quel vie j'ai contée.
Li autre estoit au roy d'Engleterre donnée,
L'autre au roy d'Alemaigne, chi ot gente portée.
Seur ches .iii. ne ferai ore plus demourée.
Li quarte, qui n'estoit encor pas mariée,
Du bon renon Charlon ne fust jà saoulée,
Ains s'est tant de bon cuer en l'oïr delitée
Qu'ele se sent aussi que toute enfantosmée.
De gai cuer, d'œil riant, de légière pensée,
Et amours, qui trouva le porte deffremée,
Saut ens, adont fu-ele de s'amour embrasée.

Dont ne fu-ele à pais si ot véu Charlon,
Car amours et désirs le cachoit savoir mon
Se li personne estoit concordans au renon,
Et quant el ot véue se fourme et se fachon,
Dont fu-ele d'amours en plus male frichon,
Ne onques au sanlant de li n'a se raison,
Ne le puet nus savoir tant fust de se maison,
Ains suchoit à par li ses caps par s'occoison.
Elas! et pour che sont cuer de feme larron
C'on ne puet riens savoir de leur entention,
Et nous leur disons tout : chi a male parchon.
Longuement fu ensi tant qu'en se region
Un riche conte avoit qui Ramons ot à non
C'on li voloit donner, mais ses cuers disoit non.

Comment qu'el en fesist pour s'onneur sanlant bon,
Dont ne se paut cheler, ains a pris .i. garchon,
A son ami l'envoie à coite d'esperon.
En un petit d'escrit li a fait mention
Comment amé l'rvoit et se li faisoit don
De son cors s'il voloit li rescourre à Raimon.

Li nouvele estoit jà tout partout espandue
De quel cuer, de quel forche et de quelle value
Ert li frères au Roy par sanlant de véue.
Nature à tous faisoit sa personne éremue,
Anchois que li proueche i fust onques séue.
Quant il eut par loisir le lettre pourvéue,
Vit que chele dansele voloit estre sa drue;
Amours li entre ou cuer et li sans li remue;
De désirrier frémist et d'espoir s'esvertue :
Prist gent, vint en Prouvenche et chele ert jà méue
Pour mener espouser dolante et irascue.
Et quant li enfès ot la novele entendue
Et le route des gens à plains cans connéue
Et vit en milieu d'aus le puchele en sambue,
Et chelui qui le nuit le cuidoit tenir nue,
Les chevaus ont restrains et l'enfès premier hue.
De lonc lanche seur fautre et sans atendre aiéue
Les escrie et chil ont se vois reconnéue :
Se fuient comme aloe fait esprevier de mue :
La puchele remest, et chiex l'a retenue
Envers cui ele fust à envis desfendue.

Qui dont véist Charlon à joie repairier
Et douchement d'amours l'un à l'autre acointier,
Beles paroles dire et doux regars lanchier,
Et en le partefin acoler et baisier
Et le seurplus prometre et enconvenenchier
Par veu de mariage et par foy fianchier,
Nis dou mal de le mort se peut rehaitier.
Loeus qu'il vinrent à Ais en un secré moustier,

Le prist chele à signeur et il li à moullier,
Car li uns ne cuidoit jà à l'autre aprochier.
Dont fist Charles le fait à son frère nonchier :
Qui véist Loéys de joie appareillier,
La royne méisme avoit assez plus chier
Qu'il éust se sereur que autre chevalier.
Pour che se pena plus de le feste essauchier ;
Ensi se commencha Charles à assaier,
Que il estoit si jones qu'encore à guerroier
N'avoit-il fait barnage quant il fist che premier.
S'amours l'assali jone, il s'en seut bien aidier :
Ensi doit-on d'enfanche à valour commenchier.

Au point que Charles fist ce premier vasselage,
N'estoit-il chevaliers, ne n'avoit iretage,
Mais ses frères li Roys li fist tant d'avantage
Qu'il li donna tantost d'Angau le signerage
Pour partie de terre à tenir en houmage,
Et le fist chevalier, tel que cuer et usage
Mist tout en armes puis pour avoir vasselage,
Et avoecques tout che eut-il le cuer si large
Et manière si bone et si bele et si sage
C'on ne savoit si bon nului de son éage.
Il ne refroida pas pour estre en mariage
Ne pour castiement d'omme de son lignage,
Mais par jour et par nuit, par vent et par orage,
Aloit de marche en marche acroistre son barnage,
Et chascuns le sievoit com pantière sauvage,
Ne nus pour li sievir ne metoit terre en gage,
Mais qui n'avoit de coi s'estoit de son mainnaige,
Ou il avoit au mains bouche à court et fourage.
Seur lui pooient tout li bon clamer haussage,
Et as osteus paioit si despens et ostage
Que nus ne s'en plaingnoit ne n'i avoit damage.

Droit en armes estoit, si parans et si biaus,
Plus ates et plus joins qu'en ses plumes oisiaus,

Et séurs au cheval plus que tours en chastiaus.
S'il aloit à le jouste ou à si fais chembiaus,
Du cors droit apensés et des gambes isniaus,
En aloit en planant plus tost c'uns arondiaus
De si près qu'il riffloit gloières et bouriaus.
Sachiés n'i jouoit mie li ber à reponnaus,
Mais ou plus grant tintin d'espées seur cherviaus,
Là où véoit le plus machues et coutiaus
Et hiaumes effondrer et decauper musiaus,
Là ert adès li queins et s'ensengne royaus
De aus prendre et donner tous jours frès et nouviaus.
Du cors faisoit estaque et des deux bras flaiaus
Et de son elme englume et d'espées martiaus.
Il ne raportoit mie à l'ostel ses labliaus;
Le plus sovent metoit sen content as fissiaus.
Hé! Jehans de Bailloeul! frans chevalier loiaus,
Dieus ait merchi de vous! jà fustes-vous de chiaus!
Encore paroît-il à vous de ses meriaus.

Il féist à envis deffendre ne deffaire
Tournois, festes ne jeus, ains les faisoit atraire,
Menestreus envoisier, hiraus crier et braire,
Nis li gent gaaignant amoient son repaire.
Et or le veut chascuns et tolir et fourtraire,
Par lui régnoit Amors, qui ne set ore où traire;
S'on amoit par amours en aussi bon affaire
Li siècles seroit bons et la gent débonnaire;
Mais jà bon ne seront ensanle doi contraire;
Puisque haïne règne, amours n'i a que faire.
Nus n'aime par amours, on le veut contrefaire;
Qui à droit ameroit il ne li porroit plaire
Riens dont il ne s'amie i péussent meffaire.
Qui se fait bon ouvrier drois est c'à l'œuvre paire;
Mais on puet maintenant par maint essample estraire
De quele amour on aime et s'on jue à mestraire,
Car quant il ont goï ne s'en puéent-ils taire.
Ahi! Charles, bons roys, on pouroit mout retraire

De bien de vos amours et tant bel essamplaire :
C'est drois c'oisiaus gentiex par lui s'afaite et maire.

Folie me seroit ore plus arester
As enfanches de lui, car trop ai à conter
Des prouecches de lui et par terre et par mer,
Et de Marcelle aussi qui cuida reveler
Contre lui par deus fois, dont il fist rafrener
Les uns par encachier, les autres par tuer.
Vous péusse assés dire et lui à droit loer;
Mais de plus haute estoire ai tant à deviser
Qu'il m'estuet des meneurs legièrement passer.
Vous avez bien oï de l'empereur parler,
Fédri, qui piéchà fu condampnés par errer
Contre Roume et le foy que il devoit tenser :
Lui et ses successeurs le convint comparer.
Mainfrois, qui descendi de lui, cuida régner
Ensi qu'il avoit fait, et au pape estriver
Et encontre l'Eglize usages alever.
Li papes, qui tout puet et cangier et muer,
Loier et desloier, assaure et condampner,
Pensa comment porroit ceste honte amender ;
Si fist les cardonnaus et les frères mander.

Quant furent assanlé et li papes souspire
En recordant comment Mainfrois les mésatire,
Que pour amonnester ne pour lui entredire
Ne laist Dieu ne le foy ne l'Eglize à despire,
N'enver aus ne se daigne amender n'escondire.
Et si fu condampnés l'emperère se sire,
Dont chil ne doit tenir le règne ne l'empire;
Par coi il leur loa c'on fesist tost escrire
Au bon conte d'Angau, meilleur ne sot eslire,
Qui les veigne sekeure ains que li cose empire,
Et que le terre il ait s'il le puet desconfire,
Pour le besoigne avoec le lettre miex pardire,
Et on ne dist ne fait, n'en perkemin n'en chire,

Chose, quels qu'ele soit, que on n'en oie espire.
Et quant Mainfrois le sot, d'orgueil prist à sourrire,
Ne sanlant ne daingna faire qu'il s'en aïre,
Car il ne cuidoit mie, et chou le fist ochire,
Que tous li mons péust à lui tenir eslire.
Tout s'acordent ensanle à che sans contredire
Et ont messages pris tés qui doivent souffire.

Biaus chevaliers, et preus, et sages fu Mainfrois,
De toutes bonnes tèches entechiés et courtois ;
En lui ne faloit riens fors que seulement fois ;
Mais ceste faute est laide en contes et en roys.
En son demaine avoit, com sires, n'iert pas drois,
Le règne de Sezile et Puille, outre le pois
De toute sainte Eglise, et menoit son gabois
De le venue au conte et de tous les Franchois,
Et si faisoit gaitier les passages destrois,
Qu'il n'estoit ens trouvés chevaus ne palefrois
Qui ne fust retenus et pris outre sen pois,
Pour chou espéroit-il Charlon tenir as dois,
S'il ne se pourveoit de gent ne de harnois,
Ains atendi le pril sans vuaitier anchois.
Et unne mesquéanche en atrait .ij. ou trois.
Autre sciench e estuet de guerre que de loys :
Par engien conquiert-on sen plus fort maintefois ;
Si fist Charles, qui tant ama guerre et tournois
Qu'il en dut bien adont avoir pris tous ses plois.

Pour chou fu-il mandés et pris par esliture
A si noble besoing seur toute créature,
Bons nous essauche plus quant il va loing et dure
C'avoir dont li tenans honnerer ne s'en dure.
Honnis soit li avoirs qui singneur deffigure,
Car c'est dou cucuel faire le nourreture.
Et si règne plus grans avarisse et usure,
Che sont li visce ou mont, che tesmoingne Escriture,
Par coi toute vertus devient anchois oscure.

Ensi va maintenant li siècles male alure,
Car puis que li chiés faut, il convient par droiture
Les membres par desous traire à desconfiture.
Li prinche en leur sougis ne resgardent mesure,
Ne prélas en le foy, dont or fut mal séure
Toutes crestientés, et souffrist grant laidure,
Si Charles n'i éust mis piéchà si grant cure;
Par devers mescréans garda bien le pasture :
Il tous seus nous fu clés et deffense et closure.
Or vaurrai revenir à me première ourture
Des messages au pape et de leur aventure.

Quant orent besoingnié et pris congiet à droit,
Retourné sont à Rome, où on les atendoit,
Et revenu anchois c'on ne les espéroit.
Sans arester venu sont au pape tout droit;
Le pié li ont baisié, si com il afferoit,
Et puis li ont conté comment le cose aloit,
Et en contant, chascuns de Charlon se looit
Selonc che qu'en sen lieu retenus les avoit.
Après li ont baillié l'escrit qui contenoit
Le besoingne plus clère, et plus grant foi portoit,
Car li propres seaus du bon conte i estoit.
Devant les cardonnaus li papes les rechoit,
Et lut, et en lisant de joie larmoioit
Et Dieu de l'aventure humlement grascioit,
Et chascuns cardonnaus qui lire li ooit ;
Et pour che que le pule esvertuer voloit
Pour si noble secours que venir li devoit,
Le fist savoir à tous, et si leur preéchoit
Pour miex persévérer en chou qu'il emprendroit ;
Et li queins d'autre part entr'oeus s'apareilloit.

Et prist gent de s'amour et de se connissanche,
Monseigneur Jaque Antiaume où il avoit fianche,
Et autre bonne gent sage et de grant vaillanche.
Si les envoie à Rome en plus grant espéranche

De se venue avoir, et pour metre ordenanche
Ou païs tant qu'il ait toute se pourvéanche,
Et si leur a mandé, non pas par esmaianche,
Jour quant il seroit là sans nesune escusanche.
Pour chiaus asséurer de toute dechevanche,
A tant se sont parti dou conte à grant doutanche
Pour Mainfroi qui faisoit gaitier à grant beubanche
Les passages partout ; mais pour le perchevanche
S'en alèrent par mer, et bons vens les avanche
Tant qu'ils vinrent à Rome et tout sans mesquéanche,
Et furent rechéu à mout grant honneranche.
Bien font canque li queins leur mist en ramembranche
Désormais ne sont plus li Romain en balanche
De le venue au conte, ains gardent l'aïmanche
Ou païs de se gent et en sénéfianche
Qu'ils tiennent à signeur le filz au roy de Franche.

Pour c'est faus qui ne prent garde au commenchement
Qui marier se veut à cui il se consent,
Car il vient miex eslire un bon cors bel et gent
Qui ait sens et valour et bon entendement,
Con poi qu'il ait d'avoir, que caroigne et argent ;
Car sens atrait avoir et amis ensement,
Mais prouèche ne sens on n'acate ne vent ;
Si qu'il pert à Charlon, qui fu premièrement
Simples queins et puis roys, encore miex atent ;
Car seur tous a proueche et sens et hardement,
Et s'a Dieu en aïeue, à cui riens ne se prent ;
Car canques il avient desous le firmament
Vient du pooir de Dieu et du consentement.
On dist, si quiet aucun bien ou mauvaisement,
Que c'est de son éur, mais qui le dist il ment ;
Ains sont si très soutil de Dieu li vengement,
Qu'il nous chiet bien ou maus selonc notre errement.
Pour chou que Charles a fait par l'ensengnement
De Dieu et de l'Église avint-il où il tent,
Et Diex li voeille aidier selonc chou qu'il emprent !

*Explicit du Roy de Sézile.*

# LI JUS ADAN

ou

DE LA FEUILLIE

# LI JUS ADAN

ou

DE LA FEUILLIE.

***

**ADANS.**

Segneur, savés pour quoi j'ai mon abit cangiet?
J'ai esté avœc feme, or revois au clergiet;
Si avertirai chou que j'ai piecha songiet;
Mais je vœil à vous tous avant prendre congiet.
Or ne porront pas dire aucun que j'ai antés
Que d'aler à Paris soie pour nient vantés;
Chascuns puet revenir jà tant n'iert encantés:
Après grant maladie ensieut bien grans santés.
D'autre part je n'ai mie chi men tans si perdu
Que je n'aie à amer loiaument entendu.
Encore pert-il bien as tès quels li pos fu;
Si m'en vois à Paris.

**RIKECE AURIS.**

Caitis! qu'i feras-tu?
Onques d'Arras bons clers n'issi;
Et tu le veus faire de ti!
Che seroit grans abusions.

ADANS.

N'est mie Rikiers Amions
Bons clers et soutiex en sen livre?

HANE LI MERCIERS.

Oïl! pour deus deniers le livre :
Je ne voi qu'il sache autre cose ;
Mais nus reprendre ne vous ose,
Tant avés-vous muaule chief.

RIKIERS.

Cuidiés-vous qu'il venist à chief,
Biaus dous amis, de che qu'il dist?

ADANS.

Chascuns mes paroles despist,
Che me sanle, et giete molt lonc ;
Mais puis que che vient au besoing,
Et que par moi m'estuet aidier,
Sachiés je n'aie mie si chier
Le séjour d'Arras, ne le joie,
Que l'aprendre laissier en doie ;
Puisque Diex m'a donné engien.
Tans est que je l'atour à bien ;
J'ai chi assés me bourse escouse.

GUILLOS LI PETIS.

Que devenra dont li pagousse,
Me commère dame Maroie?

ADANS.

Biaus sire, avœc men père ert chi.

GUILLOS.

Maistres, il n'ira mie ensi
S'ele se puet metre à le voie ;
Car bien sai, s'onques le connui,

Que s'ele vous i savoit hui,
Que demain iroit sans respit.

ADANS.

Et savés-vous que je ferai ?
Pour li espanir, meterai
De le moustarde seur men v...

GUILLOS.

Maistres, tout che ne vous vaut nient,
Ne li cose à che point ne tient.
Ensi n'en poés-vous aler ;
Car puis que sainte Eglise apaire
Deus gens, che n'est mie à refaire.
Garde estuet prendre à l'engrener.

ADANS.

Par foi ! tu dis à devinaille,
Aussi com par chi le me taille :
Qui s'en fust vardés à l'emprendre ?
Amours me prist en itel point
Où li amans .ij. fois se point,
S'il se veut contre li deffendre :
Car pris fu au premier boullon,
Tout droit en le varde saison,
Et en l'aspreche de jouvent ;
Où li cose a plus grant saveur ;
Car nus n'i cache sen meilleur
Fors chou qui li vient à talent.
Esté faisoit bel et seri,
Douc et vert et cler et joli,
Delitaule en chans d'oiseillons,
En haut bos, près de fontenèle
Courans seur maillie gravèle ;
Adont me vint avisions
De cheli que j'ai à feme ore,
Qui or me sanle pale et sore,

Rians, amoureuse et deugie;
Or, le voi crasse, mautaillie,
Triste et tenchans.

RIKIERS.

C'est grans merveille.
Voirement estes-vous muaules
Quant faitures si delitaules
Avés si briévement ouvliées :
Bien sai pour coi estes saous.

ADANS.

Pour coi?

RIKIERS.

Ele a fait envers vous
Trop grant marchié de ses denrées.

ADANS.

Ha! Riquier, à che ne tient point ;
Mais Amors si le gent enoint,
Et chascune grasse enlumine
En fame, et fait sanler si grande,
Si c'on cuide d'une truande
Bien que che soit une roïne.
Si crin sanloient reluisant
D'or, roit et crespé et fremiant :
Or sont kéu, noir et pendic.
Tout me sanle ore en li mué ;
Ele avoit front bien compassé,
Blanc, omni, large, fenestric :
Or le voi cresté et estroit ;
Les sourchiex parsanlant avoit
En arcant, soutiex et ligniés,
D'un brun poil pourtrait de pinchel,
Pour le resgart faire plus bel ;
Or les voi espars et dreschiés
Con s'il vœllent voler en l'air ;
Si noir œil ne sanloient vair,

## LI JUS ADAN.

Sec et fendu, prest d'acaintier,
Gros desous; deliés fauchiaus
A deus petis ploçons jumiaus,
Ouvrans et cloans à dangier,
Et regars simples, amoureus ;
Puis si descendoit entre deus
Li tuiaus du nés bel et droit
Qui li donnoit fourme et figure,
Compassé par art de mesure,
Et de gaieté souspiroit.
Entour avoit blanche maissele,
Faisans au rire .ij. foisseles
.I. peu nuées de vermeil,
Parans desous le cuevrekief;
Ne Diex ne venist mie à chief
De faire un viaire pareil
Que li siens adont me sanloit.
Li bouche après se poursiévoit
Graille as cors et grosse ou moilon,
Fresche, vermeille comme rose;
Blanque denture, jointe, close;
En après fourchelé menton,
Dont naissoit li blanche gorgete
Dusc'as espaules sans fossete,
Omni et gros en avalant;
Haterel poursiévant derrière
Sans poil, blanc et gros de manière,
Seur le cote un peu reploiant;
Espaules qui point n'encruquoient,
Dont li lonc brac adevaloient,
Gros et graille où il afferoit.
Encor estoit tout che du mains,
Qui resgardoit ches b[l]anches mains,
Dont naissoient chil bel lonc doit,
A basse jointe, graile en fin,
Couvert d'un bel ongle sangin,
Près de le char omni et net.

Or verrai au moustrer devant
De le gorgete en avalant;
Et premiers au pis camuset,
Dur et court, haut et de point bel,
Entrecloant le rivotel
D'Amours qui chiet en le fourchele
Boutine avant et rains vautiés,
Que manche d'ivoire entaillés
A ches coutiaus à demoisele;
Plate hanque, ronde gambete,
Gros braon, basse quevillete;
Pié vautic, haingre, à peu de char.
En li avoit itel devise:
Si quit que desous se chemise
N'aloit pas li seurplus en dar;
Et ele perchut bien de li
Que je l'amoie miex que mi,
Si se tint vers moi fièrement;
Et con plus fière se tenoit,
Plus et plus croistre en mi faisoit
Amour et désir et talent;
Avœc se merla jalousie,
Desespéranche et derverie,
Et plus et plus fui en ardeur
Pour s'amour, et mains me connui,
Tant c'ainc puis aise je ne fui,
Si euc fait d'un maistre .i. segneur.
Bonnes gens, ensi fui-jou pris
Par Amours, qui si m'eut souspris;
Car faitures n'ot pas si beles
Comme Amours le me fist sanler,
Et Désirs le me fist gouster
A le grant saveur de Vaucheles.
S'est drois que je me reconnoisse
Tout avant que me feme angroisse,
Et que li cose plus me coust;
Car mes fains en est apaiés.

## LI JUS ADAN.

RIKIERS.

Maistres, se vous le me laissiés,
Ele me venroit bien à goust.

MAISTRE ADANS.

Ne vous en mesquerroie à pieche.
Dieu proi que il ne m'en mesquieche;
N'ai mestier de plus de mehaing,
Ains vaurrai me perte rescourre,
Et pour aprendre à Paris courre.

MAISTRE HENRIS.

A! biaus dous fiex, que je te plaing,
Quant tu as chi tant atendu,
Et pour feme ten tans perdu;
Or fai que sages, reva-t'ent.

GUILLOS LI PETIS.

Or li donnes dont de l'argent;
Pour nient n'est-on mie à Paris.

MAISTRE HENRIS.

Las! dolans! où seroit-il pris?
Je n'ai mais que .xxix. livres.

HANE LI MERCIERS.

Pour le c.l Dieu! estes-vous ivres?

MAISTRES HENRIS.

Naie, je ne bui hui de vin!
J'ai tout mis en canebustin;
Honnis soit qui le me loa!

MAISTRE ADANS.

Quia, kia, kia, kia?
Or puis seur chou estre escoliers.

MAISTRES HENRIS.

Biaus fiex, fors estes et légiers,
Si vous aiderés à par vous;
Je sui .j. vieus hom plains de tous,
Enfers et plains de rume, et fades.

LI FISISCIENS.

Bien sai de coi estes malades,
Foi que doi vous, maistre Henri;
Bien voi·vo maladie chi:
C'est uns maus c'on claime avarice.
S'il vous plaist que je vous garisce,
Coiement à mi parlerés.
Je sui maistre bien acanlés,
S'ai des gens amont et aval
Cui je garirai de cest mal;
Nomméement en ceste vile
En ai-je bien plus de .ij. mile
Où il n'a respas ne confort.
Halois en gist jà à le mort
Entre lui et Robert Cosiel,
Et ce Bietu le Faveriel.
Aussi fait trestous leurs lignages.

GUILLOS LI PETIS.

Par foi! che n'iert mie damages.
Se chascuns estoit mors tous frois.

LI FISISCIENS.

Aussi ai-jou deus Ermenfrois,
L'un de Paris, l'autre Crespin,
Qui ne font fors traire à leur fin
De ceste cruel maladie,
Et leur enfant et leur lignie;
Mais de Haloi est-che grans hides,
Car il est de lui omicides.
S'il en muert c'ert par s'ocoison,

Car il acate mort pisson ;
S'est grans mervelle qu'il ne crième.

MAISTRES HENRIS.

Maistres, qu'est-che chi qui me liève?
Vous connissiés-vous en cest mal?

LI FISISCIENS

Preudons, as-tu point d'orinal?

MAISTRE HENRIS.

Oïl, maistres, vés-en chi un.

LI FISISCIENS.

Feïs-tu orine à engun?

MAISTRE HENRIS.

Oïl.

LI FISISCIENS.

Chà dont, Diex i ait part!
Tu as le mal Saint-Liénart,
Biaus preudons, je n'en vœil plus uir.

MAISTRES HENRIS.

Maistres, m'en estuet-il gésir?

LI FISISCIENS.

Nenil, jà pour chou n'en gerrés.
J'en ai .iij. ensi atirés
Des malades en ceste vile.

MAISTRES HENRIS.

Qui sont-il?

LI FISISCIENS.

Jehans d'Autevile,
Willaumes Wagons, et li tiers
A à non Adans li Anstiers

Chascuns est malades de chiaus,
Par trop plain emplir lor bouchiaus ;
Et pour che as le ventre enflé si.

DOUCE DAME.

Biaus maistres, consillie-me aussi,
Et si prendés de men argent,
Car li ventres aussi me tent
Si fort que je ne puis aler.
S'ai aportée pour moustrer
A vous de .iij. lieues m'orine.

LI FISISCIENS.

Chis maus vient de gesir souvine ;
Dame, ce dist chis orinaus.

DOUCE DAME.

Vous en mentés, sire ribaus ;
Je ne sui mie tel barnesse.
Onques pour don ne pour premesse
Tel mestier faire je ne vauc.

LI FISISCIENS.

Et j'en ferai warder ou pauc,
Pour acomplir votre menchongne.
Rainelet, il couvient c'on oigne
Ten pauc, liève sus .j. petit ;
Mais avant esteut c'on le nit.
Fait est. Rewarde en ceste crois,
Et si di chou que tu i vois.

DOUCE DAME.

Bien vœil, certes, c'on die tout.

RAINNELÉS.

Dame, je voi chi c'on vous f....
Pour nului n'en chelerai rien.

LI FISISCIENS.

En hene, Dieus! je savoie bien
Comment li besoigne en aloit.
Li orine point n'en mentoit.

DOUCE DAME.

Tien, honnis soit te rouse teste!

RAINNELÉS.

Anwa! che n'est mie chi feste.

LI FISISCIENS.

Ne t'en caut, Rainelet, biaus fiex.
Dame, par amours, qui est chiex
De cui vous chel enfant avés?

DOUCE DAME.

Sire, puisque tant en savés,
Le seurplus n'en chelerai jà:
Chiex viex leres le vaegna.
Si puisse-jou estre delivre!

RIKIERS.

Que dist cele feme? est-ele yvre?
Me met-ele sus son enfant?

DOUCE DAME.

Oïl.

RIKIERS.

N'en sai ne tant ne quant;
Quant fust avenus chis afaires?

DOUCE DAME.

Par foy! il n'a encore waires;
Che fu .j. peu devant quaresme.

GUILLOS.

Ch'est trop bon à dire vo feme;
Rikier, li volés plus mander?

RIKIERS.

Ha! gentiex hom, laissiés ester,
Pour Dieu n'esmouvés mie noise,
Ele est de si male despoise
Qu'ele croit che que point n'avient.

GUILLOS.

A di foy bien ait cui on crient;
Je tiens à sens et à vaillanche
Que les femes de le waranche
Se font cremir et rensoignier.

HANE.

Li feme aussi Mahieu l'Anstier,
Qui fut feme Ernoul de le Porte,
Fait que on le crient et deporte;
Des ongles s'aïe et des dois
Vers le baillieu de Vermendois;
Mais je tieng sen baron à sage
Qui se taist.

RIKECE.

   Et en che visnage
A chi aussi .ij. baisseletes,
L'une en est Margos as Pumetes,
Li autre Aëlis au Dragon;
Et l'une tenche sen baron,
Li autre .iiij. tans parole.

GUILLOS.

A! vrais Diex! aporte une estoile!
Chis a nommé deus anemis.

HANE.

Maistre, ne soiés abaubis
S'il me convient nommer le voe.

ADANS.

Ne m'en caut, mais qu'ele ne l'oe;
S'en sai-je bien d'aussi tenchans:

## LI JUS ADAN.

Li feme Henri des Argans,
Qui grate et resproe c'uns cas.
Et li feme maistre Thoumas
De Darnestal qui maint labors.

HANE.

Cestes ont .C. diales ou cors,
Se je fui onques fiex men pere.

ADANS.

Aussi a dame Eve vo mere.

HANE.

Vo feme, Adan, ne l'en doit vaires.

LI MOINES.

Segneur, me sires sains Acaires
Vous est chi venus visiter;
Si l'aprochiés tout pour ourer,
Et si mesche chascuns s'offrande,
Qu'il n'a saint de si en Irlande
Qui si beles miracles fache;
Car l'anemi de l'ome encache
Par le saint miracle devin,
Et si warist de l'esvertin
Communement et sos et sotes;
Souvent voi des plus ediotes
A Haspre, no moustier, venir,
Qui sont haitié au departir :
Car li sains est de grant mérite,
Et d'une abenguete petite
Vous poés bien faire du saint.

MAISTRE HENRIS.

Par foy! dont lo-jou c'on i maint
Walet ains qu'il voist empirant.

### RIKIERS.

Or chà, sus, Walet! passe avant:
Je cuit plus sot de ti n'i a.

### WALÉS.

Sains Acaires que Diex kia,
Donne-me assés de poi pilés,
Car je sui, voi, un sos clamés;
Si sui moult lié que je vous voi,
Et si t'aporc, si con je croi,
Biau nié, .j. bon froumage cras:
Tou maintenan le mengeras;
Autre feste ne te sai faire.

### MAISTRE HENRIS.

Walet! foy que dois saint Acaire!
Que vauroies-tu avoir mis,
Et tu fusses mais à toudis
Si bons menestreus con tes père?

### WALÉS.

Biau nié, aussi bon vielère
Vauroie ore estre comme il fu,
Et on m'éust ore pendu,
Ou on m'éust caupé le teste.

### LI MOINES.

Par foy! voirement est chis beste,
Droit a s'il vient à saint Acaire.
Walet, baise le saintuaire
Errant pour le presse qui sourt.

### WALÉS.

Baise aussi, biaus niés Walaincourt.

### LI MOINES.

Ho! Walet, biaus niés, va te sir.

## LI JUS ADAN.

**DAME DOUCE.**

Pour Dieu, sire, voeillés me oïr :
Chi envoient deus estrelins
Colars de Bailloel et Heuvins,
Car il ont ou saint grant fianche.

**LI MOINES.**

Bien les connois très k'es enfanche,
C'aloient tendre as pavillons.
Metés chi devens ches billons,
Et puis les amenés demain.

**WALÉS.**

Ves-chi pour Wautier Alemain,
Faites aussi prier pour lui :
Aussi est-il malades hui
Du mal qui li tient ou chervel.

**HANE.**

Or èn faisons tout le vieel,
Pour chou c'on dit qu'il se coureche.

**LI KEMUNS.**

Moie ?

**LI MOINES.**

  N'est-il mais nus qui meche ?
Avés-vous le saint ouvlié ?

**HENRIS DE LE HALE.**

Et ves-chi .j. mencaut de blé
Pour Jehan le Keu, no serjant ;
A saint Acaire le commant.
Piécha que il li a voué.

**LI MOINES.**

Frère, tu l'as bien commandé :
Et où est-il, qu'i ne vient chi ?

### HENRIS.

Sire, li maus l'a rengrami,
Si l'a on .j. petit coukiet ;
Demain revenra chi à piet,
Se Diex plaist, et il ara miex.

### LI PERES.

Or chà! levés-vous sus, biaus fiex;
Si venés le saint aourer.

### LI DERVÉS.

Que c'est? me volés-vos tuer?
Fiex à putain, leres, érites,
Tréés-vous, lâches ypocrites.
Laissié-me aler, car je sui rois.

### LI PERES.

A! biaus doux fiex, séés-vous cois,
Ou vous arés des enviaus.

### LI DERVÉS.

Non ferai ; je sui uns crapaus,
Et si ne mengue fors raines.
Escoutés : je fais les araines.
Est-che bien fait? ferai-je plus?

### LI PERES.

Ha! biaus dous fiex, séés-vous jus;
Si vous metés à genoillons,
Se che non, Robers Soumillons,
Qui est nouviaus prinches du pui,
Vous ferra.

### LI DERVÉS.

Bien kie de lui :
Je sui miex prinches qu'il ne soit.
A sen pui canchon faire doit

## LI JUS ADAN.

Par droit maistre Wautiers as Paus,
Et uns autres leurs paringaus,
Qui a non Thoumas de Clari :
L'autr'ier vanter les en oï.
Maistre Wautiers jà s'entremet
De chanter par mi le cornet,
Et dist qu'il sera courounés.

### MAISTRE HENRIS.

Dont sera chou au ju des dés,
Qu'il ne quièrent autre déduit.

### LI DERVÉS.

Escoutés que no vache muit;
Maintenant le vois faire prains.

### LI PERES.

A! sos puans, ostés vos mains
De mes dras, que je ne vous frape.

### LI DERVÉS.

Qui est chieus clers à cele cape ?

### LI PERES.

Biaus fiex, c'est uns Parisiens.

### LI DERVÉS.

Che sanle miex uns pois baiens,
Bau!

### LI PERES.

Que c'est? Taisiés pour les dames.

### LI DERVÉS.

Si li sousvenoit des bigames,
Il en seroit mains orgueilleus.

### RIKIERS.

Enhenc! maistre Adan, or sont .ij.;
Bien sai que ceste-chi est voe.

### ADANS.

Que set-il qu'il blâme ne loe?
Point n'a conte à cose qu'il die;
Ne bigames ne sui-je mie,
Et s'en sont-il de plus vaillans.

### MAISTRE HENRIS.

Certes, li meffais fu trop grans,
Et chascuns le pape encosa
Quant tant de bons clers desposa.
Ne pourquant n'ira mie ensi,
Car aucun ne sont aati
Des plus vaillans et des plus rikes,
Qui ont trouvées raisons friques,
Qu'il prouveront tout en apert
Que nus clers, par droit, ne désert
Pour mariage estre asservis ;
Ou mariages vaut trop pis
Que demourer en soignantage.
Comment, ont prélas l'avantage
D'avoir femes à remuier,
Sans leur privilege cangier,
Et uns clers si pert se franquise
Par espouser en sainte Eglise
Fame qui ait autre baron!
Et li fil à putain laron,
Où nous devons prendre peuture,
Mainent en péchié de luxure
Et si goent de leur clergie!
Romme a bien le tierche partie
Des clairs fais sers et amatis.

### GUILLOS.

Plumus s'en est bien aatis,
Se se clergie ne li faut,
Qu'il r'avera che c'on li taut;

## LI JUS ADAN.

Poura metre .j. peson d'estoupes.
Li papes, qui en chou eut coupes,
Est euereux quant il est mors;
Jà ne fus si poissans ne fors
C'ore ne l'éust desposé.
Mal li éust onques osé
Tolir previlege de clerc,
Car il li éust dit esprec
Et si éust fait l'escarbote.

### HANE.

Mout est sages, s'il ne radote;
Mais Mados et Gilles de Sains
Ne s'en atissent mie mains.
Maistres Gilles ert avocas;
Si metera avant les cas
Pour leur privilege r'avoir,
Et dist qu'il livrera s'avoir
Se Jehans Crespins livre argent;
Et Jehans leur a en couvent
Qu'il livrera de l'aubenaille;
Car mout ert dolans s'on le taille.
Chis fera du frait par tout fin.

### MAISTRE HENRIS.

Mais près de mi sont doi voisin
En cité qui sont bon notaire;
Car il s'atissent bien de faire
Pour nient tous les escris du plait;
Car le fait tienent à trop lait,
Pour chou qu'il sont andoi bigame.

### GUILLOS.

Qui sont-il?

### MAISTRE HENRIS.

  Colars Fou-se-dame,
Et s'est Gilles de Bouvignies.

Chis noteront par aaties,
Ensanle plaidront pour tous.

GUILLOS.

Enhenc! maistre Henri, et vous,
Plus d'une femme avés éue ;
Et s'avoir volés leur aieue
Metre vous i couvient du voe.

MAISTRE HENRIS.

Gillot, me faites-vous le moc ?
Par Dieu! je n'ai goute d'argent ;
Si n'ai mie à vivre gramment,
Et si n'ai mestier de plaidier,
Point ne me couvient resoignier
Les tailles pour chose que j'aie.
Ils prengnent Marien le Jaie :
Aussi set-ele plais assés.

GUILLOS.

Voire, voir, assés amassés.

MAISTRE HENRIS.

Non fai, tout emporte li vins
J'ai servi lonc tans eskievins,
Si ne vœil point estre contre aus ;
Je perderoie anchois .c. saus
Que g'ississe de leur acort.

GUILLOS.

Toudis vous tenés au plus fort,
Che wardés-vous, maistre Henri.
Par foi! encore est-che bien chi
Uns des trais de la vielle danse.

LI DERVÉS.

Ahai! chis a dit comme Manse
Le Geule : je le voistuer.

LI JUS ADAN.

LI PERES AU DERVÉ.

A ! biaus dous fiez, laissiés ester :
C'est ses bigames qu'il parole.

LI DERVÉS.

Et vés me chi pour l'apostoile !
Faites-le donc avant venir.

LI MOINES.

Aimi, Dieus ! qu'il fait bon oïr
Che sot-là, car il dist merveilles !
Preudons, dist-il tant de brubeilles
Quant il est en sus de le gent ?

LI PERES.

Sire, il n'est onques autrement :
Toudis rede-il, ou cante, ou brait ;
Et si ne set oncques qu'il fait,
Encore set-il mains qu'il dist.

LI MOINES.

Combien a que li maus li prist ?

LI PERES.

Par foi ! sire, il a bien .ij. ans.

LI MOINES.

Et dont estes-vous ?

LI PERES.

   De Duisans.
Si l'ai wardé à grant meschief.
Esgardés qu'il hoche le chief !
Ses cors n'est oncques à repos.
Il m'a bien brisiet .ij.c. pos,
Car je sui potiers à no vile.

LI JUS ADAN.

###### LI DERVÉS.

J'ai d'Anséïs et de Marsile
Bien oï canter Hesselin.
Di-je voir, tesmoins çe tatin?
Ai-je emploié bien .xxx. saus?
Il me bat tant, chis grans ribaus,
Que devenus sui uns cholés.

###### LI PERES.

Il ne sait qu'il [fait] li varlés,
Bien i pert quant il bat sen père.

###### LI MOINES.

Biaus preudons, par l'ame te mère,
Fai bien : maine l'ent en maison;
Mais fai chi avant t'orison,
Et offre du tien, se tu l'as;
Car il est de veillier trop las,
Et demain le ramenras chi
Quant un peu il ara dormi :
Aussi ne fait-il fors rabaches.

###### LI DERVÉS.

Dist chiex moines que tu me baches?.

###### LI PERES.

Nenil, biaux fiex. Anons-nous-ent.
Tenés, je n'ai or plus d'argent.
Biaux fiex, alons dormir .j. pau;
Si prendons congié à tous.

###### LI DERVÉS.

Bau !

###### RIQUECE AURRIS.

Qu'est-che? Seront hui mais riotes?
N'arons hui mais fors sos et sotes?

## LI JUS ADAN.

Sire moines, volés bien faire?
Metés en sauf vo saintuaire.
Je sai bien, se pour vous ne fust,
Que piécha chi endroit éust
Grant merveille de faërie :
Dame Morgue et sa compaignie
Fust ore assise à ceste taule ;
Car c'est droite coustume estaule
Qu'eles vienent en ceste nuit.

### LI MOINES.

Biaus dous sires, ne vous anuit.
Puis qu'ensi est, je m'en irai ;
Offrande hui mais n'i prenderai ;
Mais souffrés viaus que chaiens soie,
Et que chés grans merveilles voie.
N'es querrai, si verrai pour coi.

### RIKECE.

Or vous taisiés dont trestout coi,
Je ne cuit pas qu'ele demeure ;
Car il est aussi que seur l'eure
Eles sont ore ens ou chemin.

### GUILLOS.

J'oi le maisnie Hielekin,
Mien ensiant, qui vient devant
Et mainte clokete sonnant;
Si croi bien que soient chi près.

### LA GROSSE FEME.

Venront dont les fées après?

### GUILLOT.

Si m'aït Diex, je croi c'oïl.

### RAINELÉT A ADAN.

Aimi ! sire, il i a péril ;
Je vauroie ore estre en maison.

ADANS.

Tais-te, il n'i a fors que raison :
Che sont beles dames parées.

RAINNELÉS.

En non Dieu, sire, ains sont les fées.
Je m'en vois.

ADANS.

Sié-toi, ribaudiaus.

CROQUESOS.

Me siet-il bien li hurepiaus ?
Qu'est-che ? n'i a-t-il chi autrui ?
Mien ensient, déchéus sui
En che que j'ai trop demouré,
Ou eles n'on point chi esté.
Dites-me, vielles reparée,
A chi esté Morgue li fée,
Ne ele ne se compaignie ?

DAME DOUCE.

Nenil voir, je ne les vi mi :
Doivent-eles par chi venir ?

CROQUESOS.

Oïl, et mengier à loisir.
Ensi c'on m'a fait à entendre.
Chi les me convenra atendre.

RIKECE.

A ! cui ies-tu, di, barbustin ?

CROKESOS.

Qui ? jou ?

RIKECE.

Voire.

## LI JUS ADAN.

CROKESOS.

Au roy Hellekin,
Qui chi m'a tramis en mesage
A me dame Morgue le sage,
Que me sire aime par amour :
Si l'atenderai chi entour,
Car eles me misent chi lieu.

RIKECE.

Seés-vous dont, sire courlieu.

CROKESOS.

Volentiers, tant qu'eles venront.
O ! vés-les chi !

RIKIERS.

Voirement sont :
Pour Dieu, or ne parlons nul mot.

MORGUE.

A ! bien viegnes-tu, Croquesot !
Que fait tes sires Hellequins ?

CROKESOS.

Dame, que vostres amis fins ;
Si vous salue. Ier de lui mui.

MORGUE.

Diex bénéie vous et lui !

CROKESOS.

Dame, besoigne m'a carquie
Qu'il veut que de par lui vous die ;
Si l'orrés quant il vous plaira.

MORGUE.

Croquesot, sié-te .j. petit là,
Je t'apelerai maintenant.

Or chà, Maglore, alés avant ;
Et vous, Arsile, d'après li,
Et je méismes serai chi
Encoste vous en che debout.

MAGLORE.

Vois, je sui assie de bout
Où on n'a point mis de coutel.

MORGUE.

Je sai bien que j'en ai .j. bel.

ARSILE.

Et jou aussi.

MAGLORE.

   Et qu'est-che à dire ?
Que nul n'en i a ? Sui-je li pire ?
Si m'aït Diex, peu me prisa
Qui estauli ni avisa
Que toute seule à coutel faille.

MORGUE.

Dame Maglore, ne vous caille ;
Car nous dechà en avons deus.

MAGLORE.

Tant est à mi plus grans li deus
Quant vous les avés, et je nient.

ARSILE.

Ne vous caut, dame ; ensi avient ;
Je cuit c'on ne s'en donna garde.

MORGUE.

Bele douche compaigne, esgarde
Que chi fait bel et cler et net.

## LI JUS ADAN.

**ARSILE.**

S'est drois que chiex qui s'entremet
De nous appareillier tel lieu
Ait biau don de nous.

**MORGUE.**

Soit, par Dieu !
Mais nous ne savons qui chiex est.

**CROQUESOS.**

Dame, anchois que tout che fust prest,
Ving-je si chi que on metoit
Le taule et c'on appareilloit,
Et doi clerc s'en entremetoient ;
S'oï que ches gens apeloient
L'un de ches deus Riquece Aurri,
L'autre Adan filz maistre Henri ;
S'estoit en une cape chiex.

**ARSILE.**

S'est bien drois qu'i leur en soit miex,
Et que chascun .i. don i meche :
Dame, que donrés-vous Riqueche ?
Commenchiés.

**MORGUE.**

Je li doins don gent :
Je vœil qu'il ait plenté d'argent ;
Et de l'autre vœil qu'il soit teus
Que che soit li plus amoureus
Qui soit trouvés en nul païs.

**ARSILE.**

Aussi vœil-je qu'il soit jolis
Et bon faiseres de canchons.

**MORGUE.**

Encore faut à l'autre .j. dons.
Commenchiés.

ARSILE.

Dame, je devise
Que toute se marchéandise
Li viegne bien et monteplit.

MORGUE.

Dame, or ne faites tel despit
Qu'il n'aient de vous aucun bien.

MAGLORE.

De mi certes n'aront-il nient :
Bien doivent falir à don bel
Puis que j'ai fali à coutel.
Honnis soit qui riens leur donra !

MORGUE.

A ! dame, che n'avenra jà
Qu'il n'aient de vous coi que soit.

MAGLORE.

Bele dame, s'il vous plaisoit,
Orendroit m'en deporteriés.

MORGUE.

Il couvient que vous le fachiés,
Dame, se de rien nous amés.

MAGLORE.

Je di que Riquiers soit pelés
Et qu'il n'ait nul cavel devant.
De l'autre qui se va vantant
D'aler à l'escole à Paris,
Vœil qui soit si atruandis
En le compaignie d'Arras,
Et qu'il s'ouvlit entre les bras
Se feme, qui est mole et tenre,
Et qu'il perge et hache l'aprenre
Et meche se voie en respit.

ARSILE.

Aimi ! dame, qu'avés-vous dit ?
Pour Dieu ! rapelés ceste cose.

MAGLORE.

Par l'ame où li cors me repose !
Il sera ensi que je di.

MORGUE.

Certes, dame, che poise mi :
Mout me repenc, mais je ne puis,
C'onques hui de riens vous requis.
Je cuidoie par ches deus mains
Qu'il déussent avoir au mains
Chascuns de vous .i. bel jouel.

MAGLORE.

Ains comperront chier le coutel
Qu'il ouvlièrent chi à metre.

MORGUE.

Croquesot !

CROKESOS.

Dame ?

MORGUE.

Se t'as lettre
Ne rien de ton seigneur à dire,
Si vien avant.

CROKESOS.

Diex le vous mire !
Aussi avoie-je grant haste :
Tenés.

MORGUE.

Par foi ! c'est paine waste :
Il me requiert chaiens d'amours ;
Mais j'ai mon cuer tourné aillours :
Di-lui que mal se paine emploie.

CROKESOS.

Aimi! dame, je n'oseroie :
Il me geteroit en le mer ;
Nepourquant ne poés amer,
Dame, nul plus vaillant de lui.

MORGUE.

Si puis bien faire.

CROKESOS.

Dame, cui ?

MORGUE.

Un demoisel de ceste vile
Qui est plus preus que tex .c. mile
Où pour noient nous traveillons.

CROKESOS.

Qui est-il ?

MORGUE.

Robers Soumeillons,
Qui set d'armes et du cheval ;
Pour mi jouste amont et aval
Par le païs à taule-ronde.
Il n'a si preu en tout le monde,
Ne qui s'en sache miex aidier ?
Bien i parut à Mondidier,
S'il jousta le miex ou le pis.
Encore s'en dieut-il ou pis,
Ens espaules et ens ès bras.

CROKESOS.

Est-che nient uns à uns vers dras
Roiiés d'une vermeille roie ?

MORGUE.

Ne plus ne mains.

CROKESOS.

      Bien le savoie.
Mesire en est en jalousie,
Très qu'il jousta à l'autre fie
En ceste vile, ou marchié droit
De vous et de lui se vantoit,
Et tantost qu'il s'en prist à courre,
Mesires se mucha en pourre
Et fist sen cheval le gambet,
Si que caïr fist le varlet
Sans assener sen compaignon.

MORGUE.

Par foi ! assés le dehaignon ;
Nonpruec me sanle-il trop vaillans,
Peu parliers et cois et chelans,
Ne nus ne porte meilleure bouque.
Li personne de lui me touque
Tant que je l'amerai, que-vau-che ?

ARSILE.

Le cuer n'avés-mie en le cauche,
Dame, qui pensés à tel home :
Entre le Lis voir et le Somme
N'a plus faus ne plus buhotas,
Et se veut monter seur le tas
Tantost qu'il repaire en un lieu.

MORGUE.

S'est teus ?

ARSILE.

    C'est mon.

MORGUE.

        De le main Dieu
Soie-jou sainnie et benite !
Mout me tieng ore pour despite

Quant pensoie à tel cacoigneur,
Et je laissoie le gringneur
Prinche qui soit en faërie.

ARSILE.

Or estes-vous bien conseillie,
Dame, quant vous vous repentés.

MORGUE.

Croquesot !

CROKESOS.

Madame ?

MORGUE.

Amistés
Porte ten segnieur de par mi.

CROKESOS.

Madame, je vous en merchi
De par men grant segnieur le roy.
Dame, qu'est-che là que je voi
En chele roée ? Sont-che gens ?

MORGUE.

Nenil, ains est esamples gens,
Et chele qui le roe tient
Chascune de nous apartient ;
Et s'est très dont qu'ele fu née,
Muiele, sourde et avulée.

CROKESOS.

Comment a-ele à non ?

MORGUE.

Fortune.
Ele est à toute riens commune
Et tout le mont tient en se main ;
L'un fait povre hui, riche demain ;

Ne point ne set cui ele avanche.
Pour chou n'i doit avoir fianche
Nus, tant soit haut montés en roche ;
Car se chele roe bescoche,
Il le couvient descendre jus.

CROKESOS.

Dame, qui sont chil doi lassus
Dont chascuns sanle si grans sire ?

MORGUE.

Il ne fait mie bon tout dire :
Orendroit m'en déporterai.

MAGLORE.

Croquesot, je le te dirai.
Pour chou que courechie sui,
Huimais n'espargnerai nului ;
Je n'i dirai huimais fors honte :
Chil doi lassus sont bien du conte,
Et sont de le vile signeur ;
Mis les a Fortune en honnour :
Chascuns d'aus est en sen lieu rois.

CROKESOS.

Qui sont-il ?

MAGLORE.

C'est sire Ermenfrois,
Crespins et Jacquemes Louchars.

CROKESOS.

Bien les connois, il sont escars.

MAGLORE.

Au mains regnent-il maintenant,
Et leur enfant sont bien venant
Qui raigner vauront après euls.

CROQUESOS.

Li quel?

MAGLORE.

Vés-ent chi au mains deus :
Chascuns sieut sen pere drois poins.
Ne sai qui chiex est qui s'embrusque.

CROKESOS.

Et chiex autres qui là trebusque,
A-il jà fait pille-ravane ?

MAGLORE.

Non, c'est Thoumas de Bouriane
Qui soloit bien estre du conte ;
Mais Fortune ore le desmonte
Et tourne chu dessous deseure :
Pour tant on li a courut seure
Et fait damage sans raison,
Meesmement de se maison
Li voloit-on faire grant tort.

ARSILE.

Péchié fist qui ensi l'a mort ;
Il n'en éust mie mestier ;
Car il la laissié son mestier
De draper pour brasser goudale.

MORGUE.

Che fait Fortune qui l'avale :
Il ne l'avoit point déservi.

CROKESOS.

Dame, qui est chis autres chi
Que si par est nus et descaus ?

MORGUE.

Chis ? c'est Leurins li Canelaus,
Qui ne puet jamais relever.

## LI JUS ADAN.

ARSILE.

Dame, si puet bien parlever
Aucune bele cose amont.

CROKESOS.

Dame, volentés me semont
C'à men segneur tost m'en revoise.

MORGUE.

Croquesot, di-lui qu'il s'envoise
Et qu'il fache adès bele chiere,
Car je li iere amie chiere
Tous les jours mais que je vivrai.

CROKESOS.

Madame, sour che m'en irai.

MORGUE.

Voire, di-li hardiement,
Et se li porte che present
De par mi ; tien, boi anchois viaus.

CROKESOS.

Me siet-il bien li hielepiaus ?

DAME DOUCE.

Beles dames, s'il vous plaisoit,
Il me sanle que tans seroit
D'aler-ent, ains qu'il ajournast.

ARSILE.

Ne faisons chi plus de séjour,
Car n'afiert que voisons par jour
En lieu là où nus hom trespast ;
Alons vers le pré esraument,
Je sai bien c'on nous i atent.

MAGLORE.

Or tost alons-ent par illeuc.
Les vielles femes de le vile
Nous i atendent.

MORGUE.

Est-chou gille?

MAGLORE.

Vés, Dame Douche nous vient pruec.

DAME DOUCE.

Et qu'est-ce ore chi, beles dames?
C'est grans anuis et grans diffames
Que vous avés tant demouré.
J'ai annuit faite l'avan-garde,
Et me fille aussi vous pourwarde
Toute nuit à le crois, ou pré.
Là vous avons-nous atendues,
Et pourwardées par les rues;
Trop nous i avés fait veillier.

MORGUE.

Pour coi, la Douche?

DAME DOUCE.

On m'i a fait
Et dit par devant le gent lait.
Uns hom que je vœil manier;
Mais se je puis, il ert en biere,
Ou tournés che devant derriere
Devers les piés ou vers les dois.

MORGUE.

Je l'arai bientost à point mis
En sen lit, ensi que je fis,
L'autre an, Jakemon Pilepois,
Et l'autre nuit Gillon Lanier.

## MAGLORE.

Alons ! nous vous irons aidier.
Prendés avœc Agnès, vo fille,
Et une qui maint en chité,
Qui jà n'en avera pitié.

## MORGUE.

Fame Wautier Mulet ?

## DAME DOUCE.

C'est chille,
Alés devant, et je m'en vois.

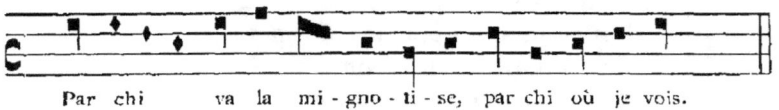

Par chi va la mi - gno - ti - se, par chi où je vois.

TRADUCTION.

Par chi va la mi-gno - ti - se, par chi où je vois.

## LI MOINES.

Aimi, Dieus ! que j'ai soumeillié !

## HANE LI MERCIERS.

Marie ! et j'ai adès veillié.
Faites, alés-vous-ent errant.

## LI MOINES.

Frere, ains arai mengié avant,
Par le foi que doi saint Acaire !

## HANE.

Moines, volés-vous dont bien faire ?
Alons à Raoul le waidier.
Il a aucun rehaignet d'ier :
Bien puet estre qu'il nous donra.

LI MOINES.

Trop volentiers. Qui m'i menra?

HANE.

Nus ne vous menra miex de moi ;
Si trouverons laiens, je croi,
Compaignie qui là s'embat,
Faitiche où nus ne se combat ;
Adan, le fil maistre Henri,
Veelet et Riqueche Aurri
Et Gillot le Petit, je croi.

LI MOINES.

Par le saint Dieu ! et je l'otroi,
Aussi est chi me cose bien,
Et si vés-chi un crespet, tien !
Que ne sai quels caitis offri ;
Je n'en conterai point à ti,
Ains sera de commenchement.

HANE.

Alons-ent donc ains que li gent
Aient le taverne pourprise.
Esgardés, li taule est jà mise
Et vés-là Rikeche d'encoste.
Rikeche, véistes-vous l'oste ?

RIKIERS.

Oue, il est chaiens. Ravelet !

LI OSTES.

Veés me chi.

HANE.

  Qui s'entremet
Dou vin sakier ? Il n'i a plus.

## LI JUS ADAN.

### Lt OSTES.

Sire, bien soiés-vous venus !
Vous vœil-je fester, par saint Gille !
Sachiés c'on vent en ceste vile
Tastés, je l' venc par eschievins.

### LI MOINES.

Volentiers. Châ dont.

### LI OSTES.

     Est-che vins ?
Tel ne boit-on mie en couvent,
Et si vous ai bien en couvent
Qu'aven ne vint mi d'Aucheure.

### RIKIERS.

Or me prestés donques .j. voirre
Par amours, et si seons bas ;
Et che sera chi le rebas
Seur coi nous meterons le pot.

### GUILLOS.

C'est voirs.

### RIKIERS.

    Qui vous mande, Gillos ?
On ne se puet mais aaisier.

### GUILLOS.

Che ne fustes-vous point, Rikier :
De vous ne me doi loer waires.
Que c'est ? mesires sains Acaires
A-il fait miracles chaiens ?

### LI OSTES.

Gillot, estes-vous hors du sens ?
Taisiés. Que mal soiés-venus !

### GUILLOS.

Ho ! biaus hostes, je ne dis plus.
Hane, demandés Ravelet
S'il a chaiens nal rehaignet
Qu'il ait d'essoir repus en mue.

### LI OSTES.

Oïl, .j. herenc de Gernemue,
Sans plus, Gillot, je vous oc bien.

### GUILLOS.

Je sai bien que vés-chi le mien ;
Hane, or li demandés le voe.

### LI OSTES.

Le bau fai que t'ostes le poe,
Et qu'il soit à tous de commun ;
Il n'affiert point c'on soit enfrun
Seur le viande.

### GUILLOS.

Bé ! cest jeus.

### LI OSTES.

Or metés dont le herenc jus.

### GUILLOS LI PETIS.

Vés-le-chi, je n'en gousterai ;
Mais .j. petit assaierai
Che vin, ains c'on le par essiaue.
Il fu voir escaudés en yaue,
Si sent .j. peu le rebouture.

### LI OSTES.

Ne dites point no vin laidure,
Gillot : si ferés courtoisie ;
Nous sommes d'une compaignie,
Si ne le blamés point.

## LI JUS ADAN.

GUILLOS LI PETIS.

Non fai-je.

HANE LI MERCIERS.

Vois que maistre Adans fait le sage
Pour che qu'il doit estre escoliers.
Je vi qu'il se sist volontiers
Avœcques nous pour desjuner.

ADANS.

Biaus sire, ains couvient m'éurer ;
Par Dieu ! je ne le fac pour el.

MAISTRE HENRIS.

Va-i, pour Dieu, tu ne vaus mel ;
Tu i vas bien quant je n'i sui.

ADANS.

Par Dieu ! sire, je n'irai hui,
Se vous ne venés avœc mi.

MAISTRE HENRIS.

Va dont, passe avant, vés-me-chi.

HANE LI MERCIERS.

Aimi, Diex ! con fait escolier !
Chi sont bien emploié denier.
Font ensi li autre à Paris ?

RIQUECE.

Vois, chis moines est endormis.

LI OSTES.

Et or me faites tout escout :
Metons-li jà sus qu'il doit tout
Et que Hane a pour lui yué.

### LI MOINES.

Aimi, Dieu! que j'ai demouré!
Ostes, comment va nos affaires?

### LI OSTES.

Biaus ostes, vous ne devés waires :
Vous finerés moult bien chaiens ;
Ne vous anuit mie, g'i pens.
Vous devés .xij. sols à mi :
Merchiés ent vo bon ami
Qui les a chi perdus pour vous.

### LI MOINES.

Pour mi?

### LI OSTES.

Voire.

### LI MOINES.

Les doi-je tous?

### LI OSTES.

Oïl, voir.

### LI MOINES.

Ai-je dont ronquiet?
J'en éusse aussi bon marchiet,
Che me sanle, en l'enganerie ;
Et n'a-il as dés jué mie
De par mi, ni à me requeste.

### HANE LI MERCIERS.

Vés-chi de chascun le foi preste
Que che fu pour vous qu'il joua.

### LI MOINES.

Hé, Diex! à vous con fait jeu a!
Biaux ostes, qui vous vaurroit croire?
Mauvais fait chaiens venir boire,
Puis c'on cunkie ensi le gent.

LI OSTES.

Moines, paiés chà mon argent
Que vous me devés ; est-che plais ?

LI MOINES.

Dont deviegne-jou aussi fais
Que fu li hors-du-sens ennuit !

LI OSTES.

Bien vous poist et bien vous anuit,
Vous waiterés chaiens le coc,
Ou vous me lairés chà che froc :
Le cors arés, et jou l'escorche.

LI MOINES.

Ostes, me ferez-vous dont forche ?

LI OSTES.

Oïl, se vous ne me paiés.

LI MOINES.

Bien voi que je sui cunkiés,
Mais c'est li darraine fois.
Par mi chou m'en irai-je anchois
Qu'il reviegne nouveaus escos.

MAISTRES HENRIS.

Moines, vous n'estes mie sos,
Par mon chief ! qui vous en alés.

[LI FISICIENS.]

Certes, segnieur, vous vous tués,
Vous serés tous paraletiques,
Ou je tieng à fausse fisique,
Quant à ceste eure estes chaiens.

GUILLOS.

Maistres, bien kaiés de vo sens,
Car je ne le pris une nois.
Seés-vous jus.

LI FISICIENS.

Chà, une fois
Me donnés, si vous plaist, à boire.

GUILLOS.

Tenés, et mengiés ceste poire.

LI MOINES.

Biaus ostes, escoutés un peu :
Vous avés fait de mi vo preu ;
Wardés .j. petit mes reliques,
Car je ne sui mi ore riques ;
Je les racaterai demain.

LI OSTES.

Alés, bien sont en sauve main.

GUILLOS.

Voire, Dieus !

LI OSTES.

Or puis preeschier :
De saint Acaire vous requier,
Vous, maistre Adan, et vous, Hane ;
Je vous pri que chascuns recane
Et fache grant sollempnité
De che saint c'on a abevré.

(Li compaingnon cantent :

Mais c'est par .j. estrange tour.
A ! jà se siet en haute tour....

Biaus ostes, est-che bien canté ?

## LI JUS ADAN.

### LI OSTES *respont* :

Bien vous poés estre vanté
C'onques mais si bien dit ne fu.

### LI DERVÉS.

A hors le fu, le fu, le fu !

Aussi bien canté-je qu'il font ?

### LI MOINES.

Li chent dyable aporté vous ont ;
Vous ne me faites fors damage.
Vo père ne tieng mie à sage,
Quant il vous a ramené chi.

### LI PERES AU DERVÉ.

Certes, sire, che poise mi ;
D'autre part, je ne sai que faire ;
Car, s'il ne vient à saint Acaire,
Où ira-il querre santé ?
Certes il m'a jà tant cousté
Qu'il me couvient querre men pain.

### LI DERVÉS.

Par le mort Dieu ! je muir de faim.

### LI PERES AU DERVÉS.

Tenés, mengiés dont ceste pume.

### LI DERVÉS.

Vous i mentés, c'est une plume ;
Alés, ele est ore à Paris.

### LI PERES.

Biau sire Diex ! con sui honnis
Et perdus, et qu'il me meschiet !

### LI MOINES.

Certes, c'est trop bien emploiet ;
Pour coi le ramenés-vous chi ?

### LI PERES.

Hé, sire ! il ne feroit aussi
En maison fors desloiauté ;
Ier le trouvai tout emplumé
Et muchié par dedens se keute.

### MAISTRE HENRIS.

Diex ! qui est chiex qui là se keute ?
Boi bien. Le glout ! le glout ! le glout !

### GUILLOS.

Pour l'amour de Dieu ! ostons tout,
Car se chis sos-là nous ceurt seure....
Pren le nape, et tu, le pot, tien

### RIKECE.

Foi que doi Dieu ! je le lo bien.
Tout avant que il nous meskièche
Chascuns de nous prengne se pièche :
Aussi avons-nous trop villiet.

### LI MOINES.

Ostes, vous m'avés bien pilliet,
Et s'en i a chi de plus riques ;
Toutes eures chà mes reliques !
Vés-chi .xij. sols que je doi.
Vous et vo taverne renoi ;
Se g'i revieng, dyable m'en porche !

### LI HOSTES.

Je ne vous en ferai jà forche ;
Tenés vos reliques.

### LI MOINES.

Or chà !
Honnis soit qui m'i amena !
Je n'ai mie apris tel afaire.

### GUILLOS.

Di, Hane, i a-il plus que faire ?
Avons-nous chi riens ouvlié ?

### HANE.

Nenil, j'ai tout avant osté.
Faisons l'oste que bel li soit.

### GUILLOS.

Ains irons anchois, s'on m'en croit,
Baisier le fiertre Nostre-Dame,
Et che chierge offrir qu'ele flame :
No cose nous en venra miex.

### LI PERES.

Or chà ! levés-vous sus, biaus fiex,
J'ai encore men blé à vendre.

### LI DERVÉS.

Que c'est ? me volés menés pendre,
Fiex à putain, leres prouvés ?

### LI PERES.

Taisiés. C'or fussiés enterrés,
Sos puans ! Que Diex vous honnisse !

### LI DERVÉS.

Par le mort Dieu ! on me compisse
Par là deseure, che me sanle.
Peu faut que je ne vous estranle.

### LI PERES.

Aimi ! or tien che croquepois.

### LI DERVÉS.

Ai-je fait le noise dou prois?

### LI PERES.

Nient ne vous vaut, vous en venrés.

### LI DERVÉS.

Alons, je suis li espousés.

### LI MOINES.

Je ne fai point de men preu chi,
Puis que les gens en vont ensi,
N'il n'i a mais fors baisselettes,
Enfans et garchonnaille ; or fai,
S'en irons ; à Saint-Nicolai
Commenche à sonner des cloquetes.

EXPLICIT LI JEUS DE LA FEUILLIE.

LE JEU

DE ROBIN ET DE MARION

# LI GIEUS DE ROBIN ET DE MARION

## C'ADANS FIST.

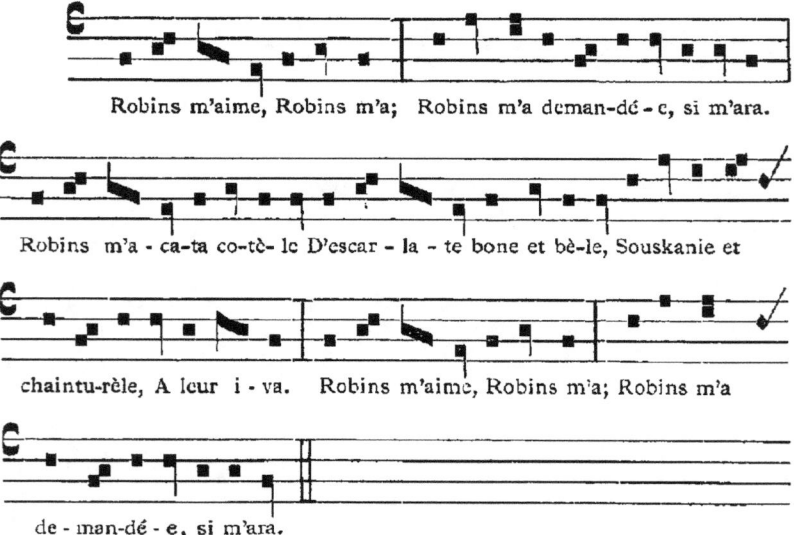

TRADUCTION EN NOTATION MODERNE.

348          LI GIEUS DE ROBIN

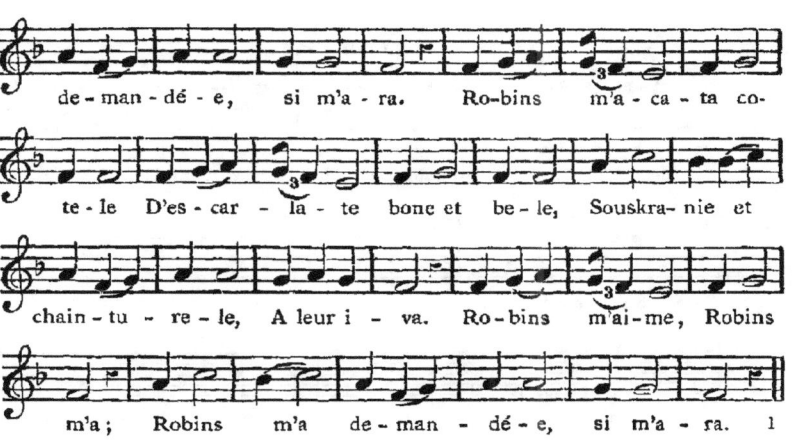

TEXTE SEUL.

Robins m'aime, Robins m'a;
Robins m'a demandée, si m'ara.
Robins m'acata cotèle
D'escarlate bonne et bèle,
Souskanie et chainturèle,
A leur i va!
Robins m'aime, Robins m'a;
Robins m'a demandée, si m'ara.

---

1 VARIANTES. — Les variantes que nous donnons au bas des pages sont toutes tirées du Ms. d'Aix en Provence.

MAROTE (*).

(*) Partout où il y a MARIONS et LI CHEVALIERS dans le Ms. de La Vallière, il y a MAROTE et LE CHEVALIER dans le Ms. d'Aix.

ET DE MARION. 349

**LI CHEVALIERS.**

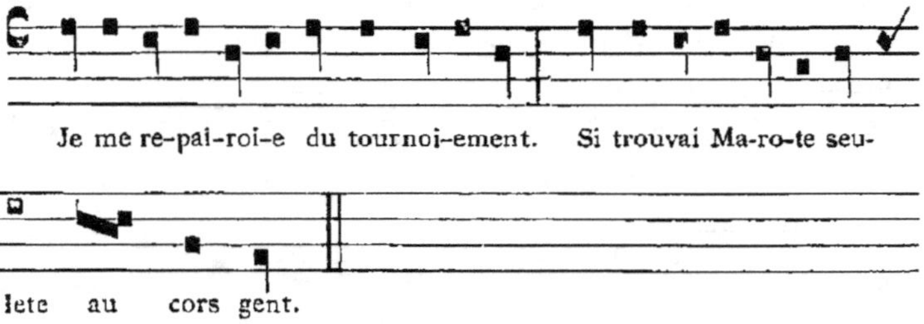

Je me re-pai-roi-e du tournoi-ement. Si trouvai Ma-ro-te seu-lete au cors gent.

Je me re-pai-roi-e du tour-noi-e-ment. Si trou-vai Ma-ro-te Seu-lete, Au cors gent.

Robins m'aime, Robins m'a; Robins m'a de-man-dé-e, si m'au-ra.
Ro-bins m'ai-me, Ro-bins m'a; Ro-bins m'a de-man-dé-e, si m'au-ra. Ro-bins m'a-cha-ta co-tè-le, De bu-rel et bone et bè-le, A leur i-va. Ro-bins m'ai-me, Ro-bins m'a; Ro-bins m'a de-man-dé-e, si m'au-ra.

350    LI GIEUS DE ROBIN

Je me repairoie du tournoiement,
Si trouvai Marote [1] seulete,
Au corps gent.

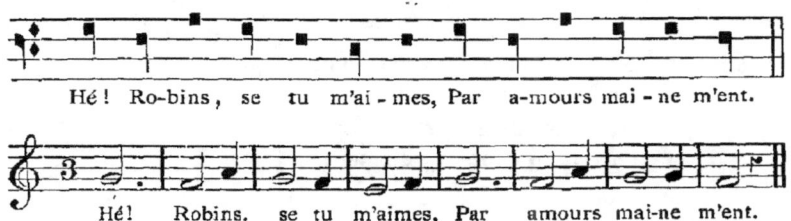

MARIONS.

Hé! Ro-bins, se tu m'ai-mes, Par a-mours mai-ne m'ent.

Hé! Robins, se tu m'aimes, Par amours mai-ne m'ent.

Hé! Robin, se tu m'aimes,
Par amours maine m'ent.

LI CHEVALIERS.

Bergière, Diex vous doinst bon jour !

MARIONS.

Diex vous gart, sire!

LI CHEVALIERS.

                    Par amor,
Douche puchèle, or me contés
Pour coi ceste canchon cantés
Si volentiers et si souvent?
Hé! Robin, se tu m'aimes,
Par amours maine m'ent.

MARIONS.

Biaus sire, il i a bien pour coi :
J'aim bien [2] Robinet, et il moi;
Et bien m'a moustré qu'il m'a chière,
Donné m'a ceste panetière,
Ceste houlète et cest coutel.

---

[1] Bergière.
[2] Car j'aing bien.

LI CHEVALIERS.

Di-moi [1], véis-tu nul oisel
Voler par deseure les cans?

MARIONS.

Sire, j'en ai veu ne sai kans [2];
Encore i a en ces buissons
Et cardonnereuls et pinçons
Qui mout cantent joliement.

LI CHEVALIERS.

Si m'aït Dieus, bele au cors gent,
Che n'est point che que je demant ;
Mais véis-tu par chi devant,
Vers ceste rivière, nul ane?

MARIONS.

C'est une beste qui recane;
J'en vi ier .iij. sur che quemin,
Tous quarchiés, aler au molin :
Est-che chou que vous demandés?

LI CHEVALIERS.

Or sui-je mout bien assenés !
Di-moi, véis-tu nul hairon?

MARIONS.

Hairans! sire, par ma foi ! non,
Je n'en vi nesun [3] puis quaresme,
Que j'en vi mengier chiés dame Eme,
Me taiien [4], cui sont ches brebis.

---

[1] On me di.
[2] Sire, oil je ne sai quans.
[3] Je n'en vi harens.
[4] Ma tante.

LI CHEVALIERS.

Par foi! or sui-jou esbaudis,
N'ainc mais je ne fui si gabés [1].

MARIONS.

Sire, foi que vous mi devés!
Quele beste est-che seur vo main?

LI CHEVALIERS.

C'est uns faucons.

MARIONS.

Mengüe-il pain?

LI CHEVALIERS.

Non, mais bonne char.

MARIONS.

Cele beste?

LI CHEVALIERS.

Esgar! ele a de cuir le teste.

MARIONS.

Et où alés-vous?

LI CHEVALIERS.

En rivière.

MARIONS.

Robins n'est pas de tel manière,
En lui a trop plus de déduit:
A no vile esmuet tout le bruit
Quant il joue de se musète.

---

[1] Par foy! or ne sai-je que dire;
Ne doi avoir talent de rire,
Onques mais ne fui si gabés.

### LI CHEVALIERS.

Or dites, douche bregerète,
Ameriés-vous un chevalier?

### MARIONS.

Biaus sire, traiiés-vous arrier.
Je ne sai que chevalier sont;
Deseur tous les homes du mont
Je n'ameroie que Robin.
Chi vient au vespre [1] et au matin,
A moi, toudis et par usage;
Chi m'aporte de son froumage :
Encore en ai-je en mon sain,
Et une grant pièche de pain
Que il m'aporta à prangière.

### LI CHEVALIERS.

Or me dites, douche bregière,
Vauriés-vous venir avœc moi
Jeuer seur che bel palefroi,
Selonc che bosket, en che val?

### MARIONS.

Aimi, sire, ostés vo cheval,
Par poi que il ne m'a bléchie.
Li Robins ne regiète mie
Quant je vois après se karue.

### LI CHEVALIERS.

Bregière, devenés ma drue
Et faites che que je vous proi.

### MARIONS.

Sire, traiiés ensus de moi :
Chi estre point ne vous affiert.

---

1 Ji viens au soir.

## 354  LI GIEUS DE ROBIN

A poi vos chevaus ne me fiert [1].
Comment vous apèle-on?

LI CHEVALIERS.

Aubert.

MARIONS.

Vous perdés vo paine, sire Aubert,
Je n'amerai autrui que Robert [2].

LI CHEVALIERS.

Nan, bregière?

MARIONS.

Nan, par ma foi!

---

[1] Ce vers manque dans le Ms. d'Aix.
[2]

### LI CHEVALIERS.

Cuideriés empirier de moi?
Chevaliers sui, et vous bregière,
Qui si lonc jetés me proière.

### MARIONS.

Jà pour che ne vous amerai.

Bergeronnète sui; mais j'ai
Ami bel et cointe et gai [1].

### LI CHEVALIERS.

Bregière, Diex vous en doinst joie!
Puis qu'ensi est, g'irai me voie.
Hui mais ne vous sonnerai mot.

### MARIONS.

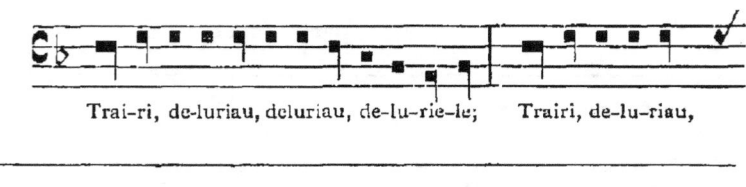

# 356 LI GIEUS DE ROBIN

Trairi, deluriau, deluriau, deluriele,
Trairi, deluriau, deluriau, delurot [1].

### LI CHEVALIERS.

---

[1] Traili, duriau, durele,
Traili li duriau, durot.

Hui main jou chevauchoie
Lés l'orière d'un bois;
Trouvai gentil brégière,
Tant bèle ne vit roys.
Hé! trairi, deluriau, deluriau, deluriele,
Trairi, deluriau, deluriau, delurot.

MARIONS.

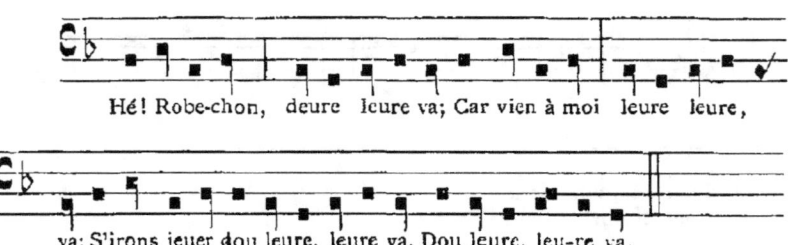

Hé! Robechon, deure leure va ;
Car vien à moi leure, leure va ;
S'irons jeuer dou leure, leure va,
Dou leure, leure va.

ROBINS.

Hé! Marion, leure, leure va ;
Je vois à toi, leure, leure va ;
S'irons jeuer dou leure, leure va,
Dou leure, leure va.

MARIONS.

Robin !

ROBINS.

Marote !

MARIONS.

D'où viens-tu ¹ ?

ROBINS.

Par le saint ²! j'ai desvestu,
Pour che qu'i fait froit, men jupel ;
S'ai pris me cote ³ de burel,
Et si t'aport des pommes : tien.

MARIONS.

Robin, je te connuc ⁴ trop bien
Au canter, si con tu venoies ;
Et tu ne me reconnissoies ⁵ ?

ROBINS.

Si fis au chant et as brebis.

MARIONS.

Robin, tu ne sés, doús amis,
Et si ne le tien mie à mal :
Par chi vint .j. hom à cheval ⁶
Qui avoit cauchie une moufle,
Et portoit aussi c'un escoufle ⁷
Seur sen poing ; et trop me pria
D'amer ; mais poi i conquesta,
Car je ne te ferai nul tort.

---

1 Donc viens-tu ?
2 Par le saint Dieu !
3 J'ai pris ma houce.
4 Robin, je te cognui.
5 Mes tu me regougnissois ?
6 Ici fu un home à cheval.
7 Et portoit ausinc come escoufle.

**ROBINS.**

Marote, tu m'aroies mort ;
Mais se g'i fusse à tans venus ,
Ne jou, ne Gautiers li Testus,
Ne Baudons [1], mes cousins germains,
Diable i éussent mis les mains :
Jà n'en fust partis sans bataille.

**MARIONS.**

Robin, dous amis, ne te caille;
Mais or faisons feste de nous.

**ROBINS.**

Serai-je drois , ou à genous ?

**MARIONS.**

Vien, si te sie encoste moi [2];
Si mangerons.

**ROBINS.**

Et jou l'otroi ;
Je serai chi lés ton costé.
Mais je ne t'ai rien aporté :
Si ai fait certes grant outrage.

**MARIONS.**

Ne t'en caut, Robin; encore ai-je
Du froumage chi en mon sain,
Et une grant pièche de pain [3],
Et des poumes que m'aportas.

**ROBINS.**

Diex ! que chis froumages est cras !
Ma seur , mengüe.

---

[1] Baudoul.
[2] Mais vien t'aseoir delez.
[3] En mon sain peu de fromaige.

## ET DE MARION.

**MARIONS.**

Et tu aussi.
Quant tu vieus boire, si le di :
Vés-chi fontaine en .i. pochon.

**ROBINS.**

Diex! qui ore éust du bacon
Te taiien, bien venist à point.

**MARIONS.**

Robinet, nous n'en arons point,
Car trop haut pent as quièverons ;
Faisons de che que nous avons :
Ch'est assés pour le matinée.

**ROBINS.**

Diex! que j'ai le panche lassée
De le choule de l'autre fois !

**MARIONS.**

Di, Robin, foy que tu mi dois,
Choulas-tu? que Diex le te mire !

**ROBINS.**

Vous l'orés bien dire, bèle,
Vous l'orés bien dire.

## 362 LI GIEUS DE ROBIN

**MARIONS.**

Di, Robin, veus-tu plus mengier?

**ROBINS.**

Naie, voir [1].

**MARIONS.**

Dont metrai-je arrier
Che pain, che froumage en mon sain,
Dusqu'à jà que nous arons fain,

**ROBINS.**

Ains le met en te panetière.

**MARIONS.**

Et vés-li-chi. Robin, quel chière!
Proie et commande, je ferai.

**ROBINS.**

Marote, et jou esprouverai
Se tu m'iés loiaus amiète,
Car tu m'as trouvé amiet.

Ber-ge-ron-nè-te douche baisse-lè-te don-nés-le moi vostre cha-pe-let don-nés-le moi vostre cha-pe-let.

Ber - ge-ron - nè - te, Dou-che bais-se-lè - te Don - nés-le moi,

[1] Nennil voir.

Bergeronnète,
Douche baisselète,
Donnés-le moi, vostre chapelet,
Donnés-le moi, vostre chapelet.

Robin, veus-tu que je le mèche
Seur ton chief par amourète?

Oïl, et vous serés m'amiète [1];
Vous averés ma chainturète,
M'aumosnière et mon fremalet.
Bergeronnète,
Douche baisselète,
Donnés-le moi, vostre chapelet.

[1] Seur ton chief par amourète,
Men iert il miex, se je le met ?
Men iert il miex, se je le met ?
   ROBIN.
Oïl vous serez m'amiette.

ET DE MARION.   365

Volentiers, men douc amiet.
Robin, fai-nous .j. poi de feste.

ROBINS.

Veus-tu des bras ou de le teste ?
Je te di que je sai tout faire.
Ne l'as-tu point oï retraire?

MARIONS.

Robin, par l'âme ten père!
Sès-tu bien aler du piet?

ROBINS.

Oïl, par l'âme me mère!
Resgarde comme il me siet,
Avant et arrière, bèle,
Avant et arrière.

MARIONS.

Robin, par l'âme ten père!
Car nous fai le tour dou chief.

ROBINS.

Marot, par l'âme me mère !
J'en venrai mout bien à chief.
I fait-on tel chière, bele,
I fait-on tel chière ?

MARIONS.

Robin, par l'âme ten père !
Car nous fai le tour des bras.

ROBINS.

Marot, par l'âme me mère !
Tout ensi con tu vaurras.
Est-chou la manière, bèle,
Est-chou la manière ?

MARIONS.

Robin, par l'âme ten père !
Sès-tu baler au serain [1] ?

ROBINS.

---

[1]  MAROTE.
Robin, par l'âme ton père !
Ses-tu fère le touret ?
   ROBINS.
Ouil, par l'âme ma mère !
Rail en moi biau vallet
Devant et derrière, bele,
   Devant et derrière.

ET DE MARION. 369

Oïl, par l'âme me mère!
Mais j'ai trop mains de chaviaus
Devant que derrière, bèle,
Devant que derrière.

MARIONS.

Robin, sès-tu mener le treske?

ROBINS.

Oïl; mais li voie est trop freske,
Et mi housel sont desquiré.

MARIONS.

Nous sommes trop bien atiré,
Ne t'en caut; or fai par amour.

ROBINS.

Aten, g'irai pour le tabour
Et pour le muse au grant bourdon,
Et si amenrai chi Baudon,
Se trouver le puis, et Gautier [1].
Aussi m'aront-il bien mestier,
Se li chevaliers revenoit.

---

[1] En place de ces deux vers il y a ceux-ci :

MAROTE.

Va, et amaine à toi Baudon
Se tu le trueves et Gautier.

24

**MARIONS.**

Robin, revien à grant esploit,
Et se tu trueves Péronnèle,
Me compaignesse, si l'apèle:
Le compaignie en vaura miex.
Ele est derrière ces courtiex,
Si c'on va au molin Rogier.
Or te haste.

**ROBINS.**

Lais-me escourchier;
Je ne ferai fors courre [1].

**MARIONS.**

Or va.

**ROBINS.**

Gautiers, Baudon, estes-vous là [2]?
Ouvrés-moi tost l'uis, biau cousin.

**GAUTIERS.**

Bien soies-tu venus, Robin.
C'as-tu qui ies si essouflés?

**ROBINS.**

Que j'ai? Las! je sui si lassés
Que je ne puis m'alaine avoir.

**BAUDONS** [3].

Di s'on t'a batu.

**ROBINS.**

Nenil, voir.

**GAUTIERS** [4].

Di tost s'en t'a fait nul despit.

---

1 Sache, je ne ferai fors courre.
2 Gautiers, Baudoul, estes-vous là?
3 GAUTIERS ET BAUDOUL.
4 GAUTIERS ET BAUDOUL.

ROBINS.

Signeur, escoutés un petit [1] :
Je sui chi venus pour vous deus,
Car je ne sai ques ménestreus
A cheval pria d'amer ore
Marotain ; si me douch encore
Que il ne reviègne par là.

GAUTIERS [2].

S'il revient, il le comperra.

BAUDONS.

Che fera mon, par ceste teste !

ROBINS.

Vous averés trop bonne feste,
Biau seigneur, se vous i venés;
Car vous et Huars i serés,
Et Peronnele : sont-chou gent?
Et s'averés pain de fourment,
Bon froumage et clère fontaine.

BAUDONS [3].

Hé! biau cousin, car nous i maine.

ROBINS.

Mais vous deus irés chele part,
Et je m'en irai pour Huart
Et Péronnele.

BAUDONS [4].

Va don, va.

---

[1] Por Dieu ! soufrez-vous i petit.
[2] GAUTIERS ET BAUDOUL.
[3] GAUTIERS.
[4]  BOUDOUL.
     Va donc, va.
Et je m'enirai par deça.
Vers la voie devers la ville
Porterai ma fourche fiere
    GAUTIERS.

GAUTIERS.

Et nous en irons par deçà
Vers le voie devers le pierre,
S'aporterai me fourke fière.

BAUDONS.

Et je men gros baston d'espine,
Qui est chiés Bourguet me cousine.

ROBINS.

Hé ! Péronnèle, Péronnèle !

PERONNÈLE.

Robin, ies-tu che ? Quel nouvèle ?

ROBINS.

Tu ne sès, Marote te mande,
Et s'averons feste trop grande.

PÉRONNÈLE.

Et qui i sera ?

ROBINS.

Jou et tu,
Et s'arons Gautier le Testu,
Baudon et Huart et Marote.

PÉRONNÈLE.

Vestirai-je me bele cote ?

ROBINS.

Nennil, Perrote, nenil, nient,
Car chis jupiaus trop bien t'avient.
Or te haste, je vois devant.

PÉRONNÈLE.

Va, je te sievrai maintenant
Se j'avoie mes aigniaus tous.

##### LI CHEVALIERS.

Dites, bergière, n'estes-vous
Chèle que je vi hui matin?

##### MARIONS.

Pour Dieu! sire, alés vo chemin,
Si ferés mout grant courtoisie.

##### LI CHEVALIERS.

Certes, bèle très douche amie,
Je ne le di mie pour mal;
Mais je vois quérant chi aval
.I. oisel à une sonnète.

##### MARIONS.

Alés selonc ceste haiète;
Je cuit que vous l'i trouverés :
Tout maintenant i est volés [1].

##### LI CHEVALIERS.

Est, par amours?

##### MARIONS.

Oïl, sans faille.

##### LI CHEVALIERS.

Certes, de l'oisel ne me caille [2]
S'une si bèle amie avoie.

##### MARIONS.

Pour Dieu! sire, alés vostre voie,
Car je sui en trop grant frichon.

##### LI CHEVALIERS.

Pour qui?

---

[1] I est alés.
[2] Peu me caille.

374    LI GIEUS DE ROBIN

MARIONS.

Certes, pour Robechon.

LI CHEVALIERS.

Pour lui?

MARIONS.

Voire, s'il le savoit,
Jamais nul jour ne m'ameroit,
Ne je tant rien n'aim comme lui [1].

LI CHEVALIERS.

Vous n'avés garde de nului,
Se vous volés à mi entendre.

MARIONS.

Sire, vous nous ferés sousprendre,
Alés-vous-ent; laissié-me ester,
Car je n'ai à vous que parler :
Laissié-me entendre à mes brebis.

LI CHEVALIERS.

Voirement, suis-je bien caitis
Quant je mec le mien sens au tien.

MARIONS.

Si en alés, si ferés bien ;
Aussi oi-je chi venir gent.

J'oï Robin fla-go-ler au fla-gol d'ar-gent, au flagol d'ar-gent.

J'oï Ro-bin fla-go-ler au fla-

---

[1] Ne je rien naing tant com Robin.

gol d'ar - gent, au fla - gol d'ar - gent.

J'oï Robin flagoler
Au flagol d'argent,
Au flagol d'argent.
Pour Dieu ! sire, or vous en alés.

LI CHEVALIERS.

Bergerète, à Dieu remanés,
Autre forche ne vous ferai.
Ha ! mauvais vilains, mar i fai ;
Pour coi tues-tu mon faucon ?
Qui te donroit .j. horion
Ne l'aroit-il bien emploiet [1] ?

ROBINS.

Ha ! sire, vous feriez pechiet.
Peur ai que il ne m'escape [2].

LI CHEVALIERS.

Tien de loier ceste souspape,
Quant tu le manie si gent !

ROBINS.

Hareu ! Diex ! hareu ! bonne gent !

LI CHEVALIERS.

Fais-tu noise ? tien che tatin.

MARIONS.

Sainte Marie ! j'oï Robin :
Je croi que il soit entrepris.
Ains perderoie mes brebis

---

1 Il auroit moult bien esploitée.
2 J'ai grant paor qu'il ne m'escape.

Que je ne li alasse aidier.
Lasse! je voi le chevalier,
Je croi que pour moi l'ait batu.
Robin, dous amis, que fais-tu?

ROBINS.

Certes, douche amie, il m'a mort.

MARIONS.

Par Dieu! sire, vos avés tort,
Qui ensi l'avés deskiré.

LI CHEVALIERS.

Et comment a-t-il atiré
Mon faucon? esgardés, bregière.

MARIONS.

Il n'en set mie la manière
Pour Dieu! sire, or li pardonnés.

LI CHEVALIERS.

Volentiers, s'aveuc moi venés.

MARIONS.

Je non ferai.

LI CHEVALIERS.

  Si ferés voir;
N'autre amie ne vœil avoir,
Et vœil que chis chevaus vous porte.

MARIONS.

Certes dont me ferés-vous forche.
Robin, que ne me resqueus-tu?

ROBINS.

Ha! las! or ai-jou tout perdu :
A tart i venront mi cousin.
Je perc Marot, s'ai un tatin,
Et desquiré cote et sercot.

## ET DE MARION.

**GAUTIERS** [1].

Hé, re-veil-le-toi, Robin, Car on enmaine Marot. Car on enmai-ne Marot.

Hé, res-veil-le-toi, Ro-bin, Car on en-mai-ne Ma-rot, Car on en-mai-ne Ma-rot.

Hé, resveille-toi, Robin,
Car on enmaine Marot,
Car on enmaine Marot.

**ROBINS.**

Aimi! Gautier, estes-vous là [2]?
J'ai tout perdu : Marote en va.

**GAUTIERS.**

Et que ne l'alés-vous reskeure [3] ?

**ROBINS.**

Taisiés, il nous couroit jà seure,
S'il en i avoit .iiij. chens.
C'est uns chevaliers hors du sens,
Qui a une si grant espée !
Or me donna tèle colée [4]
Que je le sentirai grant tans.

---

1 BAUDOUL.
2 Baudoul, Gautiers, estes-vous là ?
3 Et que ne l'alons-nous secorre.
4 Il me dona si grant colés.

###### BAUDONS [1].

Se g'i fusse venus à tans,
Il i éust éu merlée.

###### ROBINS.

Or esgardons leur destinée ;
Par amours si nous embuissons
Tout troi derrière ces buissons,
Car je vœil Marion sekeure,
Se vous le m'aidiés à reskeure [2] :
Li cuers m'est .j. peu revenus.

###### MARIONS.

Biau sire, traiés-vous en sus
De moi, si ferés grant savoir.

###### LI CHEVALIERS.

Demisele, non ferai voir ;
Ains vous enmenrai aveuc moi,
Et si arés je sai bien coi.
Ne soiiés envers moi si fière [3],
Prendés cest oisel de rivière,
Que j'ai pris ; si en mengeras.

###### MARIONS.

J'ai plus chier mon froumage cras
Et men pain et mes bonnes poumes
Que vostre oisel à tout les plumes ;
Ne de rien ne me poés plaire.

###### LI CHEVALIERS.

Qu'est-che ? ne porrai-je dont faire
Chose qui te viengne à talent ?

---

1 GAUTIERS.
2 Car je vueil Marote resqueure,
   Si me l'aideriez à sequeure.
3 Or ne me soyez plus si fiere.

MARIONS.

Sire, sachiés certainement,
Que nenil riens ne vous i vaut.

LI CHEVALIERS.

Bergière, et Diex vous consaut !
Certes voirement sui-je beste,
Quant à ceste beste m'areste.
Adieu, bergière.

MARIONS.

Adieu, biau sire.
Lasse ! ore est Robins en grant ire,
Car bien me cuide avoir perdue.

ROBINS.

Hou ! hou [1] !

MARIONS.

Dieus ! c'est-il qui là hue,
Robins, dous amis, comment vait [2] ?

ROBINS.

Marote, je sui de bon hait
Et garis, puis que je te voi.

MARIONS.

Vien donques chà, acole-moi.

---

[1]

Hou! hou !

[2] Dieux ! est-il ce qui la hue,
Robin ?

ROBIN.

Marote ?

MAROTE.

Dous amis, comment te vait ?

###### ROBINS.

Volentiers, suer, puis qu'il t'est bel.

###### MARIONS.

Esgarde de cest sosterel,
Qui me baise devant le gent.

###### BAUDONS [1].

Marot, nous sommes si parent :
Onques ne vous doutès de nous.

###### MARIONS.

Je ne le di mie pour vous;
Mais il parest si soteriaus
Qu'il en feroit devant tous chiaus
De no vile autretant comme ore.

###### ROBINS.

Et qui s'en tenroit?

###### MARIONS.

Et encore,
Esgarde comme est reveleus.

###### ROBINS.

[Diex! con je seroie jà preus
Se li chevaliers revenoit!

###### MARIONS.

Voirement, Robin, que che doit
Que tu ne sès par quel engien
Je m'escapai.

###### ROBINS.

Je le soi bien.
Nous véismes tout ton couvin.] [2]

---

1 GAUTIERS.
2 Ce qui est ici entre crochets ne se trouve pas dans le Ms. d'Aix.

[Demandes Baudon, men cousin,
Et Gautier, quant t'en vi partir,
S'il orent en moi que tenir :
Trois fois leur escapai tous .ij. ] [1]

GAUTIERS.

Robin, tu ies trop corageus;
Mais quant li cose est bien alée,
De legier doit estre ouvliée,
Ne nus ne doit point le reprendre [2].

BAUDONS [3].

Il nous couvient Huart atendre
Et Péronnèle qui venront :
Ou vés-les-chi.

GAUTIERS.

    Voirement sont.
Di, Huart, as-tu te chiévrète?

HUARS.

Oïl.

MARIONS.

  Bien viegnes-tu, Perrète.

PERONNÈLLE.

Marote, Dieus te bénéie!

MARIONS.

Tu as esté trop souhaidie.
Or est-il bien tans de canter.

LI COMPAIGNIE.

Aveuc te - le com - pai - gni - e Doit-on bien joi - e mener.

---

1 Ce qui est ici entre crochets ne se trouve pas dans le Ms. d'Aix.
2 Ne nus ne doit apres entendre.
3 ROBIN.

382    LI GIEUS DE ROBIN

Aveuc tèle com - pai - gni - e Doit-on bien joi - e me - ner.

   Aveuc tèle compaignie [1]
   Doit-on bien joie mener.

       BAUDONS.

Somme-nous ore tout venu?

      HUARS [2].

Oïl.

      MARIONS.

   Or pourpensons un jeu.

      HUARS.

Veus-tu as roys et as roïnes?

      MARIONS.

   Mais des jeus c'on fait as estrines,
   Entour le veille du Noël.

      HUARS.

A Saint-Coisne [3]?

      BAUDONS [4].

    Je ne vœil el.

      MARIONS.

C'est vilains jeus, on i cunkie.

      HUARS [5].

Marote, si ne riés mie.

---

1 En si bonne compagnie.
2 GAUTIERS.
3 A Saint-Cosme?
4 ROBIN.
5 PERRETE.

ET DE MARION.   383

MARIONS.

Et qui le nous devisera?

HUARS [1].

Jou, trop bien : quiconques rira
Quant il ira au saint offrir,
Ens ou lieu saint Coisne doit sir [2],
Et qui en puist avoir s'en ait.

GAUTIERS.

Qui le sera?

ROBINS [3].

Jou.

BAUDONS [4].

C'est bien fait.
Gautier, offrés premièrement.

GAUTIERS.

Tenés, saint Coisne, che présent ;
Et se vous en avés petit,
Tenés.

ROBINS.

Ho! il le doit, il rit.

---

1 BAUDOUL.
2 Ens où lieu saint Cosme doit seir.
3 BAUDOUL.
4
       GAUTIERS.
  C'est bien fait.
      HUART.
Gautiers, offrés premièrement.
Tenés, saint Cosme, cest présent.
Et se vous en aves petit,
Tenes.
     PERRETTE.
Hé! il le doit, il rit.
     MAROTE.
Certes, c'est drois.
Qui le doit? Gautiers le Testus.

GAUTIERS.

Certes, c'est drois.

HUARS.

Marote, or sus!

MARIONS.

Qui le doit?

HUARS.

Gautiers li Testus.

MARIONS.

Tenés, saint Coisnes, biaus dous sire.

HUARS [1].

Diex, com ele se tient de rire!
Qui va après? Perrote, alés.

PÉRONNÈLE.

Biau sire sains Coisnes, tenés,
Je vous aporte che présent.

ROBINS.

Tu te passes et bel et gent.
Or sus, Huart, et vous, Baudon [2]!

---

[1] ROBIN.
[2] Or sus, Huart, et vous, Baudoul!
Tu ris, ribaud, dont tu le dois.
BAUDOUL.
Non faul. Huart après? je vois.
HUART.
Ve chi deus mars. Vous le devés.
Or tout quoi, point ne vous levés,
Car encore n'ai-je point ris.
ROBINS.
Qu'est-ce Huart, est-ce estris?
Mal soies-vous ore venus!
Tu veux tous jours estre batus?
Or le paiés tout dans deinger.

BAUDONS.

Tenés, saint Coisne, che biau don.

GAUTIERS.

Tu ris, ribaus, dont tu le dois.

BAUDONS.

Non fach.

[GAUTIERS.]

Huart, après.

HUARS.

Je vois.

Vés chi deus mars.

LI ROIS.

Vous le devés. —

HUARS.

Or tout coi, point ne vous levés,
Car encore n'ai-je point ris.

GAUTIERS.

Que ch'est, Huart, est-chou estris?
Tu veus toudis estre batus.
Mau soiiés-vous ore venus!
Or le paiés tost sans dangier.

HUARS.

Je le voil volentiers paier.

ROBINS.

Tenés, sains Coisnes, est-che pais?

MARIONS.

Ho! singneur, chis jeus est trop lais :
En est, Pérrete?

PÉRONNÈLE.

Il ne vaut nient,

Et sachiés que bien apartient
Que fachons autres festelètes :
Nous sommes chi .ij. baisselètes,
Et vous estes entre vous .iiij.

### GAUTIERS.

Faisons .j. pet pour nous esbatre,
Je n'i voi si bon.

### ROBINS.

Fi ! Gautier :
Savés si bel esbanoiier,
Que devant Marote m'amie
Avés dit si grant vilenie !
Dehait ait par mi le musel [1]
A cui il plaist ne il est bel !
Or ne vous aviègne jamais.

### GAUTIERS.

Je le lairai, pour avoir pais.

### BAUDONS [2].

Or faisons .j. jeu.

### HUARS [3].

Quel vieus-tu ?

### BAUDONS [4].

Je vœil o Gautier le Testu
Jouer as rois et as roïnes [5];
Et je ferai demandes fines.
Se vous me volés faire roy.

---

[1] Mau dehais ait par le musel.
[2] MAROTE.
[3] ROBIN.
[4] MAROTE.
[5] Jouer aus rois, aus roynes.
### GAUTIERS.
Et je ferai demandes fines.

ET DE MARION.

HUARS [1].

Nenil, sire, par saint Eloi!
Ains ira au nombre de mains.

GAUTIERS [2].

Certes, tu dis bien, biaus compains,
Et chieus qui chiet en .x. soit rois!

HUARS [3].

C'est bien de nous tous li otrois;
Or chà! metons nos mains ensanle.

BAUDONS [4].

Sont-eles bien, que vous en sanle?
Liquiex commanchera?

HUARS.

Gautiers.

GAUTIERS.

Je commencherai volentiers
Em preu.

HUARS.

Et deus.

ROBINS [5].

Et trois.

BAUDONS [6].

Et quatre.

---

1 ROBINS.
Nennil, sire, for que vous die.
2 HUART.
3 BAUDOUL.
4 ROBIN.
5 BAUDOUL.
6         ROBIN.
      Et quatre.
Conte après, Marot, sans débattre.

HUARS [1].

Conte après, Marot , sans débatre.

MARIONS.

Trop volentiers. Et .v.

PÉRONNÈLE.

Et .vj.

GAUTIERS.

Et .vij.

HUARS.

Et .viij.

ROBINS.

Et .ix.

BAUDONS.

Et .x.
Enhenc ! biau seigneur, je sui rois.

GAUTIERS [2].

Par le mère Dieu ! chou est drois ;
Et nous tout, je cuit, le volons.

ROBINS.

Levons-le haut et couronnons.
Ho ! bien est.

HUARS.

Hé ! Perrète, or donne
Par amours, en lieu de couronne,
Au roi ton capel de festus.

---

1   MAROTE.
 Trop volontiers. Et v. Et vi.
 Et vii. Et viii. Et ix. Et x.
    BAUDOUL.
 Eulenc ! biau seignor, je sui roys.
2   MAROTE.

PÉRONNÈLE.

Tenés, rois.

LI ROIS [1].

Gautiers li Testus,
Venés à court; tantost venés.

GAUTIERS.

Volentiers, sire, commandés
Tel cose que je puisse faire,
Et qui ne soit à moi contraire;
Je le ferai tantost pour vous [2].

LI ROIS [3].

Di-moi, fu-tu onques jalous,
Et puis s'apelerai Robin.

GAUTIERS.

Oïl, sire, pour .j. mastin
Que j'oïs hurter l'autre fie
A l'uis de le cambre m'amie;
Si en soupechonnai .j. home.

LI ROIS.

Or sus, Robin.

ROBINS.

Roi, walecomme [4]!
Demande-moi che qu'il te plaist.

---

[1] BAUDOUL.
[2] Je le ferai se j'onques puis.
[3]   LI ROI *parle:*
Gautiers premièrement te ruis.
Que tu dies ci-devant nous,
Donc fu de l'amie jalous.
[4] Ce mot ne se trouve pas dans le Ms. d'Aix. On y lit:
« Rois, mande-moi com qu'il te plet : »

LI ROIS.

Robin, quant une beste naist,
A coi sès-tu qu'ele est femèle?

ROBINS.

Ceste demande est bonne et bèle!

LI ROIS.

Donc i respon.

ROBINS.

Non ferai, voir;
Mais si vous le volés savoir,
Sire rois, au cul li wardés.
El de mi vous n'enporterés [1].
Me cuidiés-vous chi faire honte?

MARIONS.

Il a droit, voir.

LI ROIS.

A vous k'en mente?

MARIONS.

Si fait; car li demande est laide.

LI ROIS.

Marot, et je vœil qu'il souhaide
Son voloir.

ROBINS.

Je n'os, sire.

LI ROIS.

Non?
Va, s'acole dont Marion
Si douchement que il li plaise.

---

[1] Ja plus de moi n'emporterés.

MARIONS.

Awar dou sot, s'il ne me baise!

ROBINS.

Certes, non fac.

MARIONS.

Vous en mentés :
Encore i pert-il, esgardés.
Je cuit que mors m'a ou visage.

ROBINS.

Je cuidai tenir .j. froumage,
Si te senti-je tenre et mole!
Vien avant, seur, et si m'acole
Par pais faisant.

MARIONS.

Va, dyable sos ;
Tu poises autant comme .j. blos.

ROBINS [1].

Or, de par Dieu!

MARIONS.

Vous vous courchiés!
Venés chà, si vous rapaisiés,
Biau sire, et je ne dirai plus ;
N'en soiés honteus ne confus.

LI ROIS.

Venés à court, Huart ; venés.

HUARS.

Je vois, puis que vous le volés.

---

[1]  ROBIN.
Or, de par Dieu! Vous vous corciés.
Venés çà, si vous apaisiés.
  MAROTE.
Biau sire, etc.

LI ROIS.

Or di, Huart, si t'aït Diex,
Quel viande tu aimes miex?
Je sai bien se voir me diras.

HUARS.

Bon fons de porc, pesant et cras,
A le fort aillie de nois :
Certes, j'en mengai l'autre fois
Tant que j'en euch le menison.

BAUDONS [1].

Hé, Dieu! con faite venison!
Huars n'en diroit autre cose.

HUARS.

Perrete, alés à court.

PERRETTE.

Je n'ose.

BAUDONS [2].

Si feras, si, Perrette. Or di,
Par cèle foi que tu dois mi,
Le plus grant joie c'ainc éusses
D'amours, en quel lieu que tu fusses.
Or di, et je t'escouterai.

PERRÈTE.

Sire, volentiers le dirai.
Par foi! chou est quant mes amis,

---

1   LE ROY *parle* :
    Hé, Dieu ! com faite venaison !
    Huart n'en diroit autre chose.
    Perrète, vien à cort.
        PERRÈTE.
2       LE ROY *parle* :

Qui en moi cuer et cors a mis,
Tient à moi as cans compaignie [1],
Lès mes brebis, sans vilenie,
Pluseurs fois, menu et souvent.

BAUDONS [2].

Sans plus?

PERRÈTE.

Voire, voir.

HUARS [3].

Ele ment.

BAUDONS [4].

Par le saint Dieu! je t'en croi bien.
Marote, or sus! vien à court, vien.

MAROTE.

Faites-moi dont demande bèle.

BAUDONS [5].

Volentiers. Di-moi, Marotèle,
Combien tu aimes Robinet,
Men cousin, che joli varlet.
Honnie soit qui mentira!

MARIONS.

Par foi! je n'en mentirai jà.
Je l'aim, sire, d'amour si vraie
Que je n'aim tant brebis que j'aie,
Nis cheli qui a aignelé.

---

1 Sire, volentiers le dirai
  Sire, ce que mes amis vint
  A moi aus chaus et si me tint
  Sengnement bonne compaignie.
2 LE ROY *parle*:
3 LE ROY.
4 ROBIN.
5 LI ROY *parle*:

BAUDONS [1].

Par le saint Dieu! c'est bien amé :
Je vœil qu'il soit de tous séu.

GAUTIERS.

Marote, il t'est trop meskéu :
Li leus emporte une brebis.

MAROTE.

Robin, ceur i tost, dous amis,
Anchois que li leus li mengüe.

ROBINS.

Gautier, prestés-moi vo machue,
Si verrés jà bacheler preu.
Hareu! le leu! le leu! le leu!
Sui-je li plus caitis qui vive [2]?
Tien, Marote.

MAROTE.

   Lasse, caitive!
Comme ele revient dolereuse!

ROBINS.

Mais esgar comme ele est croteuse.

MARIONS.

Et comment tiens-tu chele beste?
Ele a le cul devers se teste.

ROBINS.

Ne puet caloir : ce fu de haste
Quant je le pris, Marote; or taste
Par où li leus l'avoit aierse.

---

[1] LE ROY.
[2] Sui-ge le plus hardi qui vive?

ET DE MARION.

GAUTIERS.

Mais esgar comme ele est chi perse.

MARIONS [1].

Gautier, que vous estes vilains !

ROBINS.

Marote, tenés-le en vos mains ;
Mais wardés bien que ne vous morde.

MAROTE.

Non ferai-je, car est trop orde ;
Mais laissié-le aler pasturer.

BAUDONS [2].

Sès-tu de quoi je wœil parler,
Robin ? Se tu aimes autant
Marotain com tu fais sanlant,
Certes je le te loeroie
A prendre, se Gautiers l'otroie.

GAUTIERS.

Jou l'otri.

ROBINS.

Et jou le wœil bien.

BAUDONS.

Pren-le dont.

ROBINS.

Chà, est-che tout mien ?

---

[1] Par ou li leus avoir aherse
Mais esgar comme elle ci perse.
GAUTIERS.
Comme vous estes vilains !
[2] HUART.

## BAUDONS.

Oïl, nus ne t'en fera tort [1].

## MAROTE.

Hé! Robin, que tu m'estrains fort!
Ne sès-tu faire bèlement?

## BAUDONS.

C'est grans merveille qu'il ne prent
De ches deus gens Perrete envie.

## PERRETE.

Cui? moi! je n'en sai nul en vie [2]
Qui jamais éust de moi cure.

## BAUDONS [3].

Si aroit si, par aventure,
Se tu l'osoies assaier.

## PERRÈTE.

Ba! cui?

---

[1] A prendre se Gautier l'otroie.
### GAUTIERS.
Il m'est bel et je l'otroie
Je le veill bien, pren le donc.
### ROBIN.
    Ce est tout mien.
### GAUTIERS.
Oïl, nus ne l'en fera tort.

[2] Qui? moi! Je n'en ai nule envie.

[3]
### HUART.
Si aroit voir par avanture.
### PERRETE.
A qui?
### HUART.
    A moi ou à Gautiers.
### GAUTIER.
Voir, sire, poi vo musete,
Tu n'as el monde plus vaillant.
### HUART.
Si j'ai au mains routin traiant.

BAUDONS.

A moi ou à Gautier.

HUARS.

Mais à moi, très douche Perrête.

GAUTIERS.

Voire, sire, pour vo musète,
Tu n'as ou monde plus vaillant.
Mais j'ai au mains ronchi traiant,
Bon harnas et herche et carue,
Et si sui sires de no rue ;
S'ai houche et sercot tout d'un drap ;
Et s'a ma mère .j. bon hanap
Qui m'escherra s'elle moroit,
Et une rente c'on li doit
De grain seur .j. molin à vent,
Et une vake qui nous rent
Le jour assés lait et froumage :
N'a-il en moi bon mariage,
Dites, Perrete ?

PERRÈTE.

Oïl, Gautier ;
Mais je n'oseroie acointier
Nului pour mon frère Guiot ;
Car vous et li, estes doi sot [1] ;
S'en porroit tost venir bataille.

GAUTIERS.

Se te ne me veus, ne m'en caille ;
Entendons à ces autres noches.

HUARS.

Di-moi, c'as-tu chi en ches boches ?

---

[1] Ce vers n'est pas dans le Ms. d'Aix.

PÉRONNÈLE.

Il i a pain, sel et cresson ;
Et tu, as-tu rien, Marion [1] ?

MARIONS.

Naie, voir, demande Robin,
Fors du froumage d'ui matin,
Et du pain qui nous demoura,
Et des poumes qu'il m'aporta [2] :
Vés-en chi, se vous en volés.

GAUTIERS.

Et qui veut deus gambons salés ?

HUARS.

Où sont-il ?

GAUTIERS.

Vés-les chi tous près.

PÉRONNÈLE [3].

Et jou ai deux froumages frès.

HUARS [4].

Di, de quoi sont-il ?

PÉRONNÈLE [5].

De brebis.

ROBINS [6].

Seignor, et j'ai des pois rotis.

---

1 Il i a pain, seil et cresson.
   GAUTIERS.
Et tu, as-tu rien Marion ?
   MARION.
2 Ce vers manque dans le Ms. d'Aix.
3 HUART.
4 MAROTE.
5 HUART.
6 BAUDOUL.

##### HUARS.

Cuides-tu par tant estre quites?

##### ROBINS.

Naie, encore ai-jou poumes quites
Marion, en veus-tu avoir?

##### MARIONS.

Nient plus?

##### [ROBINS.]

Si ai,

##### MARIONS.

Di me dont voir

##### ROBINS.

J'ai encore un tel pasté Qui n'est mi-e de lasté, Que nous mangerons, Marote, bec à bec et moi et vous. Chi me r'atendés, Marote, Chi venrai parler à vous.

J'ai en - core un tel pas - té Qui n'est mi - e de las - té, Que nous man - ge - rons, Ma - ro - te, Bec à bec et moi et vous. Chi me r'a - ten - dés, Ma - ro - te, Chi ven - rai par - ler à vous.

J'ai encore .j. tel pasté
Qui n'est mie de lasté [1],
Que nous mengerons, Marote,
Bec à bec, et moi et vous.
Chi me r'atendés, Marote,
Chi venrai parler à vous.
Marote, veus-tu plus de mi [2] ?

MARIONS.

Oïl, en non Dieu.

ROBINS.

Et jou te di :

Que jou ai un tel capon [3]
Qui a gros et cras crepon,

---

[1] Ai-je encore un tel pasté
Qui est de coulon tubé.
[2] Marote, veus-tu plus, or di ?
[3] Qu'encore ai-je un tel capon.

Que nous mengerons, Marote,
Bec à bec, et moi et vous.

Chi me r'atendés, Marote,
Chi venrai parler à vous.

### MAROTE.

Robin, revien dont tost à nous.

### ROBINS.

Ma douche amie, volentiers.
Et vous, mengiés endementiers
Que g'irai : si ferés que sage.

### MARIONS.

Robin, nous feriemmes outrage ;
Saches que je te vueil atendre.

### ROBINS.

Non feras ; mais fai chi estendre
Ten jupel en lieu de touaille,
Et si metés sus vo vitaille ;
Car je revenrai certes lués [1].

### WARNIERS.

Robin, où vas-tu ?

### ROBINS.

A Bailvés,
Chi devant, pour de le viande ;
Car l'aval a feste trop grande.
Venras-tu avœc nous mengier ?

### WARNIERS.

On en feroit, je cuit, dangier.

---

1 Quar je reviendrai tout errant.
A partir de ce vers il y a une lacune jusqu'à celui qui commence avec ces mots : « Met ten jupel, etc. ». Voir plus loin page 405.

ROBINS.

Non feroit nient.

WARNIERS.

Jou irai donques.

GUIOS.

Rogiaut !

ROGAUS.

Que ?

GUIOS.

Or ne veistes onques
Plus grand déduit ne plus grant feste
Que j'ai véu.

ROGAUS.

Où ?

GUIOS.

Vers Aiieste.
Par tans nouvèles en aras :
Veu i ai trop biaus baras.

ROGAUS.

Et de cui ?

GUIOS.

Tous des pastouriaus.
Acaté i ai ches bourriaus.
Avœcques m'amie Saret.

ROGAUS.

Guiot, or alons vir Maret
L'aval, s'i trouverons Wautier;
Car j'oï dire qu'il vaut ier
Pèronnèle te sereur prendre,
Et ele n'i vaut pas entendre,
Si en éust parlé à ti.

GUIOS.

Point ne l'ara ; car il bati,
L'autre semaine, .j. mien neveu,

Et je jurai et fis le veu
Que il seroit aussi bastus.

### ROGAUS.

Guiot, tous sera abatus
Chis estris, se tu me veus croire,
Car Gautiers te donra à boire
A genous, par amendement.

### GUIOS.

Je le vœil bien si faitement,
Puis que vous vous i assentés ;
Vés-chi .ij. bons cornès, sentés,
Que j'ai acatés à le foire.

### ROGAUS.

Guiot, vent-m'en .j. à tout boire.

### GUIOS.

En non Dieu ! Rogaut, non ferai ;
Mais le meilleur vous presterai.
Prendés lequel que vous volés.

### ROGAUS.

A ! war que chis vient adolés,
Et qu'il vient petite aléure !

### GUIOS.

C'est Warnères de le Couture ;
Est-il sotement escourchiés !

### WARNIERS.

Segneur, je suis trop courechiés.

### GUIOS.

Comment ?

### WARNIERS.

Mehalès est agute
M'amie, et s'a esté dechute ;
Car on dist que ch'est de no prestre.

ROGAUS.

En non Dieu ! Warnier, bien puet estre ;
Car ele i aloit trop souvent.

WARNIERS.

Hé, las! jou avoie en couvent
De li temprement espouser,

GUIOS.

Tu te puès bien trop dolouser,
Biaus très dous amis ; ne te caille,
Car jà ne meteras maaille,
Que bien sai à l'enfant warder.

ROGAUS.

A che doit-on bien resvarder,
Foi que je doi sainte Marie !

WARNIERS.

Certes, segnieur, vo compaignie
Me fait metre jus men anoi.

GUIOS.

Or faisons un peu d'esbanoi
Entreus que nous atenderons
Robin.

WARNIERS.

En non Dieu ! non ferons,
Car il vient chi les grans walos.

ROBINS.

Warnet, tu ne sès ? Mehalos
Est hui agute de no prestre.

WARNIERS.

Hé ! tout li diale i puissent estre !
Robert, comme avés maise geule !

#### ROBINS.

Toudis a-ele esté trop veule,
Warnier, si m'aït Diex ! et sote.

#### ROGAUS.

Robert, foi que devés Marote !
Metés ceste cose en delui.

#### ROBINS.

Je n'i parlerai plus de lui :
Alons-ent.

#### WARNIERS.

Alons.

#### ROGAUS.

Passe avant.

#### MARION.

Met ten jupel, Perrete, avant ;
Aussi est-il plus blans du mien.

#### PÉRONNELE.

Certes, Marot, je le vœil bien,
Puis que vo volentés i est.
Tenés, veés-le chi tout prest ;
Estendé-le où vous le volés.

#### HUARS.

Or chà ! biau segnieur, aportés,
S'il vous plaist, vo viande chà.

#### PÉRONNELE.

Esgar, Marote ; je voi là,
Che me samble, Robin venant.

#### MARIONS.

C'est mon, et si vient tout balant :
Que te sanle, est-il bons caitis ?

PÉRONNELE.

Certes, Marot il est faitis,
Et de faire vo gré se paine.

MARIONS.

Awar les corneurs qu'il amaine [1] !

HUARS [2].

U sont-il ?

GAUTIERS [3].

Vois-tu ches varlés
Qui là tienent ches .ij. cornés ?

HUARS.

Par le saint Dieu ! je les voi bien.

ROBINS.

Marote, je suis venus, tien :
Or di, m'aimes-tu de bon cuer ?

MARIONS.

Oïl, voir.

ROBINS.

Très grant merchis, suer,
De che que tu ne t'en escuses.

MARIONS.

Hé ! que sont-che là ?

---

[1] Esgar les corneurs qu'il amaine !
[2] MAROTE.
[3] PERRETE.

ROBINS.

   Che sont muses
Que je pris à chele vilète :
Tien , esgar, con bèle cosète !
[Or faisons tost feste de nous.

ROGAUS.

Wautier, or te met à genous
Devant Guiot premièrement ;
Et si li fai amendement
De chou que sen neveu batis ;
Car il s'estoit ore aatis
Que il te feroit asousfrir.

GAUTIERS.

Volés que je li voise offrir
A boire ?
   ROGAUS.
 Oïl.

GAUTIERS.

  Guiot, buvés.

GUIOS.

Gautier, levés-vous sus , levés ;
Je vous pardoins tout le meffait
C'à mi ni as miens avés fait,
Et vœil que nous soions ami.

PÉRONNELE.

Guyot, frère, parole à mi ;
Vien te chà sir, si te repose :
Que m'aportes-tu ? ] [1]

---

[1] Les vers placés entre deux crochets manquent dans le Ms. d'Aix.

GUIOS.

[Nul cose ;
Mais t'aras bel jouel demain.] [1]

MARIONS.

Robin, dous amis, chà te main
Par amours, et si te sié chà [2],
Et chil compaignon seront là.

ROBINS.

Volentiers, bèle amie chière.

MARIONS.

Or faisons trestout bèle chière [3] :
Tien che morsel, biaus amis dous.
Hé ! Gautier, à quoi pensés-vous ?

GAUTIERS.

Certes, je pensoie à Robin ;
Car se nous ne fussions cousin,
Je t'éusse amée sans faille ;
Car tu es de trop bonne taille.
Baudon, esgard quel cors chi a.

ROBINS.

Gautier, ostés vo main de là ;
Et n'est-che mie vo amie.

---

[1] Les vers placés entre deux crochets manquent dans le Ms. d'Aix.
[2] Robin, par amours sié te ça.
[3] Ce vers manque dans le Ms d'Aix.

###### GAUTIERS.

En es-tu jà en jalousie?

###### ROBINS.

Oïl, voir.

###### MARIONS.

Robin, ne te doute.

###### ROBINS.

Encor voi-je qu'il te boute.

###### MARIONS.

Gautier, par amours, tenés cois;
Je n'ai cure de vo gabois;
Mais entendés à nostre feste.

###### GAUTIERS.

Je sais trop bien canter de geste
Me volés-vous oïr canter?

###### BAUDONS [1].

Oïl.

###### GAUTIERS.

Fai-moi dont escouter :

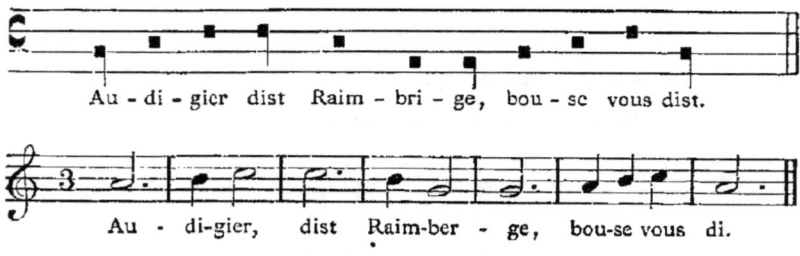

Au - di - gier dist Raim - bri - ge, bou - se vous dist.

Au - di-gier, dist Raim-ber - ge, bou-se vous di.

---

[1] ROBIN.

Audigier, dist Raimberge, bouse vous di....

**ROBINS.**

Ho! Gautier, je n'en vœil plus; fi!
Dites, serés-vous tous jours teus?
Vous estes uns ors menestreus [1].

**GAUTIERS.**

En mal éure gabe chis sos,
Qui me va blamant mes biaus mos :
N'est-che mie bonne canchon?

**ROBINS.**

Nennil voir.

**PERRETE [2].**

Par amours faisons
Le tresque, et Robins le menra,
S'il veut, et Huars musera.
Et chil doi autre corneront.

**MARIONS [3].**

Or ostons tost ches choses dont :
Par amour, Robin, or le maine.

**ROBINS.**

Hé, Dieus! que tu me fais de paine!

**MARIONS.**

Or fai, dous amis, je t'acole.

**ROBINS.**

Et tu verras passer d'escole,
Pour chou que tu m'as acolé ;

---

1 Vous chantez com ors menestriex.
2 MAROTE.
3 Ce mot n'est pas dans le Ms. d'Aix.

Mais nous arons anchois balé
Entre nous deus qui bien balons.

MARIONS.

Soit, puisqu'il te plaist ; or alons,
Et si tien le main au costé.
Dieu ! Robin, con c'est bien balé !

ROBINS.

Est-che bien balé, Marotèle ?

MARIONS.

Certes, tous li cuers me sautèle
Que je te vois si bien baler.

ROBINS.

Or vœil-jou le treske mener.

MARIONS.

Voire, pour Dieu, mes amis dous.

ROBINS.

Or sus, biau segnieur, levés-vous ;
Si vous tenés ; g'irai devant.
Marote, preste-moi ton gant ;
S'irai de plus grant volenté.

PÉRONNÈLE [1].

Dieu ! Robin, que ch'est bien alé !
Tu dois de tous avoir le los [2].

---

1 MAROTE.
2 De tous tu dois avoir le los.
   Par amors mainne nous au bos.

## LI GIEUS DE ROBIN

Venés après moi ; venés le sentèle,
Le sentèle, le sentèle les le bos [1].

---

[1] Explicit de ROBIN et de MARION.

# LE JEU DU PÉLERIN

# LI JUS DU PÈLERIN

### LI PÉLERINS.

Or pais, or pais, seigneur ! et à moi entendés :
Nouvèles vous dirai, s'un petit atendés,
Par coi trestous li pires de vous iert amendés.
Or vous taisiés tout coi, si ne me reprendés.
Seignieur, pélerins sui, si ai alé maint pas
Par viles, par castiaus, par chités, par trespas,
S'aroie bien mestier que je fusse à repas ;
Car n'ai mie par tout mout bien trouvé mes pas.
Bien a trente et chienc ans que je n'ai aresté,
S'ai puis en maint bon lieu et à maint saint esté,
S'ai esté au Sec-Arbre et dusc'à Duresté ;
Dieu grasci qui m'en a sens et pooir presté.
Si fui en Famenie, en Surie et en Tir ;
S'alai en un païs où on est si entir
Que on i meurt errant quant on i veut mentir,
Et si est tout quemun.

### LI VILAINS.

     Je t'en vœil desmentir,
Car entendant nous fais vessie pour lanterne.
Vous ariés jà plus chier à sir en le taverne
Que aler au moustier.

### LI PÉLERINS.

     Pechié fait qui me ferne,
Car je sui mout lassés ; esté ai à Luserne,
En Terre de Labour, en Toskane, en Sezile ;
Par Puille m'en reving où on tint maint concille,
D'un clerc net et soustieu, grascieus et nobile,
Et le nomper du mont ; nés fu de ceste ville ;
Maistres Adans li Bochus estoit chi apelés,
Et là, Adans d'Arras.

### LI VILAINS.

     Très mal atrouvelés
Soiiés, sire, con vous avés vos aus pelés !
Est-il pour truander très bien atripelés ?
Alés-vous-en de chi, mauvais vilains puans,
Car je sai de chertain que vous estes truans :
Or tost fuiés-vous-ent, ne soiés deluans,
Ou vous le comperrés.

### LI PÉLERINS.

     Trop par estes muans ;
Or atendés un peu que j'aie fait mon conte.
Or, pais, pour Dieu, signeur ! Chis clers don je vous conte
Ert amés et prisiés et honnerés dou conte
D'Artois ; si vous dirai mout bien de quel aconte :
Chieus maistre Adam savoit dis et chans controuver,
Et li quens desirroit un tel home à trouver.
Quant acointiés en fu, si li ala rouver
Que il féist uns dis pour son sens esprouver.
Maistre Adans, qui en seut très bien à chief venir,
En fist un dont il doit mout très bien sousvenir,
Car biaus est à oïr et bons à retenir.
Li quoins n'en vaurroit mie cinc chens livres tenir.
Or est mors maistre Adans ; Diex li fache merchi !
A se tomble ai esté, dou Jhesu-Crist merchi !

Li quoins le me moustra, le soie grant merchi!
Quant jou i fui, l'autre an.

LI VILAINS.

Vilains, fuiés de chi!
Ou vous serés mout tost loussiés et desvestus;
A l'ostel serés jà autrement revestus.

LI PÉLERINS.

Et comment vous nomme-on qui si estes testus?

LI VILAINS.

Comment, sire vilains? Gautelos li Testus.

LI PÉLERINS.

Or veillés un petit, biaus dous amis, attendre;
Car on m'a fait mout lonc de ceste vile entendre,
Qu'ens en l'onnour du clerc que Dieus a volut prendre,
Doit-on dire ses dis chi endroit et aprendre;
  Si sui pour che chi enbatus.

GAUTIERS.

Fuiés! ou vous serés batus,
Que diable vous ont raporté.
Trop vous ai ore deporté,
Que je ne vous ai embrunkiet,
Ne que cist saint sont enfunkiet;
Il ont véu maint roy en France.

LI PÉLERINS.

Hé! vrais Dieus, envoiés souffrance
Tous cheus qui me font desraison.

GUIOS.

Warnet, as-tu le raison
  Oïe de cest païsant,
Et comment il nous va disant
Ses bourdes dont il nous abuffe?

WARNÉS.

Oué. Donne-li une buffe;
Je sai bien que c'est .j. mais hom.

## GUIOS.

Tenés, ore alés en maison,
Et si n'i venés plus, vilains.

## ROGAUS.

Que c'est? mesires sains Guillains,
Warnier, vous puist faire baler!
Pour coi en faites vous-aler
Chest home qui rien-ne vous griève?

## WARNIERS.

Rogaut, à poi que je ne criève,
Tant fort m'anuie sa parole.

## ROGAUS.

Taisiés-vous, Warnier; il parole
De maistre Adan, le clerc d'onnŏur,
Le joli, le largue donneur,
Qui ert de toutes vertus plains;
Car mainte bèle grace avoit,
Et seur tous biau diter savoit.
Et s'estoit parfais en chantér.

## WARNIERS.

Savoit-il dont gent enchanter?
Or pris-je trop mains son affaire.

## ROGAUS.

Nenil, ains savoit canchons faire,
Partures et motés entés;
De che fist-il à grant plantés.
Et balades, je ne sais quantes.

## WARNIERS.

Je te pri dont que tu m'en cantes
Une qui soit auques commune.

## ROGAUS.

Volentiers voi; jou en sai une
Qu'il fist, que je te canterai.

## LI JUS DU PÉLERIN. 419

**WARNIERS.**

Or di, et je t'escouterai,
Et tous nos estris abatons.

Il n'est si bo-ne vi-an-de que ma-tons.

**ROGAUS.**

Est ceste bonne, Warnier frère,
Di?

**WARNIERS.**

Ele est l'estron-de vostre mère :
Doit-on tèle canchon prisier ?
Par le cul-Dieu! j'en apris hier
Une qui en vaut les quarante.

**ROGAUS.**

Par amours, Warnier, or le cante.

**WARNIERS.**

Volentiers, foi que doi m'amie.

Se je n'i a-loi-e, Je n'i-roi-e mi-e.

De tel chant se doit-on vanter.

**ROGAUS.**

Par foi! il t'avient à chanter
Aussi bien qu'il fait tumer l'ours.

**WARNIERS.**

Mais c'estes vous qui estes l'ours.
Uns grans caitis loufé se waigne.

ROGAUS.

Par foi ! or ai-je grant engaigne
De vo grande mélancolie ;
Je feroie hui mais grant folie,
Se je men sens metoie au vostre.
Biaus preudons, mes consaus vous loe
Que chi ne faites plus de noise.

LI PÉLERINS.

Loés-vous dont que je m'en voise ?

ROGAUS.

Oïl, voir.

LI PÉLERINS.

Et je m'en irai,
Ne plus parole n'i dirai ;
Car je n'ai mestier c'on me fière.

GUIOS.

Hé, Diex ! je ne mengai plus tierche,
Et s'est jà plus nonne de jour,
Et si ne puis avoir séjour,
Se je ne bois, ou dorc, ou masque,
Je m'en vois, j'ai faite me tasque,
Ne je n'ai chi plus riens que faire.

ROGAUS.

Warnet !

WARNIERS.

Que ?

ROGAUS.

Veus-tu bien faire ?
Alons vers Aiieste à le foire.

WARNÉS.

Soit ! mais anchois woeil aler boire ;
Mau dehais ait qui n'i venra !

EXPLICIT.

# ANNEXES

## I

### MOTET

1. DAME BELE. — 2. FI MARI. — 3. NUS NIERT JA JOLIS.

Ms. de Montpellier, f° 300 v°.

ANNEXES.

TRADUCTION EN NOTATION MODERNE.

ANNEXES.

TEXTE SEUL.

1.

Dame bèle et avenant et de biau port.
Arrivé sui à mal port.
Je muir à grant tort,
Se je n'ai de vous confort,
Sans nul resort,
Sui mis à la mort.

2.

Fi mari de vostre amour,
Car j'ai ami,
Tel qu'il afiert à mi;
Qui me sert et nuit et jour,
Sanz séjour,
De cuer mignot et joli.
Vilains vous demorirés,
Et je m'en vois à li.

3.

Nus n'iert ja jolis s'il n'aime.

---

II

MOTET

1. MOUT ME FU GRIEF. — 2. ROBIN M'AIME. — 3. PORTARE.

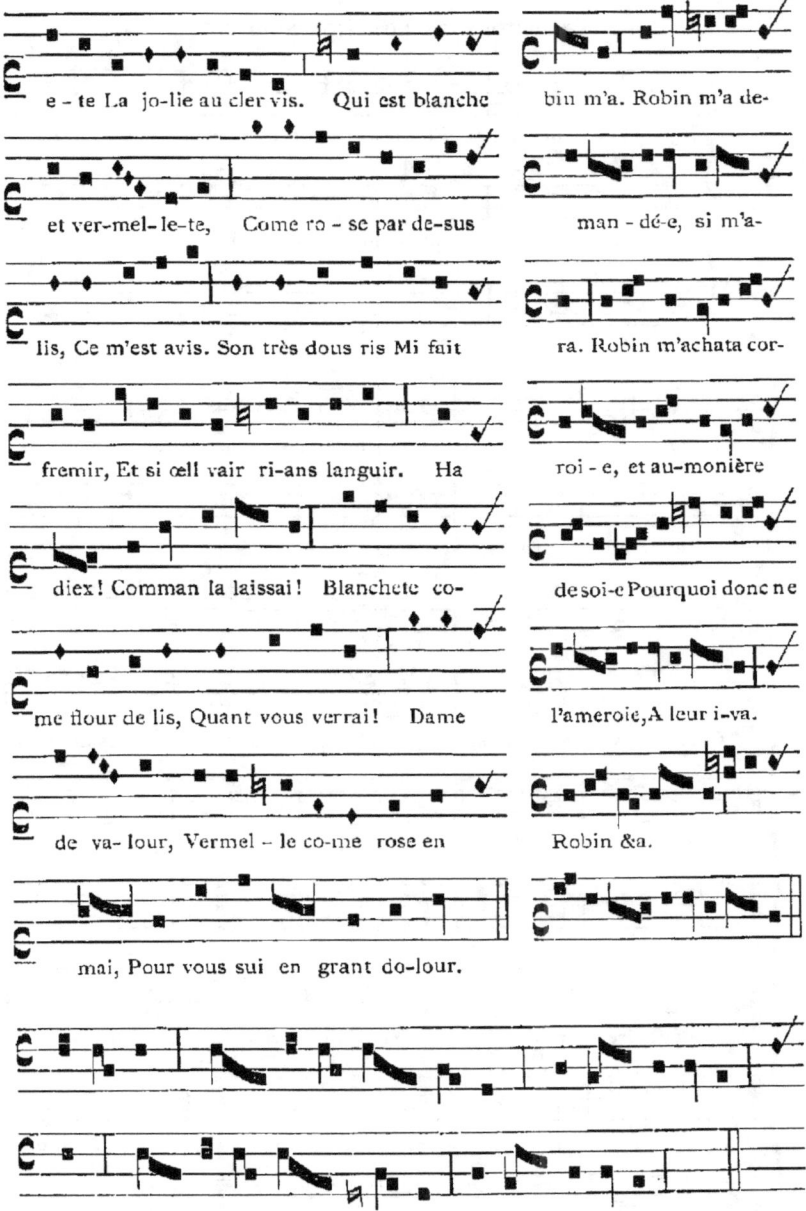

## ANNEXES.

425

Traduction en notation moderne.

Texte seul.

I.

Mout me fu grief li départir
De m'amiète la jolie au cler vis ;
Qui est blanche et vermellete,
Come rose par dessus lis,

Ce m'est avis.
Son très douz ris,
Me fait frémir;
Et si œll vair riant languir.
Ha Diex ! com mar la lessai !
Blanchète come flour de lis,
Quant vous verrai !
Dame de valour,
Vermelle come rose en mai,
Pour vous sui en grant dolour.

2.

Robin m'aime,
Robin m'a.
Robin m'a demandée,
Si m'ara.

Robin m'achata corroie,
Et aumonnière de soie,
Pourquoi donc ne l'ameroie,
A leur i va.

Robin m'aime,
Robin m'a.
Robin m'a demandée,
Si m'ara.

3.

Portare.

## ANNEXES.

### III

### RONDEAU

**LI DOUS REGARS DE MA DAME.**

Ms. de Cambrai.

Li dous re - gars de ma da - me me fait es - pé - rer mer - chi.

TRADUCTION EN NOTATION MODERNE.

Li dous re - gars de ma da - me me fait es - pé - rer mer - chi.

---

[1] Il y a ici un trou de ver dans le parchemin. Il y avait probablement un *si*.

# ERRATA

| | | | au lieu de: | lisez: |
|---|---|---|---|---|
| Page 3, | ligne | 2, | Adam | Adan |
| — 5, | — | 5, | a ami | à ami |
| — » | — | 15, | que je di : | que je di ? |
| — » | — | 17, | a tort | à tort |
| — » | — | 19, | trouver | trouver, |
| — » | — | 20, | chest | ch'est |
| — 6, | — | 4, | premier | premiers |
| — » | — | 12, | s'umilie | s'umelie |
| — » | — | 13, | soeffre | sueffre |
| — 7, | — | 6, | d'envie | d'envie, |
| — » | — | 12, | asséurer. | asséurer, |
| — » | — | 14, | grant | grans |
| — » | — | 14, | aussi | aussi. |
| — 9, | — | 8, | de cuer | de cuer, |
| — 10, | — | 2, | enrichir ; | enrichir |
| — » | — | 4, | cremir. | cremir : |
| — 11, | — | 2, | con | c'on |
| — 14, | — | 17, | a cui | à cui |
| — » | — | 22, | si je suis | si je sui |
| — 18, | — | 4, | d'amours | d'amour |
| — » | — | 12, | a hontage | à hontage |
| — » | — | 13, | ne fais pas con | ne fait pas c'on |
| — 20, | — | 2, | alegiès | alégier |
| — » | — | 3, | le signerage. | le signerage |
| — » | — | 9, | a li | à li |
| — 23, | — | 11, | si l'onneur | s'il l'onneur |
| — 24, | — | 4, | atant | à tant |
| — 33, | — | 5, | le douch mal traire ; | le douch mal traire |
| — » | — | 10, | et pens par li ; | et pens par li |
| — » | — | 11, | Trop haut | Trop haut ; |
| — 34, | — | 1, | Et doist | Et doit |
| — » | — | 6, | m'est contraire. | m'est contraire , |
| — » | — | 15, | ravarder | rewarder |
| — » | — | 16, | de plaire | de plaire ; |

# ERRATA.

| | | | | |
|---|---|---|---|---|
| Page 34, ligne 19, *au lieu de :* | nen issi | *lisez :* n'en issi |
| — 35, — 4, — | et confort . | — et c'on soit |
| — 37, — 4, — | Si bien me plaint | — Si bien me plaist |
| — 38, — 7, — | escaper, ne fuir | — escaper ne fuir , |
| — » — 8, — | me tenés, se j'avoie | — me tenés. Se j'avoie |
| — » — 9, — | le vostre, avoec | — le vostre avoec, |
| — » — 13, — | Hé franche, riens | — Hé! franche riens, |
| — » — 25, — | Hé franche, riaus | — Hé! franche riens , |
| — 40, — 8, — | printans | — printans. |
| — » — 9, — | Doi iou | — Doi jou |
| — » — 10, — | nouvêle | — nouvele |
| — 41, — 7, — | deus ans. | — deus ans |
| — » — 11, — | en tour | — entour |
| — » — 12, — | vigour | — vigour. |
| — » — 15, — | Cant grate | — Tant grate |
| — 42, — 7, — | durs caymans | — durs c'aymans |
| — » — 8, — | esquartele | — esquartele ; |
| — » — 16, — | C'on ne peust | — C'on ne puist |
| — 43, — 6, — | dust | — deust |
| — 47, — 2, — | tant coïe | — tant c'oïe |
| — 49, — 8, | *Ajoutez :* En tant sans plus que jou l'aim et désir. |
| — » — 21, — | Entours, vairs ex | — Entour vairs ex , |
| — 50, — 3, — | ou desous | — au desous |
| — » — 4, | *Ajoutez :* Mais force d'amour m'i fist encaïr. |
| — » — 7, — | et si n'ai par vigour, | — et si n'ai parvigour |
| — » — 11, | *Ajoutez :* Portant y porrai morir. |
| — » — 21, — | d'autri | — dautre |
| — 53, — 17, — | ailleurs | — aillours |
| — 54, — 19, — | Dous cuers | — Dous cuers, |
| — » — 28, — | Biaus reconfort | — Biaus reconfors |
| — » — 29, — | sans boidie | — sans boisdie |
| — 55, — 12, — | Asievir | — Aseiour |
| — 57, — 35, — | Selon lui | — Selon liu |
| — 58, — 5, — | si c'on goi | — si con goi |
| — » — 22, — | requeillir | — requellir |
| — » — 23, — | loé | — loée |
| — 61, — 2, — | de mon cuer présent. | — de mon cuer présent |
| — » — 4, — | à cui me rent , | — à cui me rent ; |
| — » — 19, — | Trop me sistés longement, | — Trop méfistes longement |
| — 63, — 8, — | a cui feuté doi | — à cui féuté doi |
| — » — 14, — | amoureuse. | — amoureuse ! |
| — 64, — 5, — | Mais raison à | — Mais raison a |
| — » — 17, — | c'on entraie , | — c'on entraie |
| — » — 18, — | Les biaus samblans | — Les biaus samblans, |

# ERRATA.

| Page | ligne | au lieu de: | lisez: |
|---|---|---|---|
| 64, | 24, | raison ja | raison i a |
| » | 26, | heureuse | huiseuse |
| 65, | 6, | A dont | Adont |
| » | 7, | a chou l'otroie | à chou l'atraie |
| » | 8, | ne s'avilleroit si, | ne s'avilleroit si. |
| » | 9, | Lucifer ne pourroie | Lucifer ne pourtraie |
| » | 11, | ne sache aussi | ne fache aussi |
| » | 25, | se douch Lucifer le pourtroie | je douch Lucifer ne pour-[traie |
| 67, | 3, | amour | amours |
| » | 4, | me fait | me font |
| » | 8, | sentir ; | sentir, |
| » | 11, | Ches espoirs | Chis espoirs |
| 68, | 3, | Tenre | Tenre, |
| » | 7, | Diex ai | Diex a |
| » | 8, | De biens amis | De biens mis |
| » | 14, | Enrechie | entechie |
| » | 17, | Se doivent nes de l'oïr | Se doivent, nes de l'oïr, |
| 69, | 5, | Ch'est riqueiche | Ch'est riquèche |
| » | 7, | Et non volés | Et n'en volés |
| » | 10, | je le désir | je le pésir ; |
| 72, | 1, | et desservir | et dessenir |
| » | 9, | avenir | avenir : |
| 73, | 3, | anchois m'orroie | anchois morroie |
| 75, | 14, | D'espérer ; merchi | D'espérer merchi ; |
| » | 17, | n'à parler | n'aparler |
| » | 20, | Se je la parloie | Se je l'aparloie, |
| 80, | 1, | Car ele ne set mie | Car ele ne [le] set mie |
| » | 2, | S'ele n'en est amie | S'ele n'en est avoie |
| » | 3, | Sans plus pur m'en main-[tenir | Sans plus par men main-[tenir |
| 81, | 5, | désirée | désirer |
| 82, | 5, | désiteus | diséteus |
| 83, | 18, | De guerredon | Ce guerredon |
| » | 19, | l'avule si | l'avule si, |
| 84, | 14, | Sire d'Amiens, j'ai bien oï [dire | Sire d'Amiens [ke] j'ai [bien dire oï |
| » | 17, | ke j'ai senti | ke j'ai senti ? |
| 87, | 2, | Cheste canchon | Cheste canchon. |
| 88, | 14, | Maus qu'ele me rie | Viaus qu'ele me rie |
| 90, | 16, | m'ameroit on | n'ameroit on |
| 91, | 2, | Cuer et cors et renon | Cuer et cors, vie et renon. |
| » | 11, | Le cunquiet dou baston. | Le cungniet dou baston, |
| » | 14, | à garison | à garison. |
| 92, | 1, | voisine | voisine ; |
| » | 3, | desraison | desraison : |

432                    ERRATA.

| | | | | | |
|---|---|---|---|---|---|
| Page | 93, | ligne | 9, | *au lieu de* : allégier | *lisez* : allégier ; |
| — | 94, | — | 12, | — encachier. | — encachier, |
| — | » | — | 15, | — s'il faut, au priier, | — s'il faut au priier, |
| — | » | — | 19, | — estre | — estes |
| — | 95, | — | 8, | — Nes un seul ris | — nes un seul ris, |
| — | » | — | 9, | — Car c'on plus ai | — Car con plus ai |
| — | » | — | 19, | — De votres douche figure, | — De vo très douche figure, |
| — | » | — | 33, | — Vostres | — Vostre |
| — | 98, | — | 1, | — Car behours veult envoisie | — Car behours, reube en- [voisie, |
| — | » | — | 10, | — en regars | — en resgars |
| — | » | — | 23, | — Mais, pur | — Mais, par |
| — | » | — | 29, | — volt | — robe |
| — | 100, | — | 9, | — monstrer | — moustrer |
| — | » | — | 13, | — maux me vient | — maus me vient |
| — | » | — | 14, | — pour li | — pour li, |
| — | 101, | — | 2, | — ensi | — ensi ; |
| — | » | — | 4, | — De parler | — De parler. |
| — | » | — | 8, | — que ja servi | — que jà servi |
| — | » | — | 20, | — sanler | — sanler, |
| — | » | — | 21, | — merler | — merler, |
| — | » | — | 25, | — Me veilliés c'aine | — Me veilliés, c'aine |
| — | 104, | — | 14, | — amenuisier, | — amenuisier. |
| — | » | — | 15, | — Et au droit jugier. | — Et, au droit jugier, |
| — | » | — | 21, | — Si je voeil ieu donc à droit [amer | — Si je voeil donc à droit [amer, je doi |
| — | 105, | — | 22, | — Assés de cachier | — Assés décachier |
| — | » | — | 8, | — au trouver | — au trouver : |
| — | 109, | — | 1, | — estre servie | — estre servie ; |
| — | » | — | 6, | — L'orgueil a jà traitié cler- [gie | — D'orgueil a jà traitte cler- [gie |
| — | » | — | 9, | — Mais ceus espargne de [Chitiaus | — Mais, ceus espargné de [Chitiaus, |
| — | » | — | 12, | — par monchiaus | — par monchiaus. |
| — | » | — | 13, | — li mauvais | — li mauvais oisiaus, |
| — | 110, | — | 11, | — et cantans | — et castiaus |
| — | 112, | — | 14, | — de miex | — de miex ; |
| — | » | — | 20, | — l'effroie ; | — l'effroie, |
| — | 113, | — | 4, | — C'umelités proie. | — c'umelités proie |
| — | » | — | 5, | — Pour eus | — Pour eus ; |
| — | » | — | 19, | — doux mais et auriex | — dous mais et avriex |
| — | » | — | 20, | — Devéées | — Devéés |
| — | » | — | 27, | — Entretins | — Entretius |
| — | 117, | — | 3, | — Car mi vieut | — Car me vieuté |
| — | » | — | 28, | — jusse | — Visse |
| — | 120, | — | 1, | — Ni salus ami | — Ni salut ami. |
| — | » | — | 3, | — quel essamplaire. | — grief essamplaire ! |

# ERRATA.

| Page | ligne | au lieu de : | | lisez : |
|---|---|---|---|---|
| 121, | 6, | c'on ne puist | | con me puist |
| » | 16, | Car je ne me saroie | | Car je ne saroie |
| 123, | 5, | Que cuers voit | | Que cuers vait |
| 124, | 17, | .en grant. | | engrant |
| 125, | 2, | contraliant | | contraliant. |
| » | 3, | grant. | | grant |
| » | 4, | si haut pensé | | s'ai haut pensé |
| 126, | 5, | longuement | | longement |
| » | 16, | endementieres | | endementiers |
| » | 23, | Car à vous et | | Car à vous est |
| 128, | 6, | Qui n'a puchele | | Qui a puchele |
| » | 10, | saudée. | | saudée, |
| 129, | 5, | l'ont trouvée | | i ont trouvée |
| » | 11, | ne les despent. | | ne le despent |
| » | 19, | tent, | | tent. |
| » | 20, | sauvée. | | sauvée, |
| » | 29, | par pitié | | par pécié. |
| 135, | 2, | sans plus | | sans plus, |
| 136, | 13, | onques ne m'a vie | | onques ne m'abéli |
| 137, | 6, | caut de caurre esprent | | cant de caurre esprent |
| 139, | 5, | viveriés | | n'i verriés |
| » | 20, | loens | | loeus |
| » | 22, | car jà messe n'oïriés | | car jà messe n'orriés |
| 140, | 7, | aaisiés | | aaisiés ; |
| 141, | 2, | loens | | loeus |
| » | 12, | l'enfremerie ; | | l'enfremerie , |
| » | 13, | les cans, | | les cans ; |
| » | 24, | et souvent est iriés | | et souvent estre iriés |
| 143, | 11, | les griés | | les griés |
| » | 12, | c'on a senti | | c'on a senti : |
| 144, | 6, | ni cuidiés | | n'i cuidiés |
| » | 9, | C'on a de joie | | Con a de joie |
| » | 19, | Assez et lenés | | Et lassés |
| 146, | 22, | tes maintiens s'en fie | | tès maintiens senefie |
| » | 23, | dou cuer à chou m'otroie | | dou cuer, à chou m'otroi |
| 148, | 2, | Di je voir, Sire, Audefroi. | | Di je voir, Sire Audefroi? |
| 149, | 11, | Ou c'amour , | | Ou c'amour |
| 150, | 9, | ne le me fist | | ne le mesist , |
| » | 17, | qui quen poist | | qui qu'en poist |
| 151, | 7, | li cuers s'i asrent. | | li cuers s'i assent. |
| » | 18, | ne s'estent | | ne s'estent. |
| 154, | 8, | apaie. | | apaie? |
| » | 15, | guerredon, | | guerredon? |
| 155, | 26, | En le traïr | | En li traïr |

# ERRATA.

| Page | ligne | au lieu de: | lisez: |
|---|---|---|---|
| 156, | 22, | Jen qui je bien a paier | J'en quije bien apaier |
| 159, | 22, | Vos cuers jonèche l'i vée ; | Vos cuers: jonèche li vée; |
| » | 35, | Jouence | Jouenèce |
| 160, | 3, | dusqu'en son | dusqu'en son ; |
| » | 28, | De nuuson | de muison |
| 164, | 33, | un affaitier | un affaitiet |
| 165, | 1, | en sa Singnerie, | en sa singnerie, |
| » | 9, | que Ferris face | que Ferris sace |
| 166, | 17, | Aristoces | Aristotes |
| 167, | 10, | couvent. | couvent ? |
| 168, | 12, | ja estre | estre jà |
| 171, | 15, | sanles | sanle |
| » | 16, | jehi ; | jehi |
| » | 17, | ses maus | ses maus : |
| » | 19, | si li fault | s'il i fault |
| » | 19, | chest drois | ch'est drois , |
| 172, | 3, | il ni keurt | il n'i keurt |
| 174, | 2, | j'entend | j'entent |
| » | 27, | Et si li sert | Et se le serf |
| 175, | 28, | Adjointe | Adjouste |
| 176, | 14, | De vo enrendie | De vo enredic |
| » | 26, | Qui esterdie | Qui estudie |
| 177, | 17, | Sire, devoir vous | Sire, vers vous |
| 178, | 16, | Che fai jou. Clergie | Che fai jou clergie. |
| 180, | 27, | ne voeil iote | ne voeil rihote |
| 184, | 23, | Le nouvel pot pour keuli [n'a entré | Le nouvel pot, pour k'en [li n'a entré, |
| 187, | 1, | tôt en plache | tot en plache |
| » | 15, | se desroi | se desroie |
| 188, | 24, | reperderoie ? | reperderoie. |
| 199, | 13, | le moitié | le moitie |
| » | 14, | adamagié | adamagie |
| 200, | 7, | cuidie | cuidié |
| » | 21, | auvulé | avullé |

— 201, *remplacez la dernière ligne de musique par* :

♪ A - dest di - es hec ter-

| 235, | 9, | A nohélison | A no hélison |
| 257, | 25, | musi | nuisi |
| 266, | 18, | tant denchans | tant d'enchans |
| 270, | 10, | mamiete | m'amiete |
| » | 20, | An jeux | Anieux |

# ERRATA.

| | | | | |
|---|---|---|---|---|
| Page 272, ligne 13, *au lieu de:* | Laissant nenil voir | lisez: . . . . . . . . . . . ? |
| — 275, — 8, — | Las dont j'ai despendu | — Las ! dont j'ai despendu |
| — » — 10, — | forche de Signeur | — forche de signeur |
| — » — 14, — | Et de haine | — Et de haine |
| — » — 16, — | qu'on vous refait | — c'on vous refait |
| — » — 17, — | le bien n'i retrait | — le bien n'i ratrait |
| — » — 18, — | Je ne voi | — Je ne vois |
| — » — 20, — | Chascuns fut berte | — Chascuns fuberte |
| — 276, — 15, — | a rive sakiet | — à rive sakiet |
| — » — 28, — | Miex vient avoir apres | — Miex vient avoir apris |
| — » — 33, — | Se vous m'ostates | — Se vous m'ostastes |
| — » — 34, — | ores repris | — ore repris |
| — 277, — 5, — | Car j'estois nus | — Car j'estoie nus |
| — » — 14, — | si arés part | — s'i arés part |
| — » — 31, — | en remembranche | — en ramembranche |
| — » — 34, — | car ils m'ont | — car il m'ont |
| — 278, — 2, — | Et si li cors | — Et se li cors |
| — » — 6, — | Leur huis m'ont été | — Leur huis m'ont esté |
| — » — 7, — | Cuers que tel compaigne [pert | — Cuers qui tel compai- [gnie pert |
| — » — 10, — | Que conglet prengne | — Que congié prengne |
| — » — 11, — | Noméement | — Nomméement |
| — » — 12, — | C'est signeur Jakemon [Ançois | — C'est signeur Jakemon, [ançois, |
| — » — 13, — | Que ne sanle | — Qui ne sanle |
| — » — 28, — | De coi cités | — De coi Cités |
| — » — 30, — | pour hom que s'i tient | — pour home qui s'i tient. |
| — » — 31, — | que là vient | — qui là vient |
| — » — 32, — | Faistes | — Faites |
| — » — 24, — | Haniel Robert Nasart, | — Haniel, Robert Nasart, |
| — 279, — 1, — | Giles li père | — Gilles li pères |
| — » — 2, — | Au jouster n'enes mie | — Au jouster n'estes mie |
| — » — 9, — | Que le airs | — Que li airs |
| — » — 15, — | ne li soit il besoin | — ne li soit il il besoins |
| — » — 18, — | qu'il ne peut | — qu'il ne puet |
| — » — 21, — | qu'il en soit prisies | — qu'il en soit prisiés |
| — 283, — 22, — | à son poovoir esquise | — à son pooir esquise |
| — 284, — 7, — | lui ne se vaillandie | — lui ne se vaillandise |
| — » — 9, — | ains les mist à yuise | — ains les mist à juise |
| — » — 13, — | De canques il ot empris | — De canque il ot empris |
| — » — 25, — | Mais s'encore fust Charle | — Mais s'encore fust Charle |
| — 286, — 2, — | Ft anchois qu'il fust nés | — Et anchois qu'il fust nés |
| — » — 10, — | à la maisnée | — à la mainsnée, |
| — » — 11, — | quel vie j'ai contée. | — quel vie j'ai contée...... |
| — » — 29, — | suchoit à par li ses cars | — suchoit à par li ses cans |

## ERRATA.

| | | | | au lieu de : | lisez : |
|---|---|---|---|---|---|
| Page 287, | ligne | 4, | — | En un petit d'escrit | En un petit descrit |
| » | — | 5, | — | Comment amé l'rvoit | Comment amé l'avoit |
| » | — | 8, | — | et de quelle value | et de quele value |
| » | — | 10, | — | sa personne éremue | sa personne cremue |
| » | — | 22, | — | et l'enfés premier hue | et l'enfès premjers hue |
| » | — | 34, | — | se peut rehaitier | se péust rehaitier |
| — 289, | — | 16, | — | frans chevalier | frans chevaliers |
| — 291, | — | 21, | — | sans vuaitier anchois | sans waitier anchois |
| » | — | 30, | — | honnerer ne s'en dure | honnerer ne s'endure |
| — 292, | — | 5, | — | dont or fut | dont or fust |
| » | — | 11, | — | et pris congiet à droit | et pris congiet, à droit |
| — 293, | — | 16, | — | Qu'ils tiennent à signeur | Qu'il tiennent à signeur. |
| — 300, | — | 6, | — | si briévement | si briément |
| » | — | 17, | — | D'or, roit et crespé | D'or roit et crespe |
| » | — | 29, | — | ne sanloient vais | ne sanloient vair. |
| — 301, | — | 15, | — | ne venist mie à chiest | ne venist mie à chief |
| » | — | 27, | — | sans poil blanc | sans poil, blanc |
| — 302, | — | 5, | — | le rivotel | le ruiotel |
| — 305, | — | 6, | — | vés-en chi un | vés-ent chi un |
| — 307, | — | 1, | — | En henc, Dieus! | Enhenc, Dieus! |
| — 308, | — | 6, | — | Je tiens | Je tieng |
| — 309, | — | 4, | — | qui maint labors. | qui maint là hors. |
| — 311, | — | 9, | — | Ves-chi. | Wes-chi |
| » | — | 22, | — | Qu'i ne vient chi? | qui ne vient chi |
| — 314, | — | 28, | — | Des clairs | Des clers |
| — 315, | — | 16, | — | qu'il livrera s'avoir | qu'il livrera savoir |
| » | — | 23, | — | En cité | En Cité |
| — 316, | — | 9, | — | grammeut | granment |
| » | — | 25, | — | comme Manse | c'om me manse |
| » | — | 26, | — | le Geule : | le geule : |
| — 317, | — | 2, | — | C'est ses bigames | C'est des bigames |
| » | — | 11, | — | Et si ne set oncques | Et si ne set onques |
| — 319, | — | 6, | — | et sa compaignie | et se compaignie |
| » | — | 15, | — | N'es querrai, | Mesquerrai |
| — 320, | — | 13, | — | je ne les vi mi | je ne les vi mie |
| — 322, | — | 8, | — | qu'est-che à dire? | qu'est-che à dire |
| — 323, | — | 6, | — | Ving-je si que on metoit | Ving-je chi si que on [metoit |
| — 327, | — | 16, | — | Tant que je l'amerai, que- [vau-che? | Tant que je l'amerai, [quevauche! |
| — 328, | — | 11, | — | En chele roée? | En chele roe? |
| — 330, | — | 22, | — | c'est Leurins li Canelaus | c'est Leurins li Cauelaus |
| — 331, | — | 20, | — | Alons vers le pré | Alons vers le Pré |
| — 332, | — | 10, | — | Toute nuit à le crois, ou [pré. | Toute nuit à le Crois ou [Pré. |

# ERRATA.

| | | | | | |
|---|---|---|---|---|---|
| Page 333, ligne | 3, | *au lieu de:* | qui maint en chité | *lisez:* | qui maint en Chité |
| — » — | 4, | — | n'en avera pitié | — | n'en avera pité |
| — 334, — | 20, | — | Ravelet ! | — | Rauelet ! |
| — 335, — | 3, | — | C'on vent en ceste vile | — | C'on vent en ceste vile. |
| — » — | 5, | — | Châ dont. | — | Cha dont |
| — » — | 8, | — | Qu'aven ne vint mi | — | Qu'auan ne vint mie |
| — » — | 20, | — | Taisiés. Que mal | — | Taisiés, que mal |
| — 336, — | 1, | — | je ne dis plus | — | je ne di plus |
| — » — | 2, | — | demandés Ravelet | — | demandés Rauelet |
| — » — | 3, | — | mal rehaignet | — | nul rehaignet |
| — » — | 16, | — | c'on le par essiaue | — | c'on le paressiaue |
| — 337, — | 5, | — | ains couvient m'eurer | — | ains couvient méurer. |
| — » — | 19, | — | a pour lui yué | — | a pour lui jué |
| — 340, — | 9, | — | Car je ne sui mi | — | Car je ne sui mie |
| — » — | 14, | — | et vous, Hane | — | et à vous, Hane |
| — » — | 19, | — | A ! jà se siet | — | Aia se siet |
| — 342, — | 11, | — | Et tu, le pot, tien | — | et tu le pot tien. |
| — 343, — | 3, | — | Je n'ai mie apris | — | Je n'ai mie à pris |
| — 359, — | 3, | — | pour che qu'i fait froit | — | pour che qui fait froit |
| — 360, — | 10, | — | si te sie | — | si te sié |
| — 375, — | 12, | — | Peur ai | — | Péur ai |
| — 379, — | 2, | — | Que nenil riens | — | Que nenil; riens |
| — 387, — | 10, | — | Em preu | — | Empren (?) |
| — 397, — | 21, | — | Se te ne me veus | — | Se tu ne me veus |
| — 401, — | 15, | — | A Bailves | — | A Bailués |
| — 403, — | 17, | — | C'est Warnères | — | C'est Warnerés |
| — 427, — | 4, | — | Et si œll | — | Et si œil |

# TABLE

|  |  | page. |
|---|---|---|
| PRÉFACE. . . . . . . . . . . . . . | | v |
| INTRODUCTION : | | |
| I. ESQUISSE BIOGRAPHIQUE. . . . . . . . . | | XIII |
| II. NOTICE BIBLIOGRAPHIQUE : | | |
| § I. MANUSCRITS. . . . . . . . . . . . | | XXVIII |
| § II. OUVRAGES IMPRIMÉS . . . . . . . . | | XXXVI |
| III. POÉSIES. — 1. Chansons. — 2. Jeux-partis. — 3. Rondeaux. — 4. Motets. — 5. Congé. — 6. Le Roi de Sicile. — 7. Le Jeu Adam. — 8. Le Jeu de Robin et de Marion. — 9. Le Jeu du Pélerin . . . . . . . . . . . . | | XXXVIII |
| IV. MUSIQUE. . . . . . . . . . . . . . . . | | LVI |
| § I. COMPOSITIONS MÉLODIQUES. — 1. Chansons. — 2. Jeux-partis. — 3. Mélodies du Jeu de Robin et de Marion . . . . | | LVII |
| § II. COMPOSITIONS HARMONIQUES. — 1. Rondeaux. — 2. Motets. . . . . . . | | LXIX |

## ŒUVRES D'ADAM DE LA HALLE

|  | page. |
|---|---|
| CHANSONS . . . . . . . . . . . . . . . . | 3 |
| JEUX-PARTIS . . . . . . . . . . . . . . . | 131 |
| RONDEAUX. . . . . . . . . . . . . . . . | 205 |
| MOTETS. . . . . . . . . . . . . . . . . | 237 |
| LE CONGÉ. . . . . . . . . . . . . . . . | 273 |
| LE ROI DE SICILE . . . . . . . . . . . . | 281 |
| LE JEU ADAM OU DE LA FEUILLIE . . . . . . . . | 295 |
| LE JEU DE ROBIN ET DE MARION . . . . . . . . | 345 |
| LE JEU DU PÉLERIN . . . . . . . . . . . . | 413 |
| ERRATA. . . . . . . . . . . . . . . . . | 429 |

Lille. — Typographie de Lefebvre-Ducrocq, rue Esquermoise, 57.

www.ingramcontent.com/pod-product-compliance
Lightning Source LLC
Chambersburg PA
CBHW071703230426
43670CB00008B/898